U0605005

傅庆阳　张阿芬　李 兵◎编 著

PPP 项目绩效评价

——理论与案例——

中国电力出版社

CHINA ELECTRIC POWER PRESS

内 容 提 要

本书全面系统地阐述了PPP项目绩效评价的理论与方法体系，详细介绍了PPP项目绩效评价的概况、内涵、方法、指标体系、评价报告，提供了PPP项目绩效评价的工作思路和操作流程，并以天和项目管理投资咨询有限公司承接的PPP咨询服务项目为蓝本，按照关键指标法研究提炼了10个不同领域的PPP项目绩效评价典型案例，具体介绍了PPP项目绩效评价的实务要领，同时还广泛收集翻译甄选澳大利亚、加拿大及世界银行、亚洲开发银行等国家和机构的5个案例供国内从业人员对比借鉴。

本书力求做到理论与实践有机结合，力求能够指导实务运用，将对促进我国PPP项目全生命周期绩效评价的健全与完善、PPP模式运作的规范与发展，具有积极的引导作用。

本书可为PPP业界（政府方、社会资本方及金融、法律、财经和工程咨询等领域）开展PPP项目绩效评价研究、培训和实务操作等工作提供指导，也可为PPP项目相关监管部门制定PPP项目绩效评价相关办法、规范和指引等提供参考，还可作为高校师生学习应用PPP项目绩效评价理论与方法的教科书。

图书在版编目（CIP）数据

PPP 项目绩效评价理论与案例 / 傅庆阳，张阿芬，李兵编著. —北京：中国电力出版社，2019.3
（2020.5重印）

ISBN 978-7-5198-2970-4

Ⅰ.①P… Ⅱ.①傅…②张…③李… Ⅲ.①政府投资－合作－社会资本－研究 Ⅳ.①F830.59②F014.391

中国版本图书馆 CIP 数据核字(2019)第 040929 号

出版发行：中国电力出版社
地　　址：北京市东城区北京站西街19号（邮政编码100005）
网　　址：http://www. cepp.sgcc.com.cn
责任编辑：李　静　（1103194425@qq.com）
责任校对：黄　蓓　朱丽芳
装帧设计：九五互通　周　赢
责任印制：钱兴根

印　　刷：三河市万龙印装有限公司
版　　次：2019年3月第1版
印　　次：2020年5月北京第2次印刷
开　　本：787毫米×1092毫米　16开本
印　　张：16.5
字　　数：292千字
定　　价：68.00元

《PPP 项目绩效评价理论与案例》
编委会

——— 序一 ———

近年来，我国政府正在积极推广 PPP 模式，但相对于发达国家而言，我国尚处于不断探索和完善阶段，虽然取得了一些成绩，但还有很多关键问题有待统一认识，并从法规、政策及制度等方面进行完善，既需要借鉴国外相关经验，又要总结我国 PPP 实践的经验与问题，绩效评价就是其中一个重要方面。

我国政府力推 PPP，是由城镇化进程对基础设施和公用事业的巨大需求推动的，更是公共服务供给和管理机制的重大改革，以引入市场的竞争机制，专业的人做专业的事，优化资源配置，促进公共服务提质增效。因此，如何对 PPP 模式下的基础设施和公用事业项目进行科学合理的绩效评价，不仅关系到政府、社会资本、公众等各相关方的切身利益，更关系到 PPP 项目和 PPP 推广的成败。

目前，我国对于 PPP 项目绩效评价尚处于起步阶段。一方面，PPP 项目绩效指标体系尚未系统建立；另一方面，PPP 项目绩效评价方法尚处于摸索阶段。这导致 PPP 项目绩效评价存在主体责任不够明确、各个项目绩效评价指标体系不够全面和准确、评价方法不够完善和可操作性不强等问题，难以真正实现政府公平、公正、客观、真实地依据绩效评价结果来付费的政策目标，也不利于相同行业、相同领域项目之间的横向、纵向对比分析，促进全行业的提高和 PPP 的规范发展。因此，很有必要加快 PPP 项目全生命周期的绩效管理研究，尽快完善 PPP 绩效评价相关制度体系，对 PPP 项目各参与方，迫切需要有关 PPP 绩效评价理论与实践的书籍。

鉴于厦门天和项目管理投资咨询有限公司是较早开展项目全过程管理研究和咨询的一家跨区域、跨领域的咨询公司，拥有一批专兼职项目管理和 PPP 的研究与咨询专家，在业界有较强的综合实力、研究能力和影响力，基地又在我的老家福建，2015年年初我就建议与我认识十多年且一直在中国项目管理研究委员会共事的傅庆阳董事长，以天和公司为主组建团队开展 PPP 项目绩效评价研究。

　　现在，我很高兴地看到天和 PPP 团队交出了反映近年来有关 PPP 绩效评价研究成果的这本书。本书系统地阐述了 PPP 项目绩效评价的基本理论和评价方法，并以实践项目为蓝本分析和探讨了国内 10 个不同领域 PPP 项目绩效评价典型案例和 5 个国外政府及金融机构的参考案例，还给出了 PPP 项目绩效评价的具体操作流程和技巧。相信本书将为业界进行 PPP 项目绩效评价的实务、研究和培训等工作提供参考，为 PPP 项目相关监管部门制定绩效评价工作相关办法、规则和流程等提供指导，为 PPP 项目各参与方开展 PPP 项目绩效评价提供范例和启发。

　　总之，本书对完善我国 PPP 项目的绩效评价有一定的探索创新和促进引领的积极意义，值得相关人士阅读，也希望作者以后不断完善此书，为促进我国 PPP 的规范可持续发展贡献更大的力量。

王守清博士

清华大学建设管理系教授/博导

清华大学 PPP 研究中心首席专家

2019 年 1 月 11 日于清华大学

——序二——

    PPP 模式自其诞生之日发展至今，已经演化出一套非常庞杂的理论及实践体系。在英国、法国、澳大利亚、加拿大等 PPP 发展的先锋国家，PPP 模式及其绩效评价体系的开发及应用日臻完善和成熟。我国自 2014 年全面导入 PPP 模式，并广泛推广应用，目前所产生的舆论关注，各界参与及思考的深度，实属盛况空前。

    在我国发展 PPP 模式的过程中，具有中国特色的"所有制、分税制、城镇化目标和央企超强的竞争力"四大国情从不同角度影响着我国 PPP 的发展实践，这就使得我国所推广应用的 PPP 模式具有明显的中国特色，与西方市场经济国家所强调的公共部门和私营部门合作伙伴在基本理念、框架机制、评价标准等方面既有相通之处，又有明显的中国特色。此轮 PPP 模式在中国的兴起，我们将其由"公私伙伴"翻译为"政府和社会资本合作"，是对中国特色 PPP 模式的灵活变通。

    经过近五年的发展实践，当前我国已有大批 PPP 项目进入执行阶段，从 2019 年开始将有大量的 PPP 项目进入运营期。作为提供公共服务的关键阶段的运营期，与其"绩效评价"相关的核心问题则日渐凸显。在前期爆发式增长阶段的宏观背景下，诸多 PPP 项目方案设计所存在的绩效评价缺失或绩效评价方案设计不完善、不合理等问题，将会给这些 PPP 项目的持续运营和健康发展带来诸多隐患。

    在不同的社会经济背景下，政府部门推广应用 PPP 模式所遵循的理念及其对应的制度体系设计会表现出明显不同的特点。当前英、法、澳等国较为成熟的 PPP 绩效评价理论体系并不完全适合中国特色的"政府和社会资本合作"模式，我国 PPP 绩效评价还尚不成体系，理论研究及案例实践均不够完善。因而，急需研究借鉴国内外相关领域的理论研究与实践成果，从 PPP 作为我国政府实现特定目标工具的视角，结合我国推广应用 PPP 模式的具体理念、逻辑脉络及项目操作层面的具体差异，探索研究适合中国特色的 PPP 项目绩效评价理论及实践体系。

　　天和研究团队策应时需，及时推出本书，具有相当积极的意义，值得点赞。公司董事长傅庆阳及其天和研究团队长期致力于 PPP 项目投资与项目管理的实践探索，同时在 PPP 理论研究方面深耕细作，提炼沉淀，屡有建树。天和研究团队所体现出的专业、专注、勤奋、创新等鲜明特色，均给我留下深刻印象。业界欢迎这样具有丰富实务经验的团队参与并深入目前行业缺乏的理论研究之中，为行业的发展做出有益探索。他们此次推出本书，从 PPP 绩效评价的理论基础及分析框架，到微观层面的实际操作和案例解析，均有不同程度的涉猎，对政策制定和实务操作都具有较强的借鉴价值。我乐见这种实务与理论紧密结合的创新探索，非常期待这类具有很强实操借鉴价值的论著广泛涌现。天和研究团队执着于 PPP 理论研究与实务并重，可谓典范。

　　是为序。

李开孟博士

中国国际工程咨询有限公司研究中心主任

中国技术经济学会副理事长

联合国欧经会（UNECE）政府间 PPP 工作理事局副主席

2019 年 1 月 10 日于北京

—— 前言 ——

2014 年以来，国务院及国家发展改革委、财政部、住建部等部委陆续发文，在全国范围推广应用政府和社会资本合作（Public-Private Partnership，PPP）模式，尤其是在垃圾处理、污水处理等具有现金流、市场化程度较高的公共服务领域更是力推应用 PPP 模式。政府推广力度前所未有，为此在全国范围内掀起了一股 PPP 热潮，一时间，PPP 模式在各行各业被广泛应用，PPP 项目在全国各地遍地开花。截至 2018 年 12 月末，全国 PPP 综合信息平台项目管理库累计项目数 8 654 个、投资额 13.2 万亿元；另外，还有 3 971 个项目已列入储备清单，投资额达 4.6 万亿元，我国已成为全球最大、最具影响力的 PPP 市场。PPP 模式在我国发展的过程和结果，已经超出了人们的预期，这不仅包含 PPP 模式涉及的领域、范围和规模，还包括 PPP 推进的力度、进度、质量和层出不穷的问题。由于 PPP 发展过于迅猛，出现了部分地区对于 PPP 的理解出现偏差或执行走样，2017 年年底国家相关部委开始对 PPP 项目实行严格甄别、强化监测、规范管理，因此业界将 2018 年称为 PPP 的规范之年。

通过过去几年 PPP 模式的爆发式增长，PPP 项目实施的规范性越来越受到国家相关部委和业界的重视。2018 年以来财政部与国家发展改革委实施了规模宏大的项目库清理整顿行动，2018 年管理库共清退项目 2 557 个，涉及投资额 3.0 万亿元。日益严格的入库审查和全过程动态监管已成为 PPP 项目管理的主旋律，从而促使 PPP 回归理性与常态，而绩效评价管理正是 PPP 项目全过程规范管理不可或缺的关键部分。

在 PPP 项目的执行过程中，绩效评价是衡量项目是否取得成效的主要手段。财政部 PPP 中心主任焦小平在 2018 年第四届中国 PPP 融资论坛的讲话中强调：只有规范发展、严控风险，PPP 事业才能行稳致远，要加强财政支出责任管理，强化绩效审核，建立绩效管理硬约束机制，针对 PPP 改革实践出现的不规范发展问题进行全面清理整顿，坚决遏制泛化异化乱象。PPP 目标（包含经济效益、社会效益、生态效益等）是否实现项目提供的功能或服务（包括数量、质量、时效、成本等产出指标等），是否达标，项目公司的管理是否完善高效，政府或使用者向社会资本付费的程度是否满足预期，公众满意度是否达标等诸如此类的考核指标或依据，都依赖于项目绩效评价方案或绩效评价报告。我国出台的诸多 PPP 文件包括国办发〔2015〕42 号、财金〔2014〕76 号、财金〔2014〕113 号、财金〔2016〕90 号、财金〔2016〕92 号、财金〔2017〕76 号、财办金〔2017〕91 号、财金〔2018〕54 号、国家发展改革委等六部委 2015 年第 25 号令、发改投资〔2016〕2231 号等，均有关于 PPP 项目绩效评价的规定和要求的相应条款，绩效评价作为 PPP 项目管理的重要内容、不可或缺的关键环节，是 PPP 项目能否成功推广的重要决定性因素之一，建立按效付费机制已成为 PPP 项目审核入库的核心标准。当前 PPP 在我国已广泛实施近 5 年，财政部综合信息平台显示，已经有大量项目陆续进入执行阶段，截至 2018 年 12 月末管理库累计已开工项目 2237 个、投资额 3.2 万亿元。特别是 2019 年是大部分落地 PPP 项目运营期开始之年，大量 PPP 项目将迎来运营初期的绩效评价关键时期。

强调全生命周期绩效评价，是 PPP 项目实现公共服务提质增效目标、夯实 PPP 可持续发展的重要基础。按照惯例，项目进入运营期更必须严格实行运营"绩效评价"。贯彻 PPP 模式"以运营为核心、以绩效为导向"的理念，才能真正做到通过按效付费机制提高公共服务质量，防范政府债务风险。但是，至今国家层面尚未出台 PPP 项目绩效评价指南、办法或指引等政策性、引导性文件，行业或地方也缺乏针对 PPP 项目全生命周期绩效评价指标体系的相关标准或规定，而且当下国际上较为成熟的 PPP 绩效评价理论并不适应具有中国式特色的国内 PPP 项目。国内 PPP 项目绩效评价文章虽散见于各类期刊文献，但尚少有系统全面介绍 PPP 项目绩效评价的书籍。实务界 PPP 项目绩效评价缺乏制度依据和理论指导，导致政府管理者、PPP 项目实施者及 PPP 项目投资者等各自探索、各行其是，难达共识，渐现诉争。业界担忧随着越来越多的 PPP 项目进入运营期的绩效评价阶段，由于前期绩效评价设计的不明确或缺失绩效评价的 PPP 项目将在 2019 年之后大范围暴露出来。过去一哄而上、大干快上、盲目推进的 PPP 项目将会给地方政府带来各种执行争议、付费纠纷、利益矛盾、合同争端，"项目建好就拿钱、项目落地就走人"有可能引发地方政府性债务规模膨胀，带来新的风险隐患。

天和投资与项目管理（PPP&PM）研究院是国内最早开展 PPP 理论研究与实践的团队之一，已先后推出《项目管理学》《项目管理工具箱》《投资项目评估》《个人理财》《PPP 理论精要与范例》等多部著作。天和团队最早思考和研究全生命周期绩效评价始于此轮 PPP 模式兴起之前针对垃圾发电、污水处理、高速公路等早期 BOT 项目的咨询策划与理论研究，2015 年厦门天和项目管理投资咨询有限公司资深学术顾问王守清教授就鼓励并要求天和团队率先开展 PPP 项目绩效评价研究,争取在首批 PPP 项目进入执行期时有可供借鉴的研究成果。

现在呈现在大家面前的这本《PPP 项目绩效评价理论与案例》正是根据王守清教授的指导,天和团队成员对 PPP 项目进行绩效评价的理论研究,结合丰富的实务经验和真实案例编撰的应时读物。该书秉持"深入浅出、通俗易懂、操作性强"的编撰理念,由国家发展改革委、财政部 PPP 专家库双库专家,福建省高校教学名师,集美大学经济研究所教授张阿芬,与国家发展改革委、财政部 PPP 专家库双库专家,厦门天和项目管理投资咨询有限公司董事长,高级工程师傅庆阳共同主持,制订总体思路、基本框架和编写体例,并与国家发展改革委 PPP 专家库专家、厦门大学副教授李兵博士共同撰写。全书共 6 章,全面系统阐述了 PPP 项目绩效评价理论与方法体系,详细介绍了 PPP 项目绩效评价的概况、内涵、方法、指标体系、评价报告及实操案例。其中第 6 章以天和公司承接的 PPP 咨询项目为蓝本,按照关键指标法研究提炼了 10 个不同领域的 PPP 项目绩效评价典型案例,并收集整理了澳大利亚、加拿大及世界银行、亚洲开发银行等国家和机构的 5 个参考案例。15 个案例由公司 PPP 事业部副总经理张晓彬、何阳,PPP 项目经理田逸如、陈志斌、李京泽、吕桂燕、李虎等整理编撰。集美大学高级经济师蔡水涛,国家发展改革委 PPP 专家库专家、公司副总经理、高级工程师黄俊莉,公司副总经理蔡锦香,国家发展改革委 PPP 专家库专家、公司 PPP 事业部副总经理许瑞祥,PPP 项目经理何彩秀、黄祖龙及公司 PPP 研究与咨询团队成员共同参与资料的收集、梳理及书稿的研讨完善。

本书力图达到"抛砖引玉和能够借鉴"的目的,在研究形成基本框架和共性指标的基础上,提炼出针对不同对象、不同阶段、不同行业的绩效评价案例,以期在 PPP 项目绩效评价的原则、对象、方法、组织实施、指标选取、体系构建、监督管理、结果运用等方面可以为 PPP 项目参与各方提供更多有益的参考。同时也期望能够对有效引导 PPP 项目绩效管理工作,加强 PPP 项目全生命周期绩效监督和评价,促进 PPP 项目规范运行、提升质量,推进 PPP 健康持续发展起到积极的推动作用。

在本书编著过程中,我们得到各界专家和同行的支持与帮助,特别是王守清教授、李开孟博士的鼓励与指导,在此谨致谢忱。

鉴于当前国内 PPP 项目绩效评价体系不尽完善,受资料有限与编著者水平局限,书中疏漏、不当之处在所难免,恳请并期待诸位专家和读者在浏览或研读之余对本书的不足之处能够给予批评指正,我们将在再版中及时予以补充、完善。

本书编委会

2019 年 1 月于厦门市

目录

第 1 章

PPP 项目绩效评价概论

1.1 PPP 概述

1.1.1 PPP 模式的内涵及特征

PPP 是英文 Public-Private Partnership 的缩略词，从字面直译为公私伙伴关系，同时还有多种译法，如政府与社会资本合作、政企合作、公私合作伙伴模式、公私机构的伙伴合作、民间开放公共服务、公共民营合作制等。我国财政部倾向采用"政府和社会资本合作模式"这一译法，而国家发展改革委系统则强调"特许经营"这一概念。总体而言，广义 PPP 泛指公共部门与私营部门为提供公共产品或服务而建立的长期合作关系；而狭义 PPP 更加强调政府通过商业而非行政的方法，如通过在项目公司中持有股份来加强对项目的控制，以及通过与企业合作而实现双方优势互补、风险共担和利益共享。现在国际上越来越多地采用广义 PPP 的定义，将其作为公共部门和私营部门之间一系列合作方式的统称，包括 BOT、PFI 等。无论是广义还是狭义的 PPP，其本质上是公共部门和私营部门基于基础设施和公用事业而达成的长期合同关系。公共部门由在传统方式下基础设施和公共服务的提供者转变为规制者、合作者、购买者和监管者，而交由私营部门承担基础设施的投资、融资、设计、建设、运营、维护和提供公共服务的大部分工作，并通过"使用者付费""政府付费"或必要的"可行性缺口补助"的方式获得合理投资回报以期望达到公共利益最大化。

鉴于我国现阶段存在国有、集体、私营等多种经济主体，而且从我国 PPP 运作现状看，国有企业是国内 PPP 市场上最重要的参与主体，基于我国实际，一些专家学者如王守清教授，建议将 PPP 称为"政企合作"，既简洁直接，也易与国际接轨。

PPP 模式的运行具有伙伴关系、利益共享和风险分担三个重要特征[①]。

一是伙伴关系。伙伴关系是 PPP 的首要特征，它强调各个参与方平等协商的关系和机制，这是 PPP 项目的基础所在。伙伴关系必须遵从法治环境下的"契约精神"，建立具有法律意义的契约伙伴关系，即政府和非政府的市场主体以平等民事主体的身份协商订立法律协议，双方的履约责任和权益受到相关法律、法规的确认和保护。

二是利益共享。PPP 项目一般具有很强的公益性，同时也具有较高的垄断性（特许经营特征）。建立利益共享机制，即政府和社会资本之间共享项目所带来利润的分配机制是 PPP 项目的第二个基本特征。PPP 项目中政府和非政府的市场主体应当在合作协议中确立科学合理的利润调节机制，确保社会资本按照协议约定的方式取得合理的投资回报，避免项目运营中可能出现的问题造成社会资本无法收回投资回报或者使得政府违约。PPP 以"风险共担、利益共享、合理利润"为基准优化利益调节机制主要表现为一般不宜用涨价方式实现必要的利益调整，需要政府综合考虑以其他方式（如补助方式）做出必要替代。

三是风险分担。伙伴关系不仅意味着利益共享，还意味着风险分担。PPP 模式中合作双方的风险分担更多是考虑双方风险的最优应对、最佳分担，尽可能做到每一种风险都能由最善于应对该风险的合作方承担，进而达到项目整体风险的最小化。要注重建立风险分担机制。风险分担原则，旨在实现整个项目风险的最小化，要求合理分配项目风险，项目设计、建设、融资、运营维护等商业风险原则上由社会资本承担，政策、法律和最低需求等风险由政府承担。

1.1.2 PPP 制度体系

《国务院办公厅转发财政部、发展改革委、人民银行关于在公共服务领域推广政府和社会资本合作模式指导意见的通知》（国办发〔2015〕42 号）明确要求要构建保障政府和社会资本合作模式持续健康发展的制度体系，包括以绩效评价为基础的财政管理制度、多层次监督管理体系和公共服务价格调整机制。

1. 明确项目实施的管理框架

建立健全制度规范体系，实施全生命周期管理，保证项目实施质量。进一步完善

[①] 刘薇. PPP 模式理论阐释及其现实例证[J]. 改革，2015（01）:78-89.

操作指南，规范项目识别、准备、采购、执行、移交各环节操作流程，明确操作要求，指导社会资本参与实施。制定合同指南，推动共性问题处理方式标准化。制定分行业、分领域的标准化合同文本，提高合同编制效率和谈判效率。按照预算法、合同法、政府采购法及其实施条例、《国务院办公厅关于政府向社会力量购买服务的指导意见》（国办发〔2013〕96 号）等要求，建立完善管理细则，规范选择合作伙伴的程序和方法，维护国家利益、社会公共利益和社会资本的合法权益。

2．健全财政管理制度

开展财政承受能力论证，统筹评估和控制项目的财政支出责任，促进中长期财政可持续发展。建立完善公共服务成本财政管理和会计制度，创新资源组合开发模式，针对政府付费、使用者付费、可行性缺口补助等不同支付机制，将项目涉及的运营补贴、经营收费权和其他支付对价等，按照国家统一的会计制度进行核算，纳入年度预算、中期财政规划，在政府财务报告中进行反映和管理，并向本级人大或其常委会报告。存量公共服务项目转型为政府和社会资本合作项目过程中，应依法进行资产评估，合理确定价值，防止公共资产流失和贱卖。项目实施过程中政府依法获得的国有资本收益、约定的超额收益分成等公共收入应上缴国库。

3．建立多层次监督管理体系

行业主管部门根据经济社会发展规划及专项规划发起政府和社会资本合作项目，社会资本也可根据当地经济社会发展需求建议发起。行业主管部门应制定不同领域的行业技术标准、公共产品或服务技术规范，加强对公共服务质量和价格的监管。建立政府、公众共同参与的综合性评价体系，建立事前设定绩效目标、事中进行绩效跟踪、事后进行绩效评价的全生命周期绩效管理机制，将政府付费、使用者付费与绩效评价挂钩，并将绩效评价结果作为调价的重要依据，确保实现公共利益最大化。依法充分披露项目实施相关信息，切实保障公众知情权，接受社会监督。

4．完善公共服务价格调整机制

积极推进公共服务领域价格改革，按照补偿成本、合理收益、节约资源、优质优价、公平负担的原则，加快理顺公共服务价格。依据项目运行情况和绩效评价结果，健全公共服务价格调整机制，完善政府价格决策听证制度，广泛听取社会资本、公众和有关部门意见，确保定价调价的科学性。及时披露项目运行过程中的成本变化、公共服务质量等信息，提高定价调价的透明度。

5．完善法律法规体系

推进相关立法，填补政府和社会资本合作领域立法空白，着力解决政府和社会资本合作项目运作与现行法律之间的衔接协调问题，明确政府出资的法律依据和出资性质，规范政府和社会资本的责权利关系，明确政府相关部门的监督管理责任，为政府和社会资本合作模式健康发展提供良好的法律环境和稳定的政策预期。鼓励有条件的地方立足当地实际，依据《中华人民共和国立法法》相关规定，出台地方性法规或规章，进一步有针对性地规范政府和社会资本合作模式的运用。

1.1.3　PPP 项目的规范管理

国家发展改革委《关于开展政府和社会资本合作的指导意见》（发改投资〔2014〕2724 号）明确提出要加强政府和社会资本合作项目的规范管理，并将绩效评价列入 PPP 项目规范管理的重要环节，具体内容如下。

1．项目储备

根据经济社会发展需要，按照项目合理布局、政府投资有效配置等原则，切实做好 PPP 项目的总体规划、综合平衡和储备管理。从准备建设的公共服务、基础设施项目中，及时筛选 PPP 模式的适用项目，按照 PPP 模式进行培育开发。

2．项目遴选

会同行业管理部门、项目实施机构，及时从项目储备库或社会资本提出申请的潜在项目中筛选条件成熟的建设项目，编制实施方案并提交联审机制审查，明确经济技术指标、经营服务标准、投资概算构成、投资回报方式、价格确定及调价方式、财政补贴及财政承诺等核心事项。

3．伙伴选择

实施方案审查通过后，配合行业管理部门、项目实施机构，按照《招标投标法》《政府采购法》等法律法规，通过公开招标、邀请招标、竞争性谈判等多种方式，公平择优选择具有相应管理经验、专业能力、融资实力及信用状况良好的社会资本作为合作伙伴。

4．合同管理

项目实施机构和社会资本依法签订项目合同，明确服务标准、价格管理、回报方式、风险分担、信息披露、违约处罚、政府接管及评估论证等内容。

5. 绩效评价

项目实施过程中，加强工程质量、运营标准的全程监督，确保公共产品和服务的质量、效率和延续性。鼓励推进第三方评价，对公共产品和服务的数量、质量及资金使用效率等方面进行综合评价，评价结果向社会公示，作为价费标准、财政补贴及合作期限等调整的参考依据。项目实施结束后，可对项目的成本效益、公众满意度、可持续性等进行后评价，评价结果作为完善 PPP 模式制度体系的参考依据。

6. 退出机制

政府和社会资本合作过程中，如遇不可抗力或违约事件导致项目提前终止时，项目实施机构要及时做好接管，保障项目设施持续运行，保证公共利益不受侵害。政府和社会资本合作期满后，要按照合同约定的移交形式、移交内容和移交标准，及时组织开展项目验收、资产交割等工作，妥善做好项目移交。依托各类产权、股权交易市场，为社会资本提供多元化、规范化、市场化的退出渠道。

1.1.4　PPP 项目的财政监管

财政部《关于推广运用政府和社会资本合作模式有关问题的通知》（财金〔2014〕76 号）要求在 PPP 项目运作中要切实有效履行财政管理职能。该通知明确提出，政府和社会资本合作项目从明确投入方式、选择合作伙伴、确定运营补贴到提供公共服务，涉及预算管理、政府采购、政府性债务管理，以及财政支出绩效评价等财政职能，推广运用政府和社会资本合作模式对财政管理提出了更高要求，地方各级财政部门要提高认识，勇于担当，认真做好相关财政管理工作。

1. 着力提高财政管理能力

政府和社会资本合作项目建设周期长、涉及领域广、复杂程度高，不同行业的技术标准和管理要求差异大，专业性强。地方各级财政部门要根据财税体制改革总体方案要求，按照公开、公平、公正的原则，探索项目采购、预算管理、收费定价调整机制、绩效评价等有效管理方式，规范项目运作，实现中长期可持续发展，提升资金使用效益和公共服务水平。同时，注重体制机制创新，充分发挥市场在资源配置中的决定性作用，按照"风险由最适宜的一方来承担"的原则，合理分配项目风险，项目设计、建设、财务、运营维护等商业风险原则上由社会资本承担，政策、法律和最低需求等风险由政府承担。

2. 认真做好项目评估论证

地方各级财政部门要会同行业主管部门，根据有关政策法规要求，扎实做好项目前期论证工作。除传统的项目评估论证外，还要积极借鉴物有所值（Value for Money，VFM）评价理念和方法，对拟采用政府和社会资本合作模式的项目进行筛选，必要时可委托专业机构进行项目评估论证。评估论证时，要与传统政府采购模式进行比较分析，确保从项目全生命周期看，采用政府和社会资本合作模式后能够提高服务质量和运营效率，或者降低项目成本。项目评估时，要综合考虑公共服务需要、责任风险分担、产出标准、关键绩效指标、支付方式、融资方案和所需要的财政补贴等要素，平衡好项目财务效益和社会效益，确保实现激励相容。

3. 规范选择项目合作伙伴

地方各级财政部门要依托政府采购信息平台，加强政府和社会资本合作项目政府采购环节的规范与监督管理。财政部将围绕实现"物有所值"价值目标，探索创新适合政府和社会资本合作项目采购的政府采购方式。地方各级财政部门要会同行业主管部门，按照《政府采购法》及有关规定，依法选择项目合作伙伴。要综合评估项目合作伙伴的专业资质、技术能力、管理经验和财务实力等因素，择优选择诚实守信、安全可靠的合作伙伴，并按照平等协商原则明确政府和项目公司间的权利与义务。可邀请有意愿的金融机构及早进入项目磋商进程。

4. 细化完善项目合同文本

地方各级财政部门要会同行业主管部门协商订立合同，重点关注项目的功能和绩效要求、付款和调整机制、争议解决程序、退出安排等关键环节，积极探索明确合同条款内容。财政部将在结合国际经验、国内实践的基础上，制定政府和社会资本合作模式操作指南和标准化的政府和社会资本合作模式项目合同文本。在订立具体合同时，地方各级财政部门要会同行业主管部门、专业技术机构，因地制宜地研究完善合同条款，确保合同内容全面、规范、有效。

5. 完善项目财政补贴管理

对项目收入不能覆盖成本和收益，但社会效益较好的政府和社会资本合作项目，地方各级财政部门可给予适当补贴。财政补贴要以项目运营绩效评价结果为依据，综合考虑产品或服务价格、建造成本、运营费用、实际收益率、财政中长期承受能力等因素合理确定。地方各级财政部门要从"补建设"向"补运营"逐步转变，探索建立动态补贴机制，将财政补贴等支出分类纳入同级政府预算，并在中长期财政规划中予以统筹考虑。

6．健全债务风险管理机制

地方各级财政部门要根据中长期财政规划和项目全生命周期内的财政支出，对政府付费或提供财政补贴等支持的项目进行财政承受能力论证。在明确项目收益与风险分担机制时，要综合考虑政府风险转移意向、支付方式和市场风险管理能力等要素，量力而行，减少政府不必要的财政负担。省级财政部门要建立统一的项目名录管理制度和财政补贴支出统计监测制度，按照政府性债务管理要求，指导下级财政部门合理确定补贴金额，依法严格控制政府或有债务，重点做好融资平台公司项目向政府和社会资本合作项目转型的风险控制工作，切实防范和控制财政风险。

7．稳步开展项目绩效评价

省级财政部门要督促行业主管部门，加强对项目公共产品或服务质量和价格的监管，建立政府、服务使用者共同参与的综合性评价体系，对项目的绩效目标实现程度、运营管理、资金使用、公共服务质量、公众满意度等进行绩效评价。绩效评价结果应依法对外公开，接受社会监督。同时，要根据评价结果，依据合同约定对价格或补贴等进行调整，激励社会资本通过管理创新、技术创新提高公共服务质量。

1.2　PPP 项目绩效评价的必要性和政策依据

1.2.1　PPP 项目绩效评价的必要性

PPP 模式强调政府与社会资本之间的一系列合作关系，该模式具有利益相关方众多、项目实施周期长（通常为 10 年以上）、资金投入规模大、风险程度高等特点。因此，有必要根据相关法规规范及项目相关的立项、建设和运营实践情况，建立一个促进 PPP 项目健康和可持续发展的绩效评价体系。通过对 PPP 项目开展绩效评价，不仅能够为客观评价 PPP 项目目标实现情况、项目效果和效益，科学合理确定政府付费支出和调整服务价格提供依据，监督社会资本方切实履行相关职责和义务，调动社会资本方积极性，为社会公众提供更多优质公共服务，而且能够提升政府投资决策质量和行政监管水平，提高资金使用效率，降低政府风险，减少后期项目纠纷，保障

PPP 项目的顺利实施，还能够为国家完善 PPP 相关法律政策提供参考。开展 PPP 项目绩效评价的必要性有以下几点。

1. 提高 PPP 项目决策质量的需要

在项目识别阶段，各级财政部门需会同行业主管部门从定性及定量方面开展项目物有所值评价和财政承受能力论证，判断项目采用 PPP 模式是否物有所值，是否在财政的承受能力范围之内，并依据物有所值评价和财政承受能力论证结果初步设定项目的绩效评价目标、指标和评价标准。通过以上工作，一方面，为政府、社会资本方、金融机构等利益相关方开展项目投资决策并选择 PPP 运作模式提供重要的参考与依据，以提高决策质量；另一方面，为优化和完善项目实施方案、推动项目实施和加强项目监管提供参考。

2. 提高 PPP 项目监管水平的需要

在项目准备阶段需将项目绩效评价作为实施方案的核心条款在识别阶段初步设定的项目绩效评价目标、指标和评价标准框架下，详细设计项目绩效评价办法和实施细则；在项目采购阶段，须将项目绩效评价办法和细则作为招标的核心条款之一，要求社会资本方在投标时做出明确的响应，并在项目合同中予以明确约定，在项目实施过程中依约履行。以上工作既可以明确社会资本方及项目公司的工作目标、考核指标和标准，也使政府方的监管有据可依，从而有利于引导、激励社会资本方依法履约、大胆创新，有利于政府方加强对 PPP 项目的监管。

3. 提高 PPP 项目实施效果的需要

在项目执行阶段，项目实施机构需督促社会资本方或项目公司履行合同义务，定期、不定期进行绩效监测和评价，检查项目绩效目标实现情况，编制季报和年报，并报项目实施机构和财政部门等备案。通过项目执行阶段的绩效监测与评价，确保合作各方获知项目进展及绩效目标完成状况，为政府付费与奖惩、价格调整和加强项目监管提供依据；同时可以尽早发现项目实施中存在的问题，以便及时采取措施进行改进，进而减少后期可能发生的项目纠纷，降低政府参与 PPP 项目中因信息不对称所造成的风险损失，从而提高项目的实施效果。在项目移交阶段，需要进行项目移交前和移交后的绩效评价，通过项目移交前评价，确保项目公司要按照合同约定的移交形式、移交内容和移交标准移交给项目实施机构或政府指定的其他机构，项目移交后绩效评价须总结项目的实施经验及存在的问题，为加强后续项目的决策和管理提供参考。

4. 完善国家 PPP 项目政策和法律的需要

当前，我国 PPP 模式的上位法尚未形成，有关 PPP 模式的法律规定大都出自国务院、国家发展改革委、财政部、住建部等国家部委及地方政府部门。这些政策文件虽逐渐形成了一套 PPP 模式的监管制度，但其政策法规较为分散，无法形成一套系统的法律体系。并且，不同部门出台的行政法规不仅在某些规定上存在一定的重叠，而且还存在"掐架"的现象。通过建立绩效评价体系能够较清楚地发现影响项目实施的主要因素，有利于政府有针对性地进行改进和完善 PPP 政策法律内容，为 PPP 条例尽早出台创造条件，解决 PPP 法律法规效力层次低的问题，从而不断促进 PPP 模式在我国的规范化、标准化、法治化运用；也有利于向社会资本和社会公众展现良好的政府形象，从而更好地吸引社会资本参与到基础设施和公共服务领域的建设和运营管理中来，使得我国 PPP 市场更加趋向理性和成熟。另一方面，进行 PPP 项目绩效评价是一个增强投资活动透明度的过程，势必增强 PPP 项目参与各方的责任感，通过绩效评价厘清项目实施过程中的是非因果，不但可以为探究 PPP 实施的成败功过提供科学和客观的依据，而且有助于明确业务和管理责任，为建立 PPP 项目投资问责制奠定基础。

1.2.2 开展 PPP 项目绩效评价的政策依据

在 PPP 项目的执行过程中，绩效评价是加强项目监管及衡量项目是否取得成效的主要手段。绩效评价工作能否有效开展、绩效评价工作结果能否被有效运用，是 PPP 模式能否健康发展的重要决定性因素之一。国家有关部门在 PPP 相关文件中均对开展 PPP 项目绩效评价做了明确的规定。

1. 财政部文件规定绩效评价是监督与管理 PPP 项目规范执行的重要手段

财政部《关于推广运用政府和社会资本合作模式有关问题的通知》（财金〔2014〕76 号）指出，"财政补贴要以项目运营绩效评价结果为依据，综合考虑产品或服务价格、建造成本、运营费用、实际收益率、财政中长期承受能力等因素合理确定""省级财政部门要督促行业主管部门，加强对项目公共产品的服务质量和价格的监管，建立政府、服务使用者共同参与的综合性评价体系，对项目的绩效目标实现程度、运营管理、资金使用、公共服务质量、公众满意度等进行绩效评价。绩效评价结果应依法对外公开，接受社会监督。同时，要根据评价结果，依据合同约定对价格或补贴等进行调整，激励社会资本通过管理创新、技术创新提高公共服务质量"。

财政部《关于印发政府和社会资本合作模式操作指南(试行)的通知》(财金〔2014〕113 号)明确,"项目实施机构应根据项目合同约定,监督社会资本或项目公司履行合同义务,定期监测项目产出绩效指标,编制季报和年报,并报财政部门(政府和社会资本合作中心)备案。政府有支付义务的,项目实施机构应根据项目合同约定的产出说明,按照实际绩效直接或通知财政部门向社会资本或项目公司及时足额支付。项目实际绩效优于约定标准的,项目实施机构应执行项目合同约定的奖励条款,并可将其作为项目期满合同能否展期的依据;未达到约定标准的,项目实施机构应执行项目合同约定的惩处条款或救济措施。""项目移交完成后,财政部门(政府和社会资本合作中心)应组织有关部门对项目产出、成本效益、监管成效、可持续性、政府和社会资本合作模式应用等进行绩效评价,并按相关规定公开评价结果。"

财政部、环境保护部《关于推进水污染防治领域政府和社会资本合作的实施意见》(财建〔2015〕90 号)明确要"建立政府、服务使用者共同参与的综合性评价体系,推广第三方绩效评价,形成评价结果应用机制和项目后评价机制"。

财政部等六部委《关于运用政府和社会资本合作模式推进公共租赁住房投资建设和运营管理的通知》(财综〔2015〕15 号)提出"建立严格的绩效评价机制,对项目运作、住房保障服务质量和资金使用效率等进行综合考核评价,确保公共租赁住房项目建设运营达到预期效果。""建立监管和绩效评价机制。政府对公共租赁住房政府和社会资本合作项目运作、服务质量和资金使用效率等进行全过程监管和综合考核评价,认真把握和确定服务价格和项目收益指标,加强成本监审、考核评估、价格调整审核,引入第三方进行社会评价,评价结果向社会公示,并作为项目价格、政府补贴、合作期限等调整的依据。"

财政部《关于印发政府和社会资本合作项目财政管理暂行办法的通知》(财金〔2016〕92 号)明确,"各级财政部门应当会同行业主管部门在 PPP 项目全生命周期内,按照事先约定的绩效目标,对项目产出、实际效果、成本收益、可持续性等方面进行绩效评价,也可委托第三方专业机构提出评价意见"。

财政部《关于规范政府和社会资本合作(PPP)综合信息平台项目库管理的通知》(财办金〔2017〕92 号)明确,"未建立按效付费机制,包括通过政府付费或可行性缺口补助方式获得回报,但未建立与项目产出绩效相挂钩的付费机制的;政府付费或可行性缺口补助在项目合作期内未连续、平滑支付,导致某一时期内财政支出压力激增的;项目建设成本不参与绩效考核,或实际与绩效考核结果挂钩部分占比不足 30%,固化政府支出责任的",项目不得入库。

财政部《关于进一步加强政府和社会资本合作（PPP）示范项目规范管理的通知》（财金〔2018〕54 号）提出要 "落实中长期财政规划和年度预算安排，加强项目绩效考核，落实按效付费机制，强化激励约束效果，确保公共服务安全、稳定、高效供给"；"加强运行情况监测。及时更新 PPP 项目开发目录、财政支出责任、项目采购、项目公司设立、融资到位、建设进度、绩效产出、预算执行等信息，实时监测项目运行情况、合同履行情况和项目公司财务状况，强化风险预警与早期防控。"

2．国家发展改革委将绩效评价列入 PPP 项目规范管理的重要环节

国家发展改革委《关于开展政府和社会资本合作的指导意见》（发改投资〔2014〕2724 号）明确将绩效评价列入 PPP 项目规范管理的重要环节。指出："项目实施过程中，要加强工程质量、运营标准的全程监督，确保公共产品和服务的质量、效率和延续性。鼓励推进第三方评价，对公共产品和服务的数量、质量以及资金使用效率等方面进行综合评价，评价结果向社会公示，作为价费标准、财政补贴以及合作期限等调整的参考依据。项目实施结束后，可对项目的成本效益、公众满意度、可持续性等进行后评价，评价结果作为完善 PPP 模式制度体系的参考依据"。

国家发展改革委等五部委《关于进一步鼓励和扩大社会资本投资建设铁路的实施意见》（发改基础〔2015〕1610 号）提出要 "加强后评价和绩效评价。实施机构定期组织开展社会资本投资铁路项目后评价和绩效评价，从安全、服务、效率等方面建立健全评价体系"。

国家发展改革委等三部委《关于鼓励和引导社会资本参与重大水利工程建设运营的实施意见》（发改农经〔2015〕488 号）明确，"开展社会资本参与重大水利工程项目后评价和绩效评价，建立健全评价体系和方式方法，根据评价结果，依据合同约定对价格或补贴等进行调整，提高政府投资决策水平和投资效益，激励社会资本通过管理、技术创新提高公共服务质量和水平"。

国家发展改革委等六部委 2015 年颁布的《基础设施和公用事业特许经营管理办法》明确，"实施机构应当根据特许经营协议，定期对特许经营项目建设运营情况进行监测分析，会同有关部门进行绩效评价，并建立根据绩效评价结果、按照特许经营协议约定对价格或财政补贴进行调整的机制，保障所提供公共产品或公共服务的质量和效率。实施机构应当将社会公众意见作为监测分析和绩效评价的重要内容"。

国家发展改革委《关于印发传统基础设施领域实施政府和社会资本合作项目工作导则的通知》（发改投资〔2016〕2231 号）指出，"项目实施机构应会同行业主管部门，根据 PPP 项目合同约定，定期对项目运营服务进行绩效评价，绩效评价结果应作为项

目公司或社会资本方取得项目回报的依据"。

国家发展改革委、农业部《关于推进农业领域政府和社会资本合作的指导意见》（发改农经〔2016〕2574 号）明确，"开展绩效评价。鼓励引进第三方评价机构，制定 PPP 项目绩效评价方案，对项目建设运营质量以及资金使用效率等方面进行综合评价。绩效评价结果应作为项目公司或社会资本方取得项目回报的依据。项目移交完成之后，适时开展项目后评价工作，评价结果及时反馈给项目利益相关方，并按有关规定公开"。

国家发展改革委《关于鼓励民间资本参与政府和社会资本合作（PPP）项目的指导意见》（发改投资〔2017〕2059 号）明确，"在与民营企业充分协商、利益共享、风险共担的基础上，客观合理、全面详尽地订立 PPP 项目合同。明确各方责权利和争议解决方式，合理确定价格调整机制，科学设定运营服务绩效标准，有效设置排他性条款，保障项目顺利实施"。

1.3 PPP 项目绩效评价理论基础和研究现状

1.3.1 PPP 项目绩效评价理论基础

1. 公共物品理论

我国 PPP 模式是围绕增加公共产品和公共服务供给，在能源、交通运输、水利、环境保护、农业、林业、科技、保障性安居工程、医疗、卫生、养老、教育、文化等公共服务领域广泛采用的一种模式，公共物品是 PPP 项目的特征，公共物品理论是 PPP 项目绩效评价的基础。对一般项目进行绩效评价时，所依赖的理论基础是经济学的生产成本理论，因为一般项目的目标是实现其经济效益最大化，而效益最大化的基础之一就是尽可能地降低项目的成本，即提供私人物品的企业项目绩效是以利润最大化为特征。而提供公共物品的企业项目绩效并不是以利润最大化为特征，而是以效率最大化和效益最大化为特征，这里的效益不仅包含经济效益，而且包含社会效益、环境效益。社会效益主要表现在项目所提供物品的公共属性，以及是否为社会公众公平地提供了物品或服务。

2. 利益相关方理论

PPP 项目的利益相关方是在参与 PPP 项目实施过程中，能够对项目结果产生影响，承担一定的项目风险，获取一定项目收益的个人、群体或机构。具体来看，PPP 项目中公私双方都参与到项目运行过程中，为社会公众提供公共产品或服务，所以其核心利益相关方是公共部门、私营部门及社会公众。PPP 项目除了追求与一般企业相同的利润外，还必须承担一定的社会及环境责任。不同利益主体所关心的内容和焦点会有所区别，对同一个评价客体进行评价会得出不同的结论[①]。由于利益相关方所关注的项目目标有所区别，在制定 PPP 项目绩效评价体系过程中，应充分考虑 PPP 项目各个利益相关方的需求，从经济效益评价及社会效益等方面来评价 PPP 项目绩效。

3．目标管理理论

目标管理理论是由现代管理大师彼得·德鲁克根据目标设置理论提出的目标激励方案。目标设置理论认为目标本身就具有激励作用，目标能把人的需要转变为动机，使人们的行为朝着一定的方向努力，并将自己的行为结果与既定的目标相对照，及时进行调整和修正，从而能实现目标。这种使需要转化为动机，再由动机支配行动以达成目标的过程就是目标激励。PPP 项目有政府付费、可行性缺口补助和使用者付费三种类型的回报机制，其中政府付费、可行性缺口补助是以绩效为导向的付费模式，绩效评价目标在项目合同中明确约定，政府付费及奖惩与绩效评价结果挂钩，强调项目公司主动控制并鼓励其创新，这种评价机制实际上就是一种目标激励方案。可见，目标管理理论是 PPP 项目绩效评价的基础。

4．平衡计分卡法理论

平衡计分卡来源于企业绩效评价，其主要的特点是各维度指标的平衡作用，其内涵与公共项目的绩效评价是一致的。在 PPP 项目的绩效评价中采用平衡计分卡法，正是利用这种平衡功能[②]。对 PPP 项目进行绩效评价，应将关注的重点更多地放在社会效益评价上，因为其提供的多为公共产品。PPP 项目属于公共项目的一种，目前我国公共项目评价还未实现规范化与制度化，如何对我国 PPP 项目进行切实有效的评价，在评价过程中顾及公私双方的"共赢"利益，正是亟待解决的问题。传统的公共项目绩效评价方法有成本—效益分析法、平衡计分卡法、数据包络分析法等，其中平衡计分卡法在公共项目绩效评价中已广泛运用。将平衡计分卡引用到 PPP 项目绩效评价体系中，并将三方利益融入平衡计分卡的"平衡"理念，更能体现 PPP 项目中公私双方

① 吴建南，岳妮. 利益相关性是否影响评价结果客观性：基于模拟实验的绩效评价主体选择研究[J]. 管理评论，2007(03):58-62+64.

② 孙洁，陈涛. 浅谈平衡计分卡在 BOT 项目绩效评价中的应用[J]. 中国总会计师，2009(12):88-89.

的"共赢"战略。

5. 逻辑框架法理论

逻辑框架法是目前国际上广泛用于规划、项目、活动的策划、分析、管理、评价的基本方法，其核心概念是事物层次间的因果逻辑关系，即"如果"提供了某种条件，"那么"就会产生某种结果；这些条件包括事物内在的因素和事物所需要的外部条件。逻辑框架汇总了项目实施活动的全部要素，并按宏观目标、具体目标、产出成果和投入的层次归纳了投资项目的目标及其因果关系。逻辑框架的逻辑关系分为垂直逻辑和水平逻辑。垂直逻辑关系，即因果关系，从下往上或从上往下进行四个层次的分析，其中关键在于层次纲要与假定条件的关系分析；水平逻辑主要是指验证指标和验证方法。

在 PPP 项目的绩效评价中可以利用逻辑框架方法对 PPP 项目进行绩效评价，利用逻辑框架法回答以下问题，并寻找出解决问题的方案。即首先回答：为什么要实施这个项目（宏观目标：纲要目标逻辑），项目期望获得什么成果（具体目标产出成果：纲要逻辑和指标），如何实现项目成果（投入：活动、措施）等问题；然后分析影响项目成功的外部关键因素有哪些（假定条件），在什么地方可以找到评价项目成功程度的信息（验证依据），需要哪些方法（措施），项目的代价是什么（成本），在项目启动之前需要哪些先决条件（先决条件）等；最后确定解决问题的方案（以 PPP 项目绩效评价方案的方式体现）并组织实施。

6. 激励理论

激励理论主要有内容型激励理论、过程型激励理论、状态型激励理论三种。内容型激励理论从探讨激励的起点和基础出发，分析、揭示人们的内在需要的内容与结构，以及内在需要如何推动行为；过程型激励理论侧重于研究动机形成和行为目标的选择，以及行为的改变与修正，主要研究人们选择其所要做的行为过程和如何转化人的行为以达到组织预定的目标；状态型激励理论的研究重点就是弄清公平或不公平的因素和挫折对人的行为的影响，目的是找到有效的手段或措施来消除不公平和挫折对人的行为的消极影响，最大限度地保证人的积极性得到充分发挥。

为了能够全面、正确地评价 PPP 项目绩效，必须建立激励机制，充分调动绩效评价主体和客体的积极性、主动性和自觉性。激励机制是在组织系统中，激励主体系统运用多种激励手段并使之规范化和相对固定化，而与激励客体相互作用、相互制约的结构、方式、关系及演变规律的总和。激励机制是组织将组织目标转化为具体事实的连接手段，它是通过特定的方法与管理体系，将激励客体对激励主体及工作的承诺最大化的过程。

　　PPP 项目绩效评价的激励机制，就是参与 PPP 项目的公共部门采用多种方法，按照特定的标准和程序激发绩效评价对象的动机，引导他们努力实现绩效评价目标的一整套制度安排。

1.3.2　国外 PPP 项目绩效评价研究现状[①]

1. 国外对项目绩效评价的研究

　　国外项目绩效评价是伴随着企业绩效评价理论一同发展起来的，公共项目绩效评价主要经历了以下发展阶段。第一阶段主要集中于财务方面，利用回收期、投资回报率等财务指标评价经营绩效。第二阶段，从 20 世纪 60 年代开始，将项目管理的成本、质量、进度相融合，提出了净值分析模型。第三阶段，项目管理领域开始对项目绩效的概念重视起来，项目绩效评价逐渐形成了完整的体系。这个体系的主要代表有平衡计分卡、项目成熟度模型及关键绩效指标。项目绩效评价体系为项目绩效管理提供了重要力量（杜亚灵等人，2008）。1992 年联合国环境与发展大会提出的《21 世纪议程》使项目评价的研究内容向多维度发展，出现了经济效益评价、项目过程评价、项目影响评价和可持续性评价等内容。第四阶段，项目绩效评价开始运用项目成功度测评方法，Andersen 和 Jessen[②]在其提出的项目评价计划（Project Evaluation Scheme，PEVS）中通过考察影响项目成功的关键因素来评价项目管理绩效。第五阶段是公共项目基准比较的绩效评价阶段。这一阶段主要通过评价项目是否物有所值，比较公共部门与私营部门项目方案，得出相应判断[③]。

　　在绩效评价指标体系研究中，英国环境运输与区域部（Department of the Environment，Transport and Regions）在 1999 年发布了给建设部长的关键指标报告（KPI Report for The Minister for Construction）操作手册。该手册对项目运行阶段进行划分，并针对每个阶段将项目绩效评价指标分为三个层次和七个部分，分别是工期（time）、成本（cost）、质量（quality）、业主满意度（client satisfaction）、变更命令（change order）、经营绩效（business）和安全环保（health and safety）等，并对这些指标进行

---

①　严丹良. 公私合作项目绩效评价研究[D]. 西安建筑科技大学，2014.

②　Andersen, E.S., Jessen, S.A.Project Evaluation Scheme: A Tool for Evaluating Project Status and Projecting Project Results [J]. Project Management, 2000, 6(01):61-69.

③　丁正红，苏永青. 项目绩效评价构建及改善研究[J]. 财经问题研究，2011(04):85-90.

了定义①。美国政府生产力研究中心在 1997 年出版的《地方政府绩效评估简要指南》中也概括性地提出了评估的四大类指标标准，分别是生产力、效果、质量和及时性。美国政府责任委员会建立的评估指标包括投入、产出、结果、效率和成本效益及生产力等类型②。

除了从政府部门的角度进行项目绩效评价外，国外学者还从其他不同角度对公共项目绩效评价做出了探讨。Kelly③（2006）从利益相关方的角度，探讨了不同利益相关方对绩效评价产生的影响，并给出了绩效评价过程和绩效评价范围。Mc Elroy④认为项目绩效需要充分考虑项目人员的专业素质和政府组织学习的成效，同时也需要兼顾项目开发及运作技术上的多变性因素。Hatry⑤通过对地方政府的绩效评价进行实践研究，从公共项目绩效评价的标准、类型、指标收集等内容进行论证。Mayston⑥根据绩效指标的决策相关性和成本效益原则构建了应用绩效指标的理论框架。在对公共项目绩效评价探讨过程中，一些学者发现引入民间竞争机制会有效促进公共项目绩效水平的提高。Cavalluzzo⑦（2002）通过考察，认为竞争、付费制度对提高政府公共服务效率和质量有重要影响，萨瓦斯⑧（2002）运用前后对比、跨部门计量经济模型等方法，证明合同承包能提供更高效率。

2. 国外学者对 PPP 项目绩效评价的研究

国外学者在公共项目绩效评价研究的基础上对 PPP 项目绩效评价进行更广泛的实证调查和分析，为公私合作模式的成功应用奠定了基础。Gi Seog Kong 和 Katalin Tanczos（2001）比较了多种财务评价方法在 PPP 项目绩效评价中的应用，如费用效益分析法、多准则分析法等，对这些方法的评价特点做了对比分析。英国国家审计署对 PPP 项目绩效评价主要从三个方面来进行，分别是政府部门支出费用的确定性、项目移交时间和项目质量。Gohary⑨（2006）等人认为利益相关方之间有效的交流可以

---

① KPI Project Management Group, Constriction Industry Key Performance Indicators[R]. Constructing Excellence, London, UK, 2007.

② 孙邦栋，孙大松，莫雁安. 西方国家公共投资项目绩效评价理论研究综述[J]. 当代经济, 2012(04): 138-139.

③ John R.Kelly.John Hinks. A review of the leading performance measurement tools for assessing buildings [J]. Journal of Facilities Management,2006.1(02)142-153.

④ Mc Elroy.W. Strategic Change Through Project Management[M].APM,1995.

⑤ 同①

⑥ 同①

⑦ 孙洁.PPP 项目的绩效评价研究[M]. 北京：经济科学出版社，2010.

⑧ E.S.萨瓦斯. 民营化与公私部门合作伙伴关系[M]. 周志忍，等，译. 中国人民大学出版社，2002.

⑨ 袁竞峰，季闯，李启明.国际基础设施建设 PPP 项目关键绩效指标研究[J]. 工业技术经济, 2012(06):109-120.

促进利益相关方的满意度提高，有利于 PPP 项目获得成功。国外通常运用 VFM 效果对 PPP 项目进行决策，具体方法有成本效益分析法、公共部门参照标准对比法、多标准分析法等，其中成本效益分析法也适用于量化和评估 PPP 项目的社会效益。

　　在公私合作项目绩效评价的研究中，对 PPP 项目 VFM 效果的影响因素识别和对其关键成功因素的研究较为丰富。Kumaraswa 和 Matthews[①]（2000）等对影响 PPP 模式成功的众多因素进行研究，认为相互信任、承诺、双赢理念、团队协作、风险分担等是项目取得成功的关键。Li[②]（2005）等人在调查了英国 PPP 项目 18 个关键成功因素之后，认为有效的采购程序、项目的可执行性和良好的经济环境是 PPP 项目成功的必要条件。Tahir[③]（2007）认为风险分担、特许价格、建设期、产品性能、项目公司管理水平等是 VFM 效果的主要影响因素，Yuan 等[④]（2009）认为项目收益、融资能力、项目自然属性、创新能力、管理能力对 PPP 项目 VFM 效果有重要影响。Esther 等[⑤]（2009）认为风险分担、产品性能、公开投标、管理水平、技术创新能力对 PPP 项目 VFM 效果有重要影响。

　　众多学者在对公私合作项目的绩效进行研究时，提出应运用新的 KPI 衡量 PPP 项目风险、运营能力和参与方满意度，其中最具代表性的是 Takim 和 Akintoye（2002）提出的 KPI 概念模型（T-A 模型），这个模型从"效率"和"效能"两个角度来识别关键绩效指标[⑥]。Oudot[⑦]（2005）认为生产成本、交易成本和风险承担成本带来的效应会影响风险分担，而风险分担会对项目绩效产生重要影响。

① Peter Shek-Pui Wong, Sai-On Cheung. Trust in construction partnering:views from Parties of the Partnering dance [J]. International Journal of Project Management，2004(22):437-446.

② Li, B., A kintoye, A., Edwards，P J., and Hardcastle, C.Critical success factors for PPP /PFI projects in the UK construction industry[J]. Construction Management and Economics, 2005, 23(05):459-471.

③ Tahir M N. Value for money drivers in public private partnership schemes [J]. International Journal of Public Sector Management, 2007, 20(02): 147-156.

④ Yuan J F，Zeng A Y J, Miroslaw J, et al. Selection of performance objectives and key performance indicators in public-private partnership projects to achieve value for money [J]. Construction Management and Economics，2009，3(27): 253-270.

⑤ Esther C, Albert P C, Stephen K. Enhancing value for money in public private partnership projects: findings from a survey conducted in Hong Kong and Australia compared to findings from previous research in the UK [J]. Journal of Financial Management of Property and Construction，2009，14(01):7-20.

⑥ 袁竞峰，Skibniewski Miroslaw J，邓小鹏，等. 基础设施建设 PPP 项目关键绩效指标识别研究[J]. 重庆大学学报(社会科学版)，2012, 18(03):56-63.

⑦ Oudot JM. Risk-allocation:theoretical and empirical evidences, application to public private partnerships in the defense sector[C].Barcelona，Spain:The 9th annual conference of the institutions of market exchange, 2005.

在实证研究方面，Caroline Low，Daniel Hulls 和 Alan Rennison（2005）向苏格兰
60 多个公私合作项目的公共部门和私营机构发送了调查问卷，给出了调查的每一个
PPP 项目绩效。文章将 PPP 项目绩效指标分为四个部分：采购（procurement）、设计
和建设（design and construction）、运营绩效（operational performance）、资金价值（value
for money），并对项目绩效水平高低的原因进行了分析[①]。Sanghi[②]（2007）等人认为
政府对公私合作项目的有效管理将提高项目的绩效水平。

综上所述，国外 PPP 项目绩效评价研究更关注物有所值评价（VFM）的效果及
VFM 增加与哪些因素有关，并更多地考虑 PPP 项目的关键成功因素的选取，即更关
注项目立项前的绩效评价，关于公私合作项目过程控制的文献相对较少。国外学者设
置了相对有效的绩效评价指标，为我们继续深化和探讨提供了依据。在项目绩效评价
的方法中，对关键绩效指标（KPI）法研究和运用相对较多，其他方法有待运用。同
时，越来越多的学者从利益相关角度对项目绩效进行研究探讨，但给出的利益相关
方需求不够明确，也没有建立综合考虑项目相关者利益的绩效评价机构。

1.3.3　国内 PPP 项目绩效评价研究现状

国内对项目绩效评价的研究相对较多，但以 PPP 项目为主要对象的研究起步较
晚，多是对国外公私合作项目理论的介绍，以及对公私合作项目融资模式的探讨，有
关 PPP 项目绩效评价的研究还在初步探索阶段。

1. 国内学者对项目绩效评价的研究

丰景春[③]（1999）给出包含合同项目、业主、承包商的工程建设项目费用/进度控
制系统指标体系，提出了工程项目费用/进度绩效灰色整体预测模型。

贺长青[④]（1999）从进度控制、预算执行、工程质量、行政作业、环境影响五个
维度设置 19 个指标，并对预算支出比与进度达成率两项量化比值加以整合，建立整

① Caroline Low, Daniel Hulls, Alan Rennison, Public Private Partnerships in Scotland Evaluation of Performance[J]. Cambridge Economic Policy Associates, 2005, 3 http://cultural commission.net/Resource/Doc/917/0011855.pdf.
② Sanghi, Apurva, Sundakov, Alex, Hankinson, Denzel. Designing and using public-private partnership units in infrastructure: Lessons from case studies around the world. Gridlines, No.27. Washington, DC: World Bank. http://documents.world bank.org/curated/en/2007/09/8823539/designing-using-public-private-partnership-units-infrastructure-lessons-case-studies-around-world.2007.
③ 丰景春. 工程项目费用/进度绩效灰色整体预测模型[J]. 东南大学学报，1999 (S1):127-131.
④ 贺长青. 工程项目执行绩效评估模式的研究[J]. 工程项目管理研究，1998(04):23- 25.

合性预算/进度评估模式。

孟宪海[①]（2007）详细介绍了国际上最新的工程项目绩效评价体系 KPI，该评价体系全面考虑了进度、成本、质量、安全、利润率、客户满意度等关键绩效指标，对于我国建筑业开展相关领域的研究和实践具有重要的指导作用。

颜艳梅[②]（2007）建立公共工程项目的初期、中期、末期指标体系，每个指标体系均运用平衡计分卡法，从财务、顾客、内部流程、学习与成长四个层面设置指标，体现出绩效评价的动态性。

鲍良[③]（2008）认为公共项目绩效评价不同于传统项目的后评价，其绩效评价内容应当从立项开始到项目寿命终止结束。他从管理、经济、社会、生态环境、可持续发展五个维度设置绩效指标，指标体系比较全面，但其权重分配方法还有待进一步研究。

许劲[④]（2010)以平衡计分卡和利益相关方理论为基础，从利益相关方、质量、内部过程、创新和学习四个维度确定建设项目绩效评价指标，具有一定实践意义。

2．国内学者对 PPP 项目绩效评价的研究

张学清[⑤]（2005）提出了 PPP 项目最佳价值贡献因素：设计、融资、运营等方面的风险转移，对地方经济的贡献，项目的全生命周期成本低，减少政府的管理费用，实现资源最优配置，环境保护，科学技术转让，增加工程的开发运营效率，技术创新，政府提供的额外设施和服务等。

胡华如[⑥]（2006）从项目后评价角度出发对 PPP 项目的后评价体系进行了构建，主要对经济效益、社会影响、环境影响、风险分担构建了 13 个指标。

赵国富、王守清[⑦]（2006）试图建立一套适合 BOT/PPP 项目社会效益评价的指标体系，共有一级指标 4 个、二级指标 12 个，以方便评价人员依据项目的特点选择指标体系进行社会效益评价。

① 孟宪海. 关键绩效指标 KPI——国际最新的工程项目绩效评价体系[J]. 建筑经济，2007(02):50-52.
② 颜艳梅，李林. 基于平衡计分卡法的公共工程项目绩效评价指标设计[J]. 社会科学家，2007(01):168-170.
③ 鲍良，杨玉林. 公共投资项目绩效评价研究与发展[J]. 资源与产业，2008 (02):54 -56.
④ 许劲，任玉珑. 项目关系质量、项目绩效及其影响关系实证研究[J]. 预测，2010,29(01):71-75.
⑤ X.Q.Zhang.Critical success factors for public-private partnership in infrastructure development[J]. Journal of Construction Engineering and Management, 2005,12(02):125-128.
⑥ 胡华如. 城市基础设施 PPP 项目可持续性后评价研究[D]. 清华大学，2006.
⑦ 赵国富，王守清.BOT/PPP 项目社会效益评价指标的选择[J]. 技术经济与管理研究，2007(02):31-32.

黄怿炜[①]（2007）利用费用—效益分析法对 PPP 项目的评价和决策进行了研究。从经济分析、财务分析、社会影响分析、风险分析四个方面构建了 PPP 项目前期评价的框架体系，并考虑了 PPP 相关利益主体的费用效益分配。

在 PPP 项目绩效评价主体及评价方法的研究中，张艳[②]（2007）认为伙伴关系模式下，评价主体包括政府、执行者和公众等，不同的评价主体对应着不同的评价目标。其以公平性与可持续性为目标，分别从不同利益群体角度开展评价，提出了伙伴关系模式下的公共项目评价模型。

张万宽、杨永恒、王有强[③]（2010）分别采用 OLS 和 Logistic 回归研究了影响转型国家 PPP 项目绩效的关键因素，发现知识获取、决策参与、代理成本、不确定性和政府信用显著影响 PPP 项目绩效，并提出了促进我国 PPP 发展的政策建议。

袁竞峰[④]（2012）认为 PPP 项目监管无章可循的根本是政府在实际的工作中缺乏行之有效的关键绩效指标体系(Key Performance Indicators，KPI)，他在相关研究中提出了 PPP 项目绩效指标的概念模型，并通过广泛的问卷调查得到 48 个 PPP 项目绩效指标。

胡振[⑤]（2012）针对公私合作（PPP）项目，以 VFM 效果作为政府收益的评价指标，分析控制权为连续变量的情况下，投资、成本和收益等变量的取值，在此基础上构建控制权配置与 VFM 效果的关系模型。

还有学者对政府绩效评价进行研究，认为在项目可行性研究阶段，应推行物有所值评价，使得公共部门利益最大化。

在 PPP 项目绩效评价的时间维度研究上，王超（2014）等认为，PPP 项目全生命周期可划分为立项、招投标、合同签署（特许经营权授予）、建设、运营和移交阶段。PPP 项目绩效评价的时点应始于项目已有一定产出的建设阶段，终于项目移交阶段，同时应对立项、招投标和合同签署（特许经营权授予）阶段中体现的项目投入、管理

① 黄怿炜. PPP 项目评价方法与决策研究[D]. 同济大学，2007.
② 张艳. 伙伴关系模式下公共投资建设项目评价研究[D]. 兰州大学，2007.
③ 张万宽，杨永恒，王有强. 公私伙伴关系绩效的关键影响因素——基于若干转型国家的经验研究[J]. 公共管理学报，2010,7(03):103-112+127-128.
④ 袁竞峰，王帆，李启明，等. 基础设施 PPP 项目的 VfM 评估方法研究及应用[J]. 现代管理科学,2012(01):27-30.
⑤ 胡振. 公共项目公私合作（PPP）控制权配置的决策模型[J]. 西安建筑科技大学学报(自然科学版)，2012, 44(01):90-96+108.

能力、风险分担等因素进行总结①。

　　干佳颖（2016）等认为，运用 PPP 模式的项目多为时间跨度大、工程技术复杂的建设项目，一个完整的 PPP 项目需经历项目构思、项目设计、可行性研究、立项决策、实施、总结后评价的全部过程，因此绩效时间维度设计应参照项目建设经历考虑到 PPP 项目的全生命周期，即从项目立项开始，到建成投产、生产运营，直至移交阶段②。

　　综合来看，我国学者对公共项目绩效评价体系做了大量研究，并对 PPP 项目绩效评价进行初步探讨。近几年有学者对 PPP 项目采用 KPI 法进行绩效评价研究并取得了一些积极的成果。但这些评价体系与评估方法同样存在一定局限性，虽然评价指标涉及关键的维度，但依旧不够系统全面，且多注重项目前期评价及项目后评价。同时，国内对 PPP 项目绩效评价的研究，从政府角度评价较多，考虑利益相关方的研究较少，在我国也还没有专门的 PPP 项目监管机构，学术界正积极探讨关于建立 PPP 项目绩效评价标准和专门评价机构的问题。本书注重从各利益相关方的角度综合考虑 PPP 项目绩效评价问题，期望通过建立一套完整系统的评价体系，以便对 PPP 项目绩效进行科学合理的评价，从而提高 PPP 项目综合效益。

1.4　PPP 项目绩效评价主体、客体和类型

　　与传统模式的政府投资项目绩效管理相比，PPP 项目绩效管理涉及的利益主体更加多元化，包括各级政府及所属部门和单位、实施机构、政府出资代表、社会资本方、项目公司、贷款银行等，而且绩效评价周期更长，评价内容更多，可能涉及项目建设、项目运营、贷款使用情况及项目公司、社会资本方履责情况，还可能涉及上级政府对下级政府履职的评价，以及各级政府对其所属相关职能部门效能的评价。

1.4.1　PPP 项目绩效评价的主体

　　从广义上讲，与 PPP 项目直接相关的各级政府及其所属相关职能部门、项目实施机构、政府出资代表、社会资本方、项目公司，以及对 PPP 项目开展外部监督的主体，如同级人大、政协和社会公众等，都可以作为 PPP 项目绩效评价的主体，不同评价主体的评价目的各异。本书重点研究政府部门作为评价主体的绩效评价内容。

---

① 王超，赵新博，王守清. 基于 CSF 和 KPI 的 PPP 项目绩效评价指标研究[J]. 项目管理技术，2014,12(08): 18-24.
② 干佳颖，杨洋. 基于方法视角的 PPP 项目绩效评价体系研究综述[J]. 基层建设，2016(09).

以监管项目公司为主要目的 PPP 项目绩效评价主体是政府，具体可以是政府指定的负责 PPP 项目实施的项目实施机构、财政部门、行业主管部门或者政府授权委托的第三方专业机构，在对 PPP 项目开展绩效评价时，还可以邀请产品或服务使用者加入评价主体，建立政府部门、公众共同参与的综合性评价体系。同时应积极推广第三方绩效评价，将绩效评价的具体工作委托独立的具备足够公信力和较高专业水准的第三方专业机构承担，以保证绩效评价结果的客观和公正。

财政部《政府和社会资本合作项目财政管理暂行办法》（财金〔2016〕92 号）第二十七条规定，各级财政部门应当会同行业主管部门在 PPP 项目全生命周期内，按照事先约定的绩效目标，对项目产出、实际效果、成本收益、可持续性等方面进行绩效评价，也可委托第三方专业机构提出评价意见。该办法第二十八条规定，各级财政部门应依据绩效评价结果合理安排财政预算资金。对于绩效评价达标的项目，财政部门应当按照合同约定，向项目公司或社会资本方及时足额安排相关支出。对于绩效评价不达标的项目，财政部门应当按照合同约定扣减相应费用或补贴支出。因此，财政部门、行业主管部门（通常政府会授权行业主管部门作为项目实施机构）是 PPP 项目绩效评价的重要主体之一，由其对 PPP 项目全生命周期进行绩效评价，也可以委托第三方专业机构协助政府方开展 PPP 项目绩效评价工作。

PPP 项目公司也可以作为 PPP 项目绩效评价主体，相对于政府作为 PPP 项目绩效评价主体，项目公司的绩效评价属于内部评价、自我评价。其主要目的是对项目公司工作绩效的实现情况进行自我检查，或者说是进行过程控制，分析绩效目标的实现程度，寻找影响绩效目标实现的关键因素，采取措施确保绩效目标顺利实现，以便及时足额获取政府补助及项目合理回报，并争取获得政府的奖励，同时积累 PPP 项目管理经验。

PPP 项目涉及的利益相关方众多，涉及政府部门、社会资本及社会公众等，每个利益主体的目标都不相同。若在评价过程中，以其中任何一方作为绩效评价的主体，都无法完全兼顾其他方的利益并得出公正有效的评价结果。为保证绩效评价的客观有效，PPP 项目绩效评价工作建议由与项目无利害关系的第三方实施，例如，英国与澳大利亚设有统一的监管机构负责 PPP 项目的定期检查与评价。借鉴发达国家 PPP 项目管理的经验，PPP 项目绩效评价主体在宏观层面应设置统一的 PPP 监管部门，具体项目应设立相应的项目监管办公室或监管人员[①]，该机构受政府部门或社会资本的委托，仅从 PPP 项目角度为出发点，以不具有向任何利益相关方倾斜的专业严谨态度，完成对 PPP 项目绩效的系统评价[②]。

1.4.2　PPP 项目绩效评价的客体

PPP 项目绩效评价的客体即评价对象。狭义上的 PPP 项目绩效评价客体指采用 PPP 模式运作的基础设施和公共服务领域项目，广义上的 PPP 项目绩效评价客体指 PPP 项目公司，将项目公司所承担的所有工作内容作为评价客体。2015 年 5 月《国务院办公厅转发财政部、发展改革委、人民银行关于在公共服务领域推广政府和社会资本合作模式指导意见的通知》（国办发〔2015〕42 号）中规定："在能源、交通运输、水利、环境保护、农业、林业、科技、保障性安居工程、医疗、卫生、养老、教育、文化等公共服务领域，鼓励采用政府和社会资本合作模式，吸引社会资本参与。"PPP 模式适用领域众多，对不同领域的 PPP 项目进行绩效评价要区别对待，对整个行业与单个项目的绩效评价也要区别对待，对政府部门的考核和对项目公司的考核也需要区别对待。评价客体不同，都需要对评价指标及评价方法进行针对性的设计。

1.4.3　PPP 项目绩效评价的类型

PPP 项目绩效评价可以有多种分类方法，按评价的性质不同可以分为定量评价和定性评价；按照评价目的不同分为政府部门监管评价和项目公司自我评价；按照评价时间不同分为项目实施前评价，项目实施过程评价（包括日常评价、年度评价、中期评价、随机评价和移交前评价）及项目实施后评价。

PPP 项目绩效评价时间涵盖 PPP 项目的全生命周期，即从 PPP 项目立项开始，到实施方案设计，招标采购，签署合同（特许经营权授予），项目建成及交付使用，到运营维护管理，直至移交阶段。PPP 项目绩效评价的时点应始于 PPP 项目实施方案设计阶段（实施方案设计阶段确定的绩效评价目标是项目建设、运营和移交阶段绩效评价的主要依据），终于项目移交阶段，同时应对立项、招投标和合同签署（特许经营权授予）阶段中体现的项目投入、管理能力、风险分担等因素进行总结。PPP 项目实施前、实施过程和实施后绩效评价构成项目全生命周期的绩效评价与监管体系。

---

① 王超，赵新博，王守清. 基于 CSF 和 KPI 的 PPP 项目绩效评价指标研究[J]. 项目管理技术，2014,12(08):18-24.
② 干佳颖，杨洋. 基于方法视角的 PPP 项目绩效评价体系研究综述[J]. 基层建设，2016(09).

1．项目实施前绩效评价

项目实施前绩效评价又称事前绩效评价，是在项目实施以前进行的评价，主要基于项目可行性研究报告、PPP 项目实施方案、PPP 项目物有所值评价报告及 PPP 项目财政承受能力论证报告，在分析判断项目是否满足采用 PPP 模式实施的必要性、可行性和合理性的前提下，研究设定 PPP 项目绩效目标及其具体的评价指标体系、标准和方法，并在 PPP 项目合同中予以明确，作为 PPP 项目实施过程绩效评价、考核的依据。其评价务求客观、公正，符合项目实际，具有前瞻性、导向性和可操作性。

2．项目实施过程绩效评价

项目实施过程绩效评价又称事中绩效评价或绩效跟踪评价，是以 PPP 项目合同确定的绩效目标为导向，对项目的阶段目标达成情况、公共产品和服务的数量与质量、建设管理与资金使用效率、运营管理与创新、公众满意度与可持续性等方面进行综合评价，评价结果作为政府付费或价格调整的依据，并激励社会资本方进行技术创新和管理创新，提升项目实施、公共产品和服务供给的质量和效率。其评价务求客观、公正、真实可信、紧扣绩效目标要求，具有诊断结果与改进建议。

3．项目实施后绩效评价

项目实施后绩效评价又称事后绩效评价，是指项目公司将项目移交给政府指定的部门后对项目整个实施周期的总体目标达成情况、投入产出、公众满意程度及项目可持续发展情况等进行的全面的总结与评价，评价结果作为完善 PPP 模式制度体系及类似项目决策的参考依据。其评价务求客观、公正、系统全面，既要肯定成绩也要找出不足，更要有完善建议。

1.5　PPP 项目绩效评价的组织实施和结果运用

1.5.1　PPP 项目绩效评价的组织形式

以政府为评价主体的 PPP 项目绩效评价工作一般由项目实施机构根据 PPP 项目合同的约定牵头组织开展，会同相关部门联合组织实施。可邀请经济、工程技术、项目管理和法律等方面专家、使用者代表和第三方专业机构参与评价。

PPP 项目绩效评价应建立全生命周期绩效管理机制，须贯穿项目立项阶段、建设阶段、运营管理阶段和移交阶段。绩效评价应事前设定绩效目标，事中进行绩效跟踪，事后进行绩效评价。PPP 项目绩效评价包含实施前绩效评价，实施过程中的年度（或半年、季度等）绩效评价、中期绩效评估、随机绩效评价，以及项目实施后绩效评价和项目后评价。

实施机构应当编制绩效评价方案，并根据方案开展相关工作，监督社会资本（项目公司）履行合同义务，定期监测项目产出绩效，组织编制绩效评价报告，并将评估结果向社会公示，接受公众监督。

实施机构可委托第三方专业机构协助完成定期监测、组织评价和编制绩效评价报告等相关工作。

1.5.2　PPP 项目绩效评价的项目调查

项目调查是 PPP 项目绩效评价的基础工作，即在对 PPP 项目进行绩效评价前，有针对性地对被评价项目所涉及的各利益相关方开展各种形式的调查。调查的主要目的是收集绩效评价所需的信息资料，包括文字资料和数据资料，重点收集数据资料，并对数据进行整理和分析。

项目调查方法包括案卷研究、资料收集与数据填报、实地调研、座谈会和问卷调查等。

1. 案卷研究

案卷研究是对现有的项目资料、国家及地方出台的发展政策和战略规划、各种相关的研究报告和咨询报告等文档资料进行研究，并从中寻找有价值的数据的过程。PPP 项目主要研究文件包括政策法律文件、区域发展及产业规划文件、项目策划文件、项目评估文件、项目采购文件、项目管理手册、项目进度报告、项目完工报告、项目中期评估报告、同类项目案例等。案卷研究要注意对同一绩效评价指标在不同文件中的数据进行对比核实，如果不同来源的数据存在差异，则要分析差异的原因，并且在座谈会、实地调研中进行核查，最后确定选择使用的数据。在 PPP 项目绩效评价中，需要收集的资料包括以下三个方面。

（1）法律政策、标准规范。

1）项目所在区域国民经济与社会发展规划、方针政策。

2）项目相关行业政策、行业标准及专业技术规范。

3）与项目公司组建、经营相关的法律法规和规章制度。

4）项目所在地各级政府或者财政部门关于财政支出绩效评价的管理办法与规定，

以及关于 PPP 项目绩效评价的管理办法与规定。

5）其他相关资料。

（2）项目公司基本资料。

1）项目公司发展规划、年度工作总结、工作计划、工作目标。

2）项目公司内控管理制度，主要财务和资产资料，包括业务管理制度、流程管理制度、人事管理制度、财务管理制度、审计报告、资产清单等。

3）项目公司竣工验收报告、竣工财务决算、纳税证明文件和有关财务资料。

4）上级部门和单位审查报告及财政监督检查报告。

5）绩效自评报告、上年度绩效评价报告或者相关总结报告。

6）其他相关资料。

（3）PPP 项目各工作阶段相关资料。在 PPP 项目开展绩效评价过程中，需要根据项目实际情况，补充收集项目各工作阶段所形成的相关资料，具体见表 1-1。

表 1-1　PPP 项目各工作阶段资料收集清单

工作阶段		主要文件
项目识别	项目发起	《项目建议书》
	项目筛选 新建、改建项目	《新建、改建项目可行性研究报告》及立项批复文件
		《新建、改建项目初步实施方案》
		《新建、改建项目产出说明》
		《供地方案》及其批复文件
		《设计文件》及其批复文件
		《环评报告》及其批复文件
	项目筛选 存量项目	《存量项目公共资料历史》
		《存量项目资产评估报告》
		《存量项目产出说明》
		《存量项目初步实施方案》
	物有所值评价及财政承受能力论证	项目识别阶段《物有所值评价报告》
		项目识别阶段《财政承受能力论证报告》
项目准备		《项目实施方案》及其批复文件、准备阶段的《物有所值报告》《财政承受能力论证报告》及其批复文件
项目采购	资格预审	《资格预审文件》
		《资格预审公告》
		《资格预审申请》
		《资格预审评审报告》

续表

工作阶段		主要文件
项目采购	项目采购文件	包括但不限于采购邀请、竞争者须知、竞争者资格、资信、业绩证明文件、采购方式说明、政府对项目实施机构的授权、实施方案的批复、项目相关审批文件、采购程序说明、响应文件编制要求、提交相应文件的截止时间、项目开启时间和地点、强制担保的保证金数额和形式、评审方法、评审标准、政府采购政策要求、项目合同草案及其他法律文本，以及采购需求中的技术、服务要求
	项目响应文件	《竞争性磋商公告》
		《采购文件》
		《补遗文件》
		《竞争性磋商响应文件》
		《采购需求方案》
		《采购需求方案评审报告》
	谈判与合同签署	《确认谈判备忘录》
		项目本级行业主管部门、财政部门、法制部门等对拟签署 PPP 项目合同的审核意见
		《项目合同》
		《承接项目合同补充合同》
		项目本级人民政府对 PPP 项目合同中约定的政府跨年度财政支出责任纳入中期财政规划的审核意见书
		同级人大（或人大常委会）将本项目财政支出责任纳入跨年度预算的批复文件
项目执行	项目公司成立	项目公司设立相关文件，包括股权协议、章程、组织架构及批复等
		项目公司股东实缴项目资本金证明文件
	融资管理	《融资方案》
		《履约保函》
	绩效监测与支付	《项目产出绩效指标季/年报》
		《项目产出说明》
		《项目公司绩效监测报告》
		《修订项目合同申请》
	中期评估	《项目中期评估报告》
项目移交	移交准备	《移交方案》
		《性能测试方案》
	资产清查	《资产清查报告》

工作阶段		主要文件
项目移交	资产评估	《资产评估报告》
各阶段	其他	与项目相关的管理、投资、决策、评估、审计相关资料

2．资料收集与数据填报

在 PPP 项目开展绩效评价过程中，可以根据被评价项目的具体情况向项目实施机构、政府出资代表、社会资本方、项目公司、项目监管部门等相关单位收集相关资料。在对 PPP 项目的批准文件、产权证明、财务报表等资料进行收集时，评价小组需核对原件；对于书面文件，评价小组需要注意甄别真伪，确认书面资料的真实性、准确性和可靠性；对于部分资料，评价小组还可以前往出具文件的单位或部门进行独立验证或采用电话调查、函证、分析性复核、第三方佐证的方式进行验证。另外，为了便于对数据进行梳理与汇总，评价小组可以设计相关表格，并协助项目实施机构、政府出资代表、社会资本方、项目公司、项目监管部门等相关单位进行填写。

3．实地调研

实地调研通常包括访谈和现场勘查。

（1）访谈是指调查人员与被调查对象相关人员之间直接进行面对面谈话和交流，获得调查所需信息，或者对有关问题进行阐述或交换意见。访谈前需要做好访谈对象的选择，以及准备重点沟通问题的清单，访谈期间需要做好访谈记录。该访谈需要根据调查的内容范围围绕主要问题展开，访谈内容通常为开放式提问，问题一般要简明扼要、具体直接。

（2）现场勘查是指通过询问、核对、勘查、检查、观察等方法进行调查，并形成相关调研记录，获取绩效评价工作需要的基础资料。现场勘查对于尽职调查非常重要。调查人员通常需要亲临 PPP 项目所在地或调查目的地，详细查看项目地理方位、交通条件、环境设施、项目实施进度等，增强对项目的感性认识，获得项目的第一手资料。

（3）开展实地调研前，评价小组需制订实地调研提纲，确定调研对象、调研日程安排、调研问题等。

（4）评价小组应从项目利益相关方中确定访谈对象，包括项目的管理人员、实施人员、项目受益者，以及参与项目立项、决策、实施、管理的行业专家，还有类似 PPP 项目管理者等。

（5）调研结束后需要对调研记录进行整理与分析，调研记录可以作为绩效评价报告附件和工作底稿。

4. 座谈会

（1）座谈会通常是由多人聚到一起在一个主持人的引导下对某一主题进行深入讨论。座谈会不同于一问一答式的访谈，因为是多人讨论，在有经验的主持人的引导下，受访者互相之间有一个互动作用，一个人的反应会成为对其他人的刺激，这种互动作用会产生比同样数量的人做单独陈述时所能提供的更多的信息。

（2）应选择参与或者熟悉项目的立项、决策、实施、管理等人员作为座谈会邀请对象，确保参与人员能够为绩效评价提供有效信息。

（3）围绕事先设计好的的问题清单有针对性地进行讨论，做好会议记录，注意座谈会参与者对问题答案是否达成共识。如果没有达成共识，会后需与参与者进一步沟通核实。

（4）座谈会结束后应当对会议记录进行整理与分析，会议记录可以作为绩效评价报告附件和工作底稿。

5. 问卷调查

（1）问卷调查是指通过制定详细周密的问卷，要求被调查者据此进行回答以收集资料和数据的方法。所谓问卷是一组与研究目标有关的问题，或者说是一份为进行调查而编制的问题表格，又称调查表。

（2）问卷设计通常遵循客观性、合理性、必要性、逻辑性、明确性、自愿性等原则，尽量避免主观臆断或者人为导向，问卷数据便于整理与分析。

（3）根据项目具体情况，针对项目涉及的各相关当事方，合理选择问卷发放的范围，采用科学合理的方法确定样本量和问卷最低回收率要求等。

（4）根据项目具体情况进行抽样，抽样方法通常包括分层抽样、非等概率抽样、多阶抽样、整群抽样、系统抽样。

（5）问卷调查结束后需要对问卷调查结果进行整理和分析，问卷调查的格式及汇总信息可以作为绩效评价报告附件和工作底稿。

1.5.3　PPP 项目绩效评价的数据整理与分析

项目调查后，还需对数据进行整理和分析。

1．数据整理

数据整理是对案卷研究、实地调研、座谈会和问卷调查活动中所收集的大量原始资料数据进行审核、分类、汇总，使之条理化、系统化，得出能够反映项目总体特征，并满足绩效评价要求的工作过程。具体包括数据分类、数据选取、数据验证、数据确定和数据汇总。

（1）数据分类。数据分类就是把具有某种共同属性或特征的数据归并在一起，通过其类别的属性或特征对数据进行区别，以便于对数据进行分析。通常按照计量层次、数据来源、时间状况对数据进行分类。在开展绩效评价过程中，需要根据项目各项绩效评价指标的要求及特点，对收集的数据进行分类。

（2）数据选取。绩效评价过程中通过案卷研究、实地调研、座谈会、问卷调查等多种方式，从项目实施机构、政府出资代表、社会资本方、项目公司、项目监督部门等多个被访对象处获取的大量数据，因此，需分别从不同来源收集的资料中选取出同一绩效评价指标的数据。

（3）数据验证。进行数据整理时，需将不同来源的数据进行交叉验证，从数据的相关性、真实性、完整性和准确性出发进行判断，剔除错误数据或者无效数据，保证数据的真实可靠。由于一些 PPP 项目专业性比较强，在对绩效评价指标进行分析和评价时，需对获取的大量定量指标数据进行专业检测，如污水处理项目需对化学需氧量（COD）、生化需氧量（BOD_5）、悬浮物（SS）、pH 值、氨氮等出水水质进行专业检测，垃圾焚烧项目需对烟气、恶臭、渗滤液、炉渣、飞灰等污染物进行专业检测，供水项目需对浑浊度、色度、臭和味、肉眼可见物、余氯、细菌总数、总大肠菌群、耐热大肠菌群、高锰酸盐指数等常规水质指标进行专业检测等。为了保证检测过程的专业性和检测结果的公正客观性，评价主体一般会根据绩效评价需要委托拥有相关的专业检测人员、先进的检试设备及具备相关资质的第三方检测机构开展专业检测，并出具检测报告。第三方检测具有专业、权威、独立、公正和客观等优势，第三方检测机构出具的检测报告可以作为绩效评价报告的附件和工作底稿。

（4）数据确定。在对大量数据进行分类、选取、验证的基础上，最终确定用于 PPP 项目绩效分析和评价的数据。

（5）数据汇总。若已确定数据较为零散，应对数据进行整理汇总，可采用基础数据表的形式进行数据汇总。

2．数据分析

数据分析是指用适当的统计分析方法对收集来的大量数据进行分析，为了提取有用信息和形成结论而对数据加以详细研究和概括总结的过程。在数据分析过程中通常采用变化分析、综合分析、归因分析和贡献分析方法。

（1）变化分析。通过比较绩效评价指标的实际变化情况与预期变化得到分析结果。该方法是绩效评价中最常用的分析方法，主要用于分析绩效评价指标在项目实施后是否达到预期值。

（2）综合分析。通过对各项绩效评价指标进行综合分析，寻求其内在的联系，从整体角度进行把握，转化为能够反映项目综合情况的指标进行评价。

（3）归因分析。通过建立反事实场景来进行分析，确定所观察到的变化有多大比例是由项目实施而产生。

（4）贡献分析。分析项目实施过程中的各种因素对该项目的贡献程度。

1.5.4　PPP 项目各阶段绩效评价的工作安排

在组织实施 PPP 项目绩效评价时，需要将绩效评价的阶段性安排与 PPP 项目推进流程做好衔接。

1. 项目前期阶段绩效评价工作

在项目前期阶段，由实施机构（或其他牵头部门）汇总研究项目识别到采购阶段的所有过程资料，整体了解项目概况和方案设计有关内容；明确总体的绩效目标框架，规划整个合作期内绩效评价的工作方案，规划设计绩效目标体系；提出建设运营的相关绩效目标，包括产出标准、成本目标、进度目标等，形成 PPP 项目绩效评价方案，作为整个合作期内绩效评价的纲领性指引。根据需要对绩效目标进行评价，在实施方案中提出完整的产出说明和绩效评价标准，并在 PPP 项目合同中进一步细化。该阶段的主要成果文件为《物有所值评价报告》、PPP 项目绩效评价目标及《项目绩效评价方案》。

2. 项目建设期绩效评价

在项目正式开始实施后，实施机构（或确定的其他评价主体责任部门）成立 PPP 项目绩效评价相关工作管理小组或机构，完成绩效评价专业机构采购委托相关手续；根据《项目绩效评价方案》做好项目建设期的绩效评价，收集建设期绩效评价相关过程记录和资料，定期（每年或每季度等）根据国家和所在地区的相关法规规定和项目总体建设进度安排评估建设期内绩效目标完成情况，包括评估项目公司的设立和融资、建设管理等内容，为实施机构对项目公司（社会资本方）进行建设期的奖惩提供参考。该阶段的主要成果文件为《项目建设绩效评价报告》。

3．项目运营期绩效评价与中期评估

在项目正式进入运营期时，实施机构（或确定的其他评价主体责任部门）根据《项目绩效评价方案》每年（季度、月等）年初开始本年度（季度、月等）运营绩效评价，期末出具年度（季度、月等）运营绩效监测成果；每运营 3~5 年可实施一次中期评估。

运营期绩效评价和中期评估根据《项目绩效评价方案》，做好项目运营期内的绩效监测，收集绩效评价相关过程记录和资料，综合阶段性绩效目标完成情况，评估整个运营年度（季度、月等）内绩效目标完成结果，为安排年度财政预算支出等工作提供参考。中期评估旨在总结经验、查找短板、分析原因、提出对策，发现和研究阶段性新情况新问题，为更好地安排后续工作做参考。该阶段的主要成果文件为《项目年度（季度、月等）运营绩效评价报告》和《项目中期评估报告》。

4．项目后评价

在项目移交阶段进行后评价的准备和研究工作，移交完成后总结研究整个合作期内 PPP 项目的相关绩效评价结果和过程评价记录，对项目产出、成本效益、监管成效、可持续性、PPP 模式应用成功度等各方面进行综合评价，进行项目后评价，最终形成项目后评价报告，为项目后续实施安排和其他同类项目实施提供参考。该阶段的主要成果文件为《项目后评价报告》。

1.5.5　PPP 项目绩效评价的结果运用

PPP 项目绩效评价是 PPP 项目管理的重要手段，绩效评价的根本目的是为 PPP 项目绩效管理提供依据，以促进 PPP 项目可持续发展。

绩效评价是对绩效管理工作的总结，不仅是作为政府付费和奖惩的依据，还有助于项目公司总结绩效管理业绩，发现绩效管理存在的问题并研究提出改善绩效意见。绩效评价是鞭策更是激励，是对项目公司进行激励的手段。通过评价，奖优罚劣，对项目公司起到鞭策、促进作用。绩效评价以目标为导向，强调对项目公司行为的牵引，通过对绩效目标的牵引和拉动以促使项目公司实现绩效目标。

不同的 PPP 项目绩效评价类型，其评价的目的和作用不同。PPP 项目实施前绩效评价结果是评判项目是否物有所值、是否采取 PPP 运作模式及确定 PPP 项目绩效评价目标（包括评价标准、评价指标体系、评价方法及评价组织与结果运用）的主要依据；PPP 项目实施过程绩效评价结果是政府付费、政府监管与奖惩、公共产品或服务

调价、项目公司技术与管理创新及强化管理的主要依据；PPP 项目实施后绩效评价结果既是对本项目实施结果的总结和评判，更是其他类似项目决策与管理的依据。

采用政府付费、可行性缺口补助回报机制的项目，其财政补贴与项目绩效评价结果挂钩，政府承担的项目建设投资支出和运营补贴支出均应根据绩效评价结果进行支付，具体绩效挂钩方式以 PPP 实施方案、PPP 项目合同的相关约定为准。

同时，PPP 项目绩效管理结果纳入对项目实施机构及行业主管部门、预算主管部门工作目标考核范畴，建立问题整改责任制和绩效问责机制，作为部门工作考评、干部任用、改进政府管理效能的依据；绩效结果作为政府 PPP 项目决策的依据，利于优化资源配置，控制节约成本，提高财政资金使用效益；绩效结果作为确定社会资本按效付费金额的依据，激发其改进管理持续提高公共产品质量和公共服务水平。[①]

1.6　PPP 项目绩效评价的申诉机制

由于 PPP 项目涉及利益群体众多，评价目标具有多样性，不同于一般的企业评价和项目评价，不仅要对经济效益进行评价，还需考察项目公平性、可持续发展、效率性等因素。而且，在 PPP 项目绩效评价过程中，评价主体受其主客观条件的影响和制约，难免遗漏有关信息，出现评价偏差的现象，因此为了保障评价结果的客观公正及有效运用，需要建立相应申诉机制。

1.6.1　PPP 项目绩效评价申诉的内涵

PPP 项目绩效评价申诉，是指有权受理申诉的机关依照法律或规章对评价客体提起的申诉进行审查、调查并提出解决问题办法的过程。评价申诉的前提是评价客体认为评价主体的行为不当，对评价主体所做出的评价结论持有不同意见而提出投诉。评价申诉的核心功能是确保评价结果的客观公正。评价客体对评价主体的评价方法、评价内容、评价程序及所做出的评价结果持不同意见，都可以进行申诉。评价申诉的受理机关应该是有权对评价结果进行纠正，或可以启动复查、复评程序的机关。因而，受理机关一般是评价主体的上一级机关或评价领导小组。

---

① 杨宝昆. PPP 项目全过程绩效管理思考[J]. 新理财(政府理财)，2018(11):57-60.

1.6.2　PPP 项目绩效评价申诉程序

PPP 项目绩效评价申诉是对 PPP 项目绩效评价的一种约束。评价申诉的程序一般经过受理审查、调查落实、提出解决问题办法三个阶段。受理评价申诉的机关应该拥有相应的审查权、调查权和处理权。受理审查是确定评价对象的投诉是否要受理，并非对每个投诉都毫无选择地展开调查。纳入受理的投诉必须满足一些基本条件，这样能保证申诉受理机关集中力量，有针对性地展开调查。调查是因接受投诉而展开，是评价申诉过程中带有实质性的环节。在调查过程中，申诉受理机关可向它认为适当的人获取与评价内容有关的资料，也可以从它认为能够提供资料的人获取，在符合限制性规定的情况下，收集各种资料。处理是申诉受理机关根据其调查的结果对评价结论做出的一种评判。评价申诉的最后处理结果具有双向性，既要还评价客体一个公道，也要帮助评价主体消除误会。最后，评价申诉受理机关还要切实加强对申诉处理决定执行情况的督促，确保申诉处理决定在执行中落到实处①。

1.7　PPP 项目绩效评价存在的问题和改进建议

1.7.1　PPP 项目绩效评价存在的问题

目前我国 PPP 项目绩效评价面临的主要问题如下。

1. 制度供给不足，缺乏顶层设计

（1）缺乏相对独立和完善的法规制度。PPP 模式虽然在我国早有应用，但是真正由国家有关部委系统性地倡导运用始于近几年。2014 年以来，为了解决经济下行、财政压力不断增大的现实问题，满足"稳增长、补短板"需求，提高公共产品和服务的质量与管理效率，国家在基础设施和公共服务领域力推 PPP 模式，我国 PPP 事业迅猛发展，已成为名副其实的 PPP 世界第一大国。与 PPP 实践相比，我国的 PPP 制度供给严重不足，目前尚未有 PPP 立法，有关 PPP 的法规多为部门和地方制定，法规层次低，法律效力不高，且还存在财政部和国家发展改革委两个部门版本，未形成完整的法律体系。由于制度供给上缺乏顶层性和系统性，造成实践工作中的困惑和难题无法突破和解决。就 PPP 项目绩效评价而言，目前还没有专门针对 PPP 项目绩效评价方面相对独立和完善的法规制度，实际工作中，主要是依据财政部门、发展改革部

---

① 孙洁.PPP 项目的绩效评价研究[M]. 北京：经济科学出版社，2010.

门发布的 PPP 相关文件中关于绩效评价的规定，并参考财政部门传统的政府投资项目绩效评价办法，这些文件不仅不具备严格的法律效力，而且也不完全契合 PPP 的特征和实际情况，PPP 项目的绩效评价效果得不到保证。

（2）尚未形成系统的全生命周期绩效评价规范或操作指引。目前我国尚未形成一个系统的针对 PPP 项目全生命周期绩效评价的操作规范或操作指引，包括 PPP 项目绩效评价原则、内容、主体、对象、组织实施、指标体系、评价结果的应用、监督管理、申诉机制等都缺乏相应的规范和操作细则，同时不同行业也缺乏针对 PPP 项目全生命周期绩效评价指标体系的相关标准，这样很容易导致 PPP 项目绩效评价出现评价主体责任不够明确、绩效评价指标体系水平参差不齐、评价指标中定性指标偏多、可操作性不强等问题，难以真正实现政府通过将绩效评价结果与政府付费挂钩从而引导社会资本提高公共服务效率和质量的政策目标，也不利于相同行业、相同领域项目之间的横向、纵向对比分析。

2. 已落地项目绩效评价问题日益凸显

PPP 模式在我国发展的过程和结果，已经超出了人们的预期，这不仅包含 PPP 模式涉及的领域、范围和规模，而且还包括 PPP 推进的力度、进度、质量和层出不穷的问题。由于 PPP 发展过于迅猛，出现了部分地区对于 PPP 的理解出现偏差或执行走样，随着越来越多的落地 PPP 项目进入实际执行阶段，由于前期绩效评价设计的不明确或缺失绩效评价的 PPP 项目将在未来几年大范围暴露出来，这些问题将主要表现在以下几个方面。①绩效评价指标走偏，指标权重与评价标准不明确、不合理。每个PPP 项目由于行业特点、边界条件、技术参数、功能要求不同，既要有共性指标，也需要设置有针对性的个性指标，不能简单套用、复制照搬其他 PPP 项目绩效评价指标。②绩效评价方式单一，主观成分比重较大。从实际应用情况来看，目前我国 PPP 项目绩效评价方式基本上都是采用 KPI 方法，方法比较单一，且定性指标占比很高，政府主观成分比重较大，因此 PPP 项目绩效评价易陷入以此类比、以偏概全的错误困境，致使评价过程过于形式。③未建立全生命周期的绩效评价体系。许多已落地 PPP 项目缺失绩效评价，或虽已建立绩效评价机制，但未形成与项目产出绩效相挂钩的付费机制，又或者项目建设成本不参与绩效评价，或实际与绩效评价结果挂钩部分占比偏低，尤其是纯政府付费的项目如果缺乏绩效挂钩机制，这种"项目建好就拿钱、项目落地就走人"的现象有可能引发地方政府债务规模膨胀，带来新的风险隐患。

3. 专门评价机构缺失，评价的质量和效率不高

在 PPP 项目的执行过程中，绩效评价是加强项目监管及衡量项目是否取得成效的主要手段。国家相关部门在 PPP 相关文件中均对开展 PPP 项目绩效评价做了明确的规定。如财金〔2014〕113 号文明确，项目实施机构应根据项目合同约定，监督社会资本或项目公司履行合同义务，定期监测项目产出绩效指标，编制季报和年报，并报财政部门（政府和社会资本合作中心）备案。政府有支付义务的，项目实施机构应根据项目合同约定的产出说明，按照实际绩效直接或通知财政部门向社会资本或项目公司及时足额支付。项目移交完成后，财政部门（政府和社会资本合作中心）应组织有关部门对项目产出、成本效益、监管成效、可持续性、政府和社会资本合作模式应用等进行绩效评价，并按相关规定公开评价结果。发改投资〔2016〕2231 号文指出，项目实施机构应会同行业主管部门，根据 PPP 项目合同约定，定期对项目运营服务进行绩效评价，绩效评价结果应作为项目公司或社会资本方取得项目回报的依据。从当前PPP 项目绩效评价工作实际看，评价主体主要是财政部门或发展改革委下设的评审中心、评审委员会或者 PPP 项目实施机构，这些部门或机构通常还需要承担除 PPP 项目绩效评价以外的其他繁重的工作职责，有些机构人员也难以完全满足 PPP 项目绩效评价对其专业程度的要求，而且，由于这些部门通常会参与项目的实施，其独立性相对较弱。另外，有些地方政府长期受形成的"重建设轻运营"思维的影响，忽视对运营及移交的监管，以至于不重视 PPP 项目绩效评价工作。因此，独立专业的 PPP 项目绩效评价机构的缺失，难以保证 PPP 项目绩效评价质量，不利于 PPP 项目绩效评价的可持续发展。

4. 评价人才缺乏，制约 PPP 持续发展

绩效评价是 PPP 项目实施过程中必要且有效的监管手段，项目实施机构主要通过常规评价和临时评价的方式对项目公司服务绩效水平进行评价，并将绩效评价结果与政府相关服务费支付及奖惩相挂钩。绩效评价涉及 PPP 项目全生命周期，涵盖投资决策阶段、建设阶段、运营阶段和移交阶段的全部内容。涉及的知识体系包括投资决策、工程项目管理、行业运营服务管理、财务、税务、法律等诸多领域，需要复合型人才及高素质评价团队。然而，现实情况是，我国的 PPP 复合型人才严重缺乏，与 PPP模式高速发展、PPP 项目高速增长严重脱节，或将成为制约 PPP 持续健康发展的主要短板之一。

1.7.2　PPP 项目绩效评价的改进建议

1．加快 PPP 法制建设，指导规范 PPP 项目绩效评价

国家层面应加快推进公共投资绩效评价的立法，并健全完善 PPP 项目绩效评价的法律条款，确立绩效评价工作在 PPP 项目全生命周期中的核心地位。当前，应抓紧出台"PPP 项目绩效评价管理办法"和"PPP 项目绩效评价操作指引"，对 PPP 项目绩效评价主体、客体、原则、程序、内容、指标体系、评价标准、方法及评价结果应用等相关问题做出明确规定，以指导、规范 PPP 项目绩效评价，使 PPP 项目绩效评价真正发挥跟踪问效、引导 PPP 规范发展的作用。各行业主管部门可会同财政部门，充分结合各行业特点、技术规范和适用法律法规，制定适应行业特征、体系完整、指标明确、操作性强的各行业绩效评价标准或指引，引导各行业 PPP 项目结合项目自身对照评价标准改善管理，提升公共服务质量和效率，实质性提升 PPP 项目全生命周期的绩效管理水平。

2．丰富和发展绩效评价方法，优化和完善绩效评价指标体系

对 PPP 项目实施"全方位、全过程、全覆盖"三个维度的绩效管理，构建 PPP 项目全生命周期绩效评价机制，丰富和发展 PPP 项目绩效评价方法，防止绩效评价方法过于单一或使用走偏，使绩效评价方法更具可操作性和经济性。优化和完善 PPP 项目绩效评价指标体系，探索建立分行业、分领域、分模式、分阶段、分层次的绩效指标体系，分门别类分配代码；通过一级、二级、三级的分层级设置细化评价指标并科学合理分配权重；合理确定共性指标使用范围，共性指标内容可在全国范围内适用，针对性地设置个性指标，并允许各地根据项目具体实际酌情设置；明确定性指标和定量指标范围、取值。同时，在 PPP 项目的不断执行过程中，绩效评价的结果要反馈到项目实施方案策划之初绩效指标的设置，形成封闭的 PDCA 循环，不断验证、改进 PPP 项目绩效评价指标体系。另外，可借助互联网、大数据等一些技术手段和方法对行业数据进行深入分析，以获得更加精细化的指标数据，这将有利于提高绩效评价指标的经济性和合理性。

3．成立专属管理机构，引入独立专业第三方评价

我国大力推广 PPP 模式的目的是更好地吸引社会资本进入基础设施和公共服务领域，实现政府与社会资本更好地合作，为老百姓提供质量和效率更高的公共产品和服务。但是，目前财政部和国家发展改革委各自为政的格局不利于 PPP 事业可持续发

展。当前 PPP 项目绩效评价主体主要由财政部门或发展改革委下设的评审中心（或评审委员会）担任也不合适，应借鉴英国基础设施局等国际经验，结合转变政府职能和机构调整，设立统一且专门的 PPP 管理机构，统一负责组织、管理协调全国 PPP 项目有关事宜，包括负责组织或委托第三方开展 PPP 项目绩效评价工作，构建科学高效的 PPP 组织管理体系。具体可以分两步走：近期，可以成立包括政府法制、财政、审计、发改等相关职能部门、行业主管部门（或实施机构）、公众、行业专家在内的联合绩效评价小组开展绩效评价工作，其中，相关职能部门的评价人员相对固定，行业主管部门（或实施机构）、公众根据项目的具体情况选定，行业专家则可以从相关的专家库中抽取；从长远看，应抓紧认定一批第三方专业的 PPP 项目绩效评价机构，加快推进第三方评价，对公共产品和服务的数量、质量及资金使用效率等方面进行综合评价，评价结果向社会公示，作为价费标准、财政补贴及合作期限等调整的参考依据。项目实施结束后，可对项目的成本效益、公众满意度、可持续性等进行后评价，评价结果作为完善 PPP 模式制度体系的参考依据。

4．加快队伍建设，夯实 PPP 持续发展基础

PPP 项目涉及领域广泛、专业众多，需要大量的政策、经济、法律、工程等方面的专业人才，特别是具有复合背景的高水平人才。清华大学 PPP 研究中心首席专家王守清表示，PPP 模式是一个国际趋势，在我国也正如火如荼地展开，迫切需要大量复合型人才。针对当前我国 PPP 项目绩效评价人才匮乏问题，应加快 PPP 人才的建设。一要建立健全 PPP 人才培养体制机制，依托高校，着眼于规范 PPP 发展需要，抓紧培养和造就一批急需的 PPP 专门人才和专业人才。二要加强 PPP 专业培训。由财政部、国家发展改革委牵头或搭建平台，政校行企合作，理论与实践结合，定期、不定期举办 PPP 论坛、培训、交流会议，促进人才队伍整体素质不断提高。三要做好人才引进工作，不断完善有利于吸引人才的政策措施，健全科学、开放的人才吸引机制，吸引在国外留学、进修的 PPP 专业人才回国，为我国 PPP 事业发展献计献策，添砖加瓦。四要完善机制，最大限度发挥现有人才作用。应充分发挥财政部、国家发展改革委两个 PPP 专家库的作用，打造可以提供强大智力支持的高层次、全方位的智力支持平台，充分发挥财政部、国家发展改革委专家的带动引领作用，建立健全地方 PPP 专家库，为 PPP 事业储备高水平人才，全面推进我国 PPP 事业发展。

第 **2** 章

PPP 项目绩效评价内涵

2.1 项目评价与项目绩效评价

2.1.1 项目评价

项目评价是项目评价主体为了更好地进行项目决策和管理，采用合适的评价标准和指标体系，应用科学的评价理论和方法，对项目的投资效果和未来发展前景做出判断的行为。项目评价贯穿于项目生命周期的全过程，由于在项目全生命周期的各个阶段，项目管理的内容和侧重点不同，因而项目评价的内容也有所差异，通常根据项目所处生命周期的不同阶段，把项目评价划分为项目前评价、项目中评价和项目后评价。

项目前评价就是在项目可行性研究的基础上，分别从宏观、中观、微观的角度，对项目进行全面的技术经济预测、论证和评价，得出项目应否实施的结论的评价活动。项目前评价主要包括技术评价、财务评价、国民经济评价、社会评价、不确定性评价、风险评价等几部分内容，它通常是在项目生命周期的初始立项阶段（概念及论证阶段）进行的，评价的目的是为项目决策提供依据，确定项目应否实施。

项目中评价是指项目立项后，在项目实施期间，历经项目的开发、实施、竣工三个阶段，对项目状态和项目进展情况进行衡量与监测，对已完成的工作做出评价的活动，评价目的是为项目管理和决策提供所需的信息，指出以后项目管理的努力方向。

项目后评价的内容包括项目验收评价、项目经济后评价和项目管理后评价。项目验收评价是对项目结束后所进行的一种验收及考核评估；项目经济后评价主要是对应于项目前评价而言的，是指竣工以后对项目投资经济效果的再评价；项目管理后评价是指当项目竣工以后，对前面（特别是实施阶段）的项目管理工作所进行的评价。评价目的是为后续类似的项目管理和决策提供参考。

2.1.2　项目绩效评价

项目绩效评价是指对项目决策、准备、实施、竣工和运营过程中某一阶段或全过程进行评价的活动。项目绩效评价应符合国家法律、法规及有关部门制定的强制性标准；遵循独立、客观、科学、公正的原则；建立畅通、快捷的信息管理和反馈机制。项目绩效评价的主要内容包括：判断项目实现绩效目标的可能性及未来发展前景；回顾项目实施的全过程；分析项目的绩效和影响；评价项目的目标实现程度；总结经验教训并提出对策建议等。从本质上看，项目绩效评价是围绕项目绩效目标达成情况展开的项目评价，与项目评价在评价的目的、内容、方法、标准及评价指标体系设置上基本是一致的。所不同的是，绩效评价主要针对项目的实施过程进行评价，即项目中评价，或称为过程评价，它是项目实施过程管理的一个环节，其主要目的是促进项目绩效目标的实现及项目的可持续发展。

2.2　PPP 项目评价与 PPP 项目绩效评价

2.2.1　PPP 项目评价

PPP 项目评价是政府为了判断项目是否适合采用 PPP 模式，以及加强 PPP 项目监管，委托 PPP 项目评价主体采用合适的评价标准和指标体系，应用科学的评价理论和方法，对项目的投资效果和未来发展前景做出的客观、公正的评价。PPP 项目评价与其他类型项目评价一样，也是贯穿于项目生命周期的全过程，也可以划分为 PPP 项目前评价、PPP 项目中评价和 PPP 项目后评价。PPP 项目评价与其他项目评价不同之处在于它是针对 PPP 项目开展的评价活动。此轮 PPP 模式在我国大力推广运用时，财政部在总结以往项目评价方法及内容的基础上，借鉴国际做法，重点增加了物有所值评价和财政承受能力论证评价两项重要评价内容。

2.2.2　PPP 项目绩效评价

PPP 项目绩效评价是指政府授权的评价主体依据选定的绩效评价指标、标准和方法，对 PPP 项目的绩效目标达成情况及可持续发展情况进行客观、公正的评价。绩效评价结果将作为政府决策项目是否采用 PPP 模式、政府付费与奖惩、价格调整等事项的重要依据。开展 PPP 项目绩效评价的主要目的是通过绩效评价，准确选择采用 PPP 模式的项目，加强对 PPP 项目所提供的公共产品或服务质量和价格的监管，通过将评价结果与政府付费及奖惩挂钩，激发社会资本的创新意识，通过制度创新、管理创新、技术创新，提高公共产品或服务的质量，确保公共产品和服务的质量、效率和延续性，确保实现公共利益最大化，促进 PPP 项目顺利实施。

按照评价目的不同，PPP 项目绩效评价可分为项目实施前绩效评价、项目实施过程绩效评价和项目实施后绩效评价。

本书重点讨论 PPP 项目实施过程绩效评价，即 PPP 项目事中绩效评价，其目的是为政府加强 PPP 项目监管提供信息和依据，有效控制 PPP 项目运行，使其达到预期的效果，满足各利益相关方的要求。PPP 项目实施过程绩效评价是政府控制 PPP 项目的一个环节，既是政府相关部门监管 PPP 项目的重要内容，也是规范 PPP 项目主管部门和财政部门有效履行监管的重要手段。可以认为，PPP 项目实施前绩效评价是项目监管的前向延伸，PPP 项目实施后绩效评价是项目监管的后向延伸，而 PPP 项目实施过程绩效评价则直接蕴涵于项目监管过程之中，是项目监管的一个重要组成部分。PPP 项目实施过程绩效评价的目的在于监测项目实施的实际状态与绩效目标（项目合同约定的预期绩效目标）状态的偏差，分析其原因和可能的影响因素，并及时反馈信息，以便做出决策，采取必要的管理措施来实现或达到既定目标（预期绩效目标），引导、激励社会资本方和项目公司创新管理制度和方法，改进项目管理，以便有利于项目各利益相关方，特别是政府相关部门及时了解和把握项目现状，加强对项目实施的监督。由于项目实施阶段的管理决策工作主要表现为政府对项目的控制与监管，因此 PPP 项目实施过程绩效评价是主要以社会资本方或项目公司作为评价对象而开展的针对性绩效评价，能够为政府加强 PPP 项目控制与监管提供信息和依据。

PPP 项目实施过程绩效评价除了具备一般管理中绩效评价的属性之外，与项目实施前绩效评价相比，主要体现在它的现实性（所依据的是项目现实发生的真实数据）、阶段性（每一阶段或每一时点的评价结果只是反映了那个阶段或时点的情况）、探索性（需要分析项目现状、发现问题并探索解决方案）、反馈性（为下一步的项目控制与监管提供决策依据并指明努力方向）及适度性（是项目执行过程中对于执行情况的评价，不应耗费过多的时间和人力，以免影响项目的正常进行）。

与项目实施后绩效评价相比，项目实施过程绩效评价的特点主要表现在阶段性与适度性两个方面。由此也决定了项目实施过程绩效评价与项目实施前绩效评价、项目实施后绩效评价存在本质的差别，主要表现在：评价内容不同；在项目生命周期中所处阶段不同；评价标准不同；在项目决策过程中的作用不同及在组织实施上的不同。

2.3　PPP 项目绩效评价原则、准则与特征

2.3.1　绩效评价原则

开展 PPP 项目绩效评价应遵循以下五项基本原则。

（1）科学规范原则。绩效评价应按照规定的程序和要求进行，既要有定量比较也要有定性的分析、判断与描述。

（2）公正公开原则。评价主体应当站在公正的角度，给出真实、客观的绩效评价结论，依法在 PPP 信息平台公开并接受监督。

（3）全面系统原则。PPP 项目绩效评价应当对项目的实际情况进行全面系统考察，包括但不限于对项目绩效目标设定的合理性或者达成情况、公共产品或服务的数量与质量、建设管理与资金使用效率、运营管理与创新、公众满意度与可持续发展能力等方面进行综合评价，既要有定量评价也要有定性分析。

（4）目标导向原则。绩效评价应当针对项目目标进行，其中，实施前绩效评价应以项目拟达到的绩效目标为评价标准，实施过程和实施后绩效评价应以合同约定的绩效目标为评价标准，评价结果应可以作为政府决策、付费或者调价的依据，或者为后续管理和决策提供参考。

（5）分级分类原则。PPP 项目绩效评价由绩效评价主体根据评价对象的特点分类组织实施，评价主体应针对评价对象的特点设计评价标准、评价指标体系，依法依规并结合项目实际对评价对象做出客观的评价。

2.3.2　绩效评价准则

绩效评价准则是指开展绩效评价的标准和依据，分为一般准则和具体标准。其中一般准则是评价的基本标准和原则；具体标准，也可以称为评价标准，是评价的依据、衡量标准，是一般准则的具体化。

绩效评价一般准则是评价 PPP 项目绩效应遵的基本标准和原则。美国著名学者 Terry Fenrick 在 1995 年提出了公共项目的 "3E" 评价准则，即经济性（Economy）、效率性（Efficiency）和效果性（Effectiveness），该准则被西方国家广泛应用于传统公

共项目的财政绩效评价。经济性是指资源的耗费情况,经济性好通常指耗费的资源少,其主要关注的是资源投入和使用过程中成本节约的水平和程度及资源使用的合理性。效率性是指投入资源与产出成果之间的对比关系。效果性是指实际取得成果与预期取得成果之间的对比关系,其主要关注的是既定目标的实现程度及其产生的影响。PPP是政府和社会资本在公共产品和服务领域建立的一种长期合作关系,"3E"准则也适用于 PPP 项目,但是,PPP 项目绩效评价是在项目确定实施 PPP 模式之后,从项目利益相关方(包含项目社会资本方、承包商、施工方、供应商、政府部门、社会公众等)要求和关心的项目目标利益出发,对项目实施、运营相关的经济、社会、风险分担、环境和技术等各方面因素,从项目投入、过程控制、结果、影响等角度进行全面和客观的评价。因此,针对 PPP 项目的特殊性,有学者提出了 PPP 项目绩效评价的"4E"准则,在"3E"准则的基础上加上了公平性(Equity),如图 2-1 所示。公平性主要考虑利益相关方的满意度和项目的可持续发展。PPP 项目绩效评价具体标准可以参照政府投资项目选择计划标准、行业标准或类似项目的历史标准,同时,由于 PPP 项目是政府与社会资本合作的项目,双方的合作以合同为基础,体现契约精神。因此,PPP项目绩效评价具体标准可以选择合同标准(取代政府投资项目的计划标准)、行业标准或类似项目的历史标准。

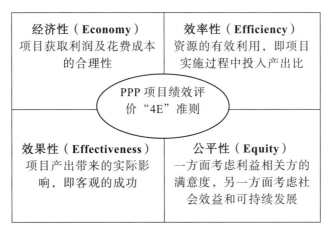

图 2-1　PPP 项目绩效评价的"4E"准则

　　合同标准(绩效目标)是指以 PPP 项目合同确定的绩效指标和标准作为评价的标尺,有别于政府投资项目的计划标准,更体现契约精神。行业标准是指参照国家公布的行业平均数据制定的评价标准作为评价的标尺。历史标准是指参照同类项目的历史指标与标准数据制定的评价标准作为评价的标尺。近阶段应以合同标准和行业标准为主开展绩效评价，历史标准因为我国过去采用 PPP 模式的项目较少，参照数据的积累不足，近几年内较难以历史数据作为评价的标准，随着 PPP 模式的进一步推广及参照数据的积累与完善，历史标准也将成为主要的标准之一。鉴于 PPP 的契约精神和目标导向，合同标准将是 PPP 项目绩效评价的主要标准，而且在制定合同标准时，通常已将行业标准和历史标准（如果有）作为主要参照系。

以"4E"准则为核心进行绩效目标设计，通常应当包括以下主要内容。

（1）项目产出（效果性），包括提供的产品、服务的数量和质量是否达到预期的目标。

（2）项目投入（经济性），指达到预期产出所需要的成本资源（经济性）。

（3）项目效益（效率性），包括经济效益、社会效益、环境效益（正效益，代表效率高；负效益，代表效率低）。

（4）项目影响（公平性），服务对象或项目受益人及利益相关方的满意程度和可持续发展等。

另外，还需要根据项目的类型、特征和具体情况，确定其他应当列入绩效目标的相关内容。

2.3.3　绩效评价特征

PPP 项目绩效评价与其他项目绩效评价相比具有以下特点。

1. 评价主体

一般项目的绩效评价主体是项目业主或项目管理者，PPP 项目绩效评价主体除了项目业主（通常是代表政府的项目实施机构）或者管理者本身（项目公司）之外，主要是政府委托的第三方评价机构，行使政府委托职权的机构包括财政部门、行业主管部门、政府出资代表等（具体由哪个机构作为委托机构应在项目实施方案和项目合同中明确约定）。

2. 评价对象（评价客体）

一般项目的绩效评价对象是拟投资建设或者已投资建设的项目，PPP 项目绩效评价是指对拟采用 PPP 模式运作的项目进行评价，以项目公司作为绩效评价对象（评价客体）。它不仅要评价 PPP 项目的投入、产出情况，还要对项目承载政府利益、公众利益的实现情况进行评价。

3．评价目的

一般项目绩效评价的主要目的是判断项目是否可行或者让项目的各级管理者和利益相关方了解和掌握项目执行的基本情况，以便找出问题，及时调控，总结经验。PPP 项目绩效评价不仅对项目是否可行做出判断，还需分析论证项目是否适合采用 PPP 模式，要不要采用 PPP 模式；不仅要让项目的各级管理者和利益相关方了解和掌握项目执行的基本情况，以便找出问题，及时调控，总结经验，而且要为政府付费和价格调整提供基础和依据，是项目监管的重要组成部分。

4．评价方式

一般项目的绩效前评价也称为项目评估，主要是委托第三方机构对项目建设必要性、技术可行性和经济合理性进行综合分析和评价，如果项目符合建设必要性、技术可行性和经济合理性要求，则认为该项目可行，即可以实施该项目。PPP 项目的实施前评价不仅要判断该项目是否可行，还必须对该项目是否物有所值及若该项目采用 PPP 模式运作后财政是否具备承受能力进行分析和论证。物有所值评价和财政承受能力论证需要财政部门组织专家进行审核确认，并须在此基础上设计该 PPP 项目的绩效评价指标、标准及评价细则，作为实施过程绩效评价的依据。一般项目的绩效过程评价主要采取自查与他查相结合，普查与抽查相结合，投资主体、管理者与监管机构相结合的方式。为了有效地减轻项目基层管理者的评价工作负担，通常将实施过程绩效评价与项目的阶段总结相结合，以项目阶段报表的数据资料为基础进行实施过程绩效评价。PPP 项目的实施过程绩效评价主要采取外部监测和定期检测方式，通常由项目实施机构或者行业主管部门或者委托第三方评价机构组建评价工作小组，对项目合同约定绩效目标的实现情况进行定期的监测，监测周期一般与政府付费周期一致，如每月、每季度、每半年或每年一次，一般每 3~5 年还需要进行一次中期评估。

5．评价范围

一般项目的绩效评价主要是对项目的建设管理绩效评价，包括针对项目组织、进度控制、费用控制、质量管理等实施管理主要任务的评价和针对资源限制、项目实施风险、项目范围变更、项目合同、环境条件等其他配合支撑条件进行的分析与评价。PPP 项目绩效评价范围更加广泛，除了和一般项目一样，需要针对项目建设管理绩效进行评价外，还必须对绩效目标设定合理性或实现程度评价、运营管理绩效评价、财政资金使用绩效评价、公共产品（或服务）质量与效率评价、公众满意度评价、社会绩效评价及可持续发展能力评价等。PPP 项目绩效评价重点关注该项目引入社会资本后，是否为社会提供更多、更好的公共产品和服务，项目开发和运营引入社会资本是否确实物有所值。

6．评价程序

一般项目绩效评价的基本程序包括组织安排、收集资料、审查分析和编写报告四个环节，四个环节的工作一般均由受托的第三方机构完成。PPP 项目绩效评价工作程序通常包括前期准备、绩效评价实施、绩效评价管理三大步骤十一个环节。在评价程序上，PPP 项目绩效评价与其他项目绩效评价主要有五点不同：一是评价程序的各个环节当中，均有政府部门的参与，即使该项评价工作是委托第三方机构进行的，也有政府相关部门的人员参与其中；二是必须组建绩效评价工作小组，遴选的专家至少包括工程技术专家、项目管理专家、财务专家、资产评估专家、财政专家、法律专家和项目所属行业领域专家；三是必须开展公众满意度调查；四是评价结果须经政府指定部门审核并报财政部门备案，作为政府付费和调价的依据；五是必须依法公开绩效评价信息，接受监督。

2.4　PPP 项目绩效评价工作程序与工作方案

2.4.1　工作程序

PPP 项目绩效评价工作程序通常应包括三大环节。

（1）前期准备环节，包括确定绩效评价项目、明确绩效评价要求与主体（财政部门或项目实施机构自行开展或委托第三方专业机构开展）。

（2）绩效评价实施环节，包括遴选专家组建绩效评价工作小组，制订绩效评价工作方案（具体包括项目概况、评价思路、方法手段、组织实施、进度安排等），收集绩效评价相关资料并开展公众满意度调查，审查核实绩效评价资料，综合分析确定评价结论，撰写并提交绩效评价报告。

（3）绩效评价管理环节，包括将绩效评价结果提交政府指定部门（作为政府付费与奖惩或调价或整改或办理移交的依据），建立绩效评价档案，依法公开绩效评价信息。

具体工作程序如图 2-2 所示。

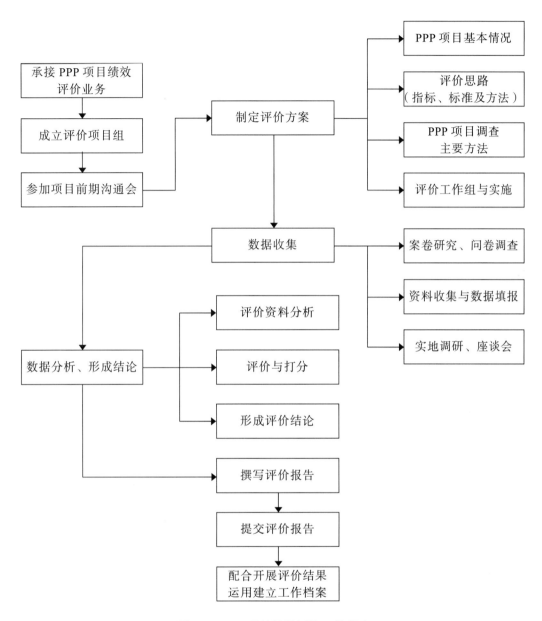

图 2-2　PPP 项目绩效评价工作程序

2.4.2　工作方案

1. 熟悉项目基本情况

（1）项目立项的背景、目的。

（2）项目绩效目标，包括项目总体绩效目标和在一定时期内应实现的阶段性绩效目标，应根据评价依据及项目客观情况确定合理的绩效目标。

（3）项目计划实施内容，即为实现项目绩效目标而开展的一系列相关项目内容和活动。

（4）项目实施及监管情况，主要反映项目实施和管理的组织结构，包括项目的监管部门及项目实施机构或者项目公司的各自职责，项目的实施流程及监管机制等。

（5）利益相关方，项目参与方包括实施机构和财政部门等政府主管部门；社会资本、项目公司；银行及其他金融机构、施工承包商、材料供应商、咨询机构、保险公司等与工程建设运营有关联的单位；项目影响区域内的直接受益者、间接受益者；公众等其他利益相关方。

（6）其他可能对项目绩效产生重要影响的情况。

2．研究绩效评价思路

（1）绩效评价目的。绩效评价目的是整个绩效评价工作开展所要达到的目标和结果，体现评价工作的最终价值，是整个评价工作的基本导向。绩效评价工作方案需要明确评价目的，说明开展此项评价的原因和评价结果的应用。

（2）绩效评价对象及评价内容。绩效评价工作方案需要明确绩效评价对象，评价内容，评价的时间范围、地域范围和受益群体范围。其中，评价内容通常包括：绩效目标的设定情况，资金的使用及管理情况，绩效目标的实现程度，公众满意度等。

（3）绩效评价指标体系。评价主体应当按照相关性、重要性、可比性、系统性及经济性原则，就项目决策、项目管理、项目绩效（产出、效果）等方面全面设定指标体系。

（4）绩效评价方法。评价主体在工作方案中应当明确开展绩效评价工作所选用的绩效评价方法及其理由。

3．选择项目调查主要方法

评价主体在制定绩效评价工作方案时，应当有针对性地对项目所涉及的利益相关方开展各种形式的调查，调查方法包括案卷研究、数据填报、实地调研、座谈会及问卷调查等。绩效评价工作方案应当尽可能明确调查的对象、调查的具体方法、调查内容、日程安排、时间及地点等。如果调查对象涉及抽样，应当说明调查对象总体情况、样本总数、抽样方法及抽样比例。

4．确定评价工作的组织与实施

（1）明确各个环节及各项工作的时间节点及工作计划。

（2）明确项目负责人及项目团队的职责与分工。

（3）明确参与评价工作各相关当事方的职责。

2.4.3　政府部门职责

各级政府、项目实施机构、财政部门、行业主管部门及其他政府部门应当树立绩效管理理念，扎实推进绩效管理工作，认真履行职责。

（1）各级政府负责统筹组织辖区范围内已批复实施的 PPP 项目全生命周期绩效管理工作，指导和监督相关部门开展 PPP 项目绩效管理工作，并定期对相关部门参与程度、工作效能和实施效果等开展绩效评价。

（2）项目实施机构是具体 PPP 项目绩效管理工作的直接参与单位。项目实施机构根据地方政府、财政部门及行业主管部门的要求开展绩效管理工作，项目实施机构可以自行开展或委托第三方专业机构开展绩效评价工作，包括监测项目运行状态、绩效产出、实施效果等。

（3）各级财政部门应当会同行业主管部门开展 PPP 项目绩效运行监控，对绩效目标运行情况进行跟踪管理和定期检查，根据项目合同约定及绩效评价结果拨付财政资金，确保阶段性目标与资金支付相匹配，开展中期绩效评估，最终促进实现项目绩效目标。监控中发现绩效运行与原定绩效目标偏离时，应及时采取措施予以纠正。

（4）行业主管部门应当结合绩效管理要求和部门管理职责，制定具体的绩效管理制度及实施细则，指导项目实施机构规范开展绩效管理工作，并会同财政部门做好项目全生命周期运行监控和成本监测等工作。

2.4.4　引入第三方咨询机构

PPP 项目的绩效评价涉及整个生命周期，存在双方目标的冲突性、项目管理的专业性、过程信息的不对称性等特点，为顺利实现绩效评价的高效、专业、公平，引入第三方咨询机构，提供全生命周期、动态的绩效评价服务，加强绩效评价的科学性、长效性、综合性，势必成为一种发展趋势。

1. 角色定位

根据现有的相关政策文件，第三方咨询机构在 PPP 项目绩效评价中的角色定位主要有以下两种表现方式。

（1）辅助模式。财政部《政府和社会资本合作项目财政管理暂行办法》（财金

〔2016〕92 号）第二十七条指出，"各级财政部门应当会同行业主管部门在 PPP 项目全生命周期内，按照事先约定的绩效目标，对项目产出、实际效果、成本收益、可持续性等方面进行绩效评价，也可委托第三方专业机构提出评价意见"。在此种模式下，第三方咨询机构主要是以"顾问"形式提出评价意见，政府部门作为绩效评价主体，有权决定对咨询评价意见的取舍，第三方咨询机构对绩效评价的结果影响力较弱。

（2）主导模式。财政部、环境保护部《关于推进水污染防治领域政府和社会资本合作实施意见》（财建〔2015〕90 号）重点强调"推广第三方绩效评价，形成评价结果应用机制和项目后评价机制"，并未提及政府部门作为绩效评价主体，因此部分业界专家认为此文释放出"第三方咨询机构主导绩效评价"的重要信号。在此种模式下，第三方咨询机构拥有较大的自主权及独立性，有助于增强第三方绩效评价过程及结果的系统性及效率性。

2．选择方式

PPP 项目的绩效评价因项目特点不同而变化多样，第三方咨询机构的选择直接影响着 PPP 项目绩效评价的质量与效率，进而影响 PPP 项目的实施效果。怎样选择合适的第三方机构，应当主要从选择标准和选择程序两方面把握。

（1）从选择标准上来看，选择第三方绩效评价机构应当重点关注第三方咨询机构的专业性与独立性。目前的相关政策规定并未对 PPP 项目绩效评价第三方咨询机构的相关资质要求、人员资格要求做出明确细致的规定，当前业内已在从事 PPP 项目绩效评价相关业务的第三方机构包括工程咨询公司、律师事务所、会计师事务所等咨询机构，以及高校、研究所等科研机构。随着 PPP 模式的持续发展，专业从事 PPP 项目绩效评价业务的第三方咨询机构也必将应运而生，如无明确的准入门槛限制，将使绩效评价的效果大打折扣，第三方评价所具备的独立性和专业性也难以保证。第三方咨询机构一方面要具备相关的工程、审计、法律、资产评估知识，另一方面还要具备与 PPP 项目相关的行业经验，才能对 PPP 项目全过程绩效目标做出科学合理的评价。对于单个第三方咨询机构难以具备 PPP 项目绩效评价所需的全部专业资质、技能的问题，也可以允许多个机构组成"联合体"的形式，共同对具体 PPP 项目进行绩效评价。

（2）从选择程序上来看，政府聘请第三方咨询机构进行 PPP 项目绩效评价应属于政府采购服务的范畴，因而应当遵守政府采购服务的相关程序要求。根据项目的特点，按照相关规定通过采用公开招标、邀请招标、竞争性谈判、单一来源采购等采购程序，既能保证委托中介机构程序的规范性、公开性和竞争性，又可以保证选定的中介机构具备开展绩效评价的实力。同时，应鼓励社会资本参与第三方咨询机构的选择过程，最大限度保证所选取中介机构的中立性和独立性。[①]

2.4.5　公众参与

我国推广 PPP 模式的初衷是借助社会力量来提升基础设施和公共服务的供给质量和效率，进一步转变政府职能、激发市场活力、改善公共服务战略部署。因此，PPP 项目的主要职能是为社会公众提供公共产品，其出发点和落脚点通常都在社会公众身上，脱离社会公众的 PPP 项目绩效评价无异于将社会公众排除在 PPP 项目管理之外，无法体现 PPP 项目绩效评价的真正作用。近年来，我国公众参与公共投资项目绩效评价管理的意识和能力在不断加强，随着我国不断改革政府管理方式和行为，公众主人翁的意识也在不断加强，参与热情日益高涨，这对于提高政府工作效率、加强政府与公众联系、争取人民群众支持和建设社会主义和谐社会具有积极意义，同时也对 PPP 项目绩效评价体系的构建提出了新的、更高的要求。因此，2015 年《国务院办公厅转发财政部、发展改革委、人民银行关于在公共服务领域推广政府和社会资本合作模式指导意见的通知》（国办发〔2015〕42 号）明确提出，PPP 项目要建立政府、公众共同参与的综合性评价体系，推动 PPP 回归公共服务创新供给机制的本源，不断提高公共服务供给质量和效率。实现公众参与 PPP 项目绩效评价主要体现在以下几个方面。

（1）加强 PPP 项目信息公开。加强 PPP 项目信息公开是公众参与 PPP 项目绩效评价的保证，PPP 项目全过程信息公开透明，可以保障公众知情权，主动接受社会监督，约束各方不规范行为，规范 PPP 市场秩序。"财金〔2014〕113 号"文已明确，政府、社会资本或项目公司应依法公开披露项目相关信息，保障公众知情权，接受社会监督。社会资本或项目公司应披露项目产出的数量和质量、项目经营状况等信息；政府应公开不涉及国家秘密、商业秘密的 PPP 项目合同条款、绩效监测报告、中期评估报告和项目重大变更或终止情况等。社会公众及项目利益相关方发现项目存在违法、违约情形或公共产品和服务不达标准的，可向政府职能部门提请监督检查。"财金〔2017〕1 号"文则对 PPP 信息的公开内容、公开方式、公开时点、公开主体，以及如何监督管理等重要问题，都做出了详细规定。这些规定覆盖了 PPP 项目的识别、准备、采购、执行及移交的全过程，并对 PPP 项目运作的每一阶段应该公开的信息都

---

① 靳林明，林珏，韦小泉. 关于 PPP 项目第三方绩效考核的一些思考. 财政部 PPP 中心. http://www.cpppc.org/zh/plt/6676.jhtml，2018-04-09.

分别详细列出，具有现实可操作性。因此，将这些信息公开的措施要求落到实处，有助于确保公众能够参与到 PPP 项目绩效评价的各个阶段，由现阶段的"部分参与"向"全程参与"转变。

（2）拓展公众参与方式。让公众参与由"被动"变"主动"，实施公众全程参与PPP 项目绩效评价：首先，在 PPP 项目前期准备阶段，对于与公众切身利益密切相关的 PPP 项目产出规模、产出标准、产出效率的要求，以及绩效评价方案的制订，政府应当积极征求社会公众的意见，并以公众满意度为基准完善 PPP 项目绩效评价指标；其次，参照《政府采购法实施条例》的有关规定，政府向社会公众提供的公共服务项目，验收时应当邀请服务对象参与并出具意见，验收结果应当向社会公告；再次，具体评价阶段，评价主体可以邀请公众推选代表参与组建绩效评价工作小组，全程实时跟踪绩效评价工作，增加公众在绩效评价过程中的话语权；最后，公众参与 PPP 项目绩效评价还有社会公众满意度调查、社会公众代表座谈会、社会公众申述和投诉机制等多种方式。

（3）发挥公众的监督作用。公众不仅要参与 PPP 项目绩效评价的全过程，还要充分发挥对整个绩效评价的监督作用，这种监督不仅体现在绩效评价的过程中，还体现在评价结果的应用上。涉及绩效评价的最主要部分是执行和改进，这也是实行 PPP 项目绩效评价的重要目的。公众监督绩效评价结果的处理也是在提升政府和项目公司的执行力，避免出现"光说，不做，流于形式"，要重在落实，还要加强公众与人大、政协的联系，形成集合各方力量、齐抓共管的机制。

（4）以制度保障公众参与的权利。国家层面可以以法规和制度的形式，明确公众参与 PPP 项目绩效评价的权利，还应制定相关的处罚措施，并结合我国现行的纪检监察制度，在绩效评价过程中由纪检监察部门全部跟踪问效，对于绩效评价过程中发现的问题要及时纠正、处理，以保证其执行，对妨碍公众参与的违法、违纪行为要严厉惩罚，形成有责可循、违规必究的责任机制。

2.5　PPP 项目绩效评价内容

PPP 项目绩效评价因项目类型和评价目的不同，绩效评价内容也各不相同，从项目全生命周期看，绩效评价内容主要包括绩效目标评价（绩效目标设定的合理性或实现程度评价）、建设绩效评价、运营绩效评价及其他绩效评价等。

2.5.1　绩效目标评价

绩效目标评价以目标管理理论为指导，通过一定的指标体系和科学的评价方法来衡量既定目标完成情况所进行的一系列管理活动。目标管理是以目标为导向，以人为中心，以成果为标准，而使个人和组织取得最佳业绩的现代管理方法。绩效目标及其管理是 PPP 项目实施方案的重要组成部分，实施方案研究编制单位应根据 PPP 项目建设的总体要求、宏观目标、区域经济和社会发展规划、项目所属行业的专项发展规划，结合本项目经过财政部门、行业主管部门或专家评审通过的财政承受能力和物有所值论证结果，科学、合理地确定 PPP 项目绩效评价目标，在实施方案中予以明确阐述并在 PPP 项目合同中明确约定。绩效目标应体现宏观目标的要求，细化为直接目标、产出效果，并且是具体的、可衡量的、在合作期内可实现的。

绩效目标评价是对目标管理和绩效评价的综合运用，是评价和改进工作的有效治理工具。PPP 项目绩效目标评价应围绕合法性、合规性和合理性展开，重点关注 PPP 项目可行性和绩效目标设定合理性等方面。绩效目标评价是绩效评价的重要内容，是项目决策管理的重要举措，通过引入外部监督，推行科学民主决策。通过评价，进一步优化项目资源配置，提高项目管理和公共服务水平。

1．绩效目标评价的意义

（1）推进绩效目标评价，有助于政府部门在前期论证中树立绩效理念，强化项目前期论证工作，充分明确项目实施的经济效益、社会效益和生态效益，注重投入产出的分析，减少决策上的盲目性，增强工作的主动性，保证项目建设的科学性。

（2）推进绩效目标评价，有利于强化项目的事中事后监督机制，及时发现问题，迅速修正目标。绩效目标的事前设定将为事中的执行提供了参照的依据和标准，政府部门及项目公司必须按照事前设定的目标开展工作，通过定期采集运行信息，分析运行问题，对偏离绩效目标的情况及时采取纠偏措施，确保绩效目标的顺利实施。

（3）推进绩效目标评价，有利于促进政府部门更好地树立为民服务的理念，把改进政府管理能力和水平作为目标，使政府行为更加务实、高效；推进绩效目标评价，有助于项目公司不断改进服务水平和质量，把管理和服务的效能发挥至最大化，提供优质的公共产品和服务。

2．绩效目标内容

绩效目标通常包括以下六个方面的内容。

（1）预期产出，包括提供的公共产品和服务的数量。

（2）预期效果，包括经济效益、社会效益、环境效益和可持续影响等。

（3）服务对象或项目受益人满意程度。

（4）达到预期产出所需要的成本资源。

（5）衡量预期产出、预期效果和服务对象满意程度的绩效指标、绩效标准、考核办法及管理要求等。

（6）其他。

3．绩效目标的内涵要求

（1）绩效目标应符合 PPP 项目建设的总体要求、宏观目标、区域经济和社会发展规划、项目所属行业的专项发展规划等，目标内容指向明确，准确反映项目提供的公共产品和服务的数量、效果、满意度等。

（2）绩效目标应按照"定量为主，定性为辅"的原则，从数量、质量、时效和成本等方面进行细化，尽量以具体数值、比例等形式的定量方式表述，客观反映项目绩效水平和目标实现程度，不能以量化形式表述的，可以采用定性的分级分档形式表述。

（3）绩效目标应合理可行，制定绩效目标时要开展深入的调查研究和全面的科学论证，结合项目自身特点和行业状况，绩效目标要符合客观实际和行业惯例，项目产出效益符合正常业绩水平，绩效指标和评价目标值关联匹配，具有一定逻辑性，操作程序切实可行。

（4）绩效目标应符合"物有所值"理念，绩效目标能够有效判别引入项目公司参与项目的建设运营，与传统政府投资运营模式相比，将有助于提升公共产品和服务的供给能力与效率，降低项目全生命周期成本。

4．绩效目标管理措施

（1）夯实前期工作。项目领域符合国家和地区的相关法律法规和制度规定，认真履行规划立项、土地管理、国有资产审批等前期工作程序，规范开展物有所值评价和财政承受能力论证，切实履行采购程序，严格审查签约主体，全面掌握项目预先设定的绩效目标框架与合作机制，对 PPP 项目的前期论证、项目识别、准备、采购、执行和移交等环节开展全生命周期绩效管理，确保规范运作。

（2）完善保障机制。建立健全各项工作制度、运作程序、实现途径和保障措施，把绩效目标评价纳入制度化、规范化、科学化的运行轨道，将职责分工、审计监督、内部控制、财务管理等各项工作落实到位，加强项目管理与绩效管理的协同配合和动态调整，对项目各实施阶段进行有效管理和目标控制，为绩效目标评价工作打下坚实基础。

5．绩效目标审核评价

PPP 绩效目标是 PPP 项目实施方案的必要充分要素，通常不单独审核、批复绩效目标，有关部门在审核批复项目实施方案时，同时审核评价其包含的绩效目标，绩效目标需相应在 PPP 项目合同中明确约定，作为项目合作前绩效评价的依据。有关部门在审核、批复 PPP 项目实施方案时，须依据国家相关政策、财政预算中长期规划、项目所属行业的专项发展规划等对实施方案中提出的绩效目标进行审核。审核内容包括绩效目标与项目目标的相关性、绩效目标的实现所采取措施的可行性、绩效指标设置的科学性、实现绩效目标所需资金的合理性等。绩效目标不符合要求的，特别是未能满足财政承受能力和物有所值论证要求的，应进行调整、修改，直至审核合格，方可进入下一步工作流程。

6．绩效目标评价标准

绩效目标评价标准是指衡量绩效目标完成程度的尺度。PPP 项目绩效目标评价标准主要包括以下几个方面。

（1）合同标准，指以 PPP 项目合同确定的绩效目标、内容、指标、评价依据作为评价的标准。

（2）计划标准，指以预先制定的目标、内容、指标、评价依据作为评价的标准。

（3）行业标准，指参照国家公布的行业指标数据制定的评价标准。

（4）历史标准，指参照同类指标的历史数据制定的评价标准。

（5）其他标准。

7．绩效目标评价方法

绩效目标评价方法主要采用成本效益分析法、比较法、因素分析法、最低成本法、公众评判法等。绩效目标评价方法的选用应当坚持定量优先、简便有效的原则。根据评价对象的具体情况，可采用一种或多种方法进行绩效目标评价。

2.5.2　建设绩效评价

PPP 模式是我国政府投融资体制与项目管理方式改革的一项重要举措，是针对纯公共领域和准公共领域的政府传统投资项目中投资、建设、管理、使用四位一体易导致诸多弊端而进行的一种制度性改革安排，通过建立政府与社会资本方伙伴合作关系，重构投资管理控制方式，由项目公司在规定时间内按照合同要求提供符合建设标准、质量、安全的公共产品和服务，达到充分发挥专业管理优势、实现项目建设责任主体实体化，从而提高政府投资项目的经济效益和社会效益的目的。

1．建设绩效评价的内容

建设绩效评价作为 PPP 实施效果的一项重要评价手段，是以项目公司建设管理工作为对象开展的监督和评价，是衡量和评价 PPP 模式下项目建设内容经济性、效率性和有效性的重要载体，主要评价内容包括综合管理、项目投入、项目产出、项目效益、安全生产、工程资料六方面，每一类内容又可以细分为若干二级指标、三级指标和指标值。

（1）综合管理反映项目公司在建设期质量管理体系的建立情况，可细分为组织机构、管理制度、廉政建设、前期手续办理、合同管理等指标。

（2）项目投入反映项目建设资金的使用和管理情况，可细分为资金到位、资金使用、资金管理等指标。

（3）项目产出反映根据 PPP 项目合同中既定目标提供的公共产品情况，可细分为数量、质量、时效、成本等指标。

（4）项目效益反映与既定绩效目标相关的、前述相关产出所带来的预期效果的实现程度，可细分为经济效益、社会效益、生态效益、可持续影响、服务对象满意度等指标。

（5）安全生产反映项目公司建设工程安全管理重视程度，可细分为安全制度、安全措施、事故处理等指标。

（6）工程资料反映项目公司建设工程档案资料管理水平，可细分为管理人员和制度、资料收集及整理、资料质量等指标。

PPP 项目建设绩效评价，需要建立一个完善的绩效体系，包括绩效评价内容、效绩测量与评定方法、评价工作程序等，具体内容在其他章节进行详细论述。本节所构建的建设绩效评价内容还需要经过实际检验逐步得到完善，从而使绩效评价有着科学合理的基础性参考依据。下面以某市政道路项目为例，介绍 PPP 项目建设绩效评价内容，详见表 2-1。

表 2-1　市政道路建设绩效评价内容

指标类别	指标要求
综合管理	主要包括组织机构、管理制度、廉政建设、前期手续办理和合同管理等。 （1）组织机构：组织机构是否健全、分工是否明确。 （2）管理制度：是否建立健全项目管理制度；是否严格执行相关项目管理制度。 （3）廉政建设：是否经常性开展廉政建设，有无违反廉政规定情形和不廉洁现象。 （4）前期手续：基建手续申报是否快捷、高效、及时且齐全，有无出现未办、拖延或漏办等现象。 （5）合同管理：是否建立完善的合同台账，督促合同履行，有无出现违法转包、分包等违法乱纪行为
项目投入	指项目投入及其效果，主要包括以下内容： （1）资金到位情况：包括资金实际到位率及资金是否及时到位；若未及时到位，是否影响项目进度。 （2）资金使用情况：资金是否存在支出依据不合规、虚列项目支出的情况；是否存在截留、挤占、挪用项目资金情况；是否存在超标准开支情况。 （3）资金管理：资金管理、费用支出等制度是否健全，是否严格执行；会计核算是否规范等
项目产出	（1）产出数量：项目产出数量是否达到绩效目标。 （2）产出质量：项目产出质量是否达到绩效目标。如某市政道路产出质量描述为：需符合《城市道路工程设计规范》（CJJ 37—2012）（2016 年版）、《城镇道路工程施工与质量验收规范》（CJJ 1—2008）、《城市桥梁工程施工与质量验收规范》（CJJ 2—2008）、《城市道路照明工程施工及验收规程》（CJJ 89—2012）、《沥青路面施工及验收规范》（GB 50092—96）、《给水排水管道工程施工及验收规范》（GB 50268—2008）、《城镇排水管渠与泵站运行、维护及安全技术规程》（CJJ 68—2016）、《城镇排水管道维护安全技术规程》（CJJ 6—2009）、《港口工程地基规范》（JTS 147-1—2010）等国家现行相关技术标准和规范的要求，工程质量应达到合格验收的标准。 （3）产出时效：项目产出时效是否达到绩效目标，即项目的进度管理是否有效，通常需对开竣工时间进行约定。如某基础设施项目开竣工时间约定描述为： 　开工日：开工时间以政府相关主管部门颁发项目施工许可证之日为准。 　竣工日：竣工时间以实质上完成项目施工并合格地通过竣工验收后，在竣工验收报告中标明的日期，自前述实际开工时间起算各个子项目建设需在合同约定的期限内完成。 （4）产出成本：项目产出成本是否按绩效目标控制
项目效益	（1）经济效益：项目实施是否产生直接或间接经济效益。 （2）社会效益：项目实施是否产生社会综合效益。 （3）环境效益：项目实施是否对环境产生积极或消极影响（项目环境保护需符合本项目《环境影响评价报告书》中各项指标要求）。 （4）可持续影响：项目实施对人、自然、资源是否带来可持续影响。 （5）服务对象满意度：项目预期服务对象对项目实施的满意程度

续表

指标类别	指标要求
安全生产	是否符合省市及相关安全文明标准要求，是否建立安全管理规章制度，是否制订安全生产应急预案，是否明确安全责任人、落实安全措施，确保无重大、特大安全生产事故
工程资料	从人员配备及制度建设情况，施工日志的完整度率，工程质量及分部工程等相关资料的验收资料归档率、完整性等方面进行考核

注：若国家、省市出台具体考核办法，则上表中与之不一致的标准，以国家、省市出台标准为准进行调整。

2．建设绩效挂钩要求

根据财政部印发的《关于规范政府和社会资本合作（PPP）综合信息平台项目库管理的通知》（财办金〔2017〕92号）要求，PPP项目须建立按效付费机制，项目建设成本必须参与绩效考核，且实际与绩效考核结果挂钩部分占比不得低于30%，不得固化政府支出责任。因此，PPP项目建设绩效评价标准应按照工程所属领域相关建设质量标准和规范要求执行，完成各项验收工作，并将建设绩效评价结果与政府付费或建设期履约担保挂钩。若绩效评价未能达标，且建设期存在政府付费的，则政府方有权按照绩效评价办法的约定扣减建设期相应的付费金额；若绩效评价未能达标，但建设期不存在政府付费的，则政府方有权按照绩效评价办法的约定提取建设履约保函项下的全部或部分金额作为惩罚金，或者将建设绩效评价结果与运营绩效评价结果加权计算综合得分，政府方再根据综合得分在运营期扣减可用性服务费等相应的付费金额。

2.5.3 运营绩效评价

PPP项目运营绩效评价是以结果导向为原则，重点对公共产品和服务的质量实现程度而开展的评价工作，旨在通过绩效评价，引导、监督和落实，实现任务或目标的完成，通过收集绩效监测相关过程记录和资料，综合阶段性绩效目标完成情况，评估相应评价周期内绩效目标完成结果，为安排财政预算支出提供依据。另外，通过运营绩效评价，有助于政府和项目公司总结经验、查找短板、分析原因、提出对策，发现和研究阶段性新情况、新问题，提出下阶段工作的改进措施和建议，也为今后同类项目的顺利实施积累宝贵经验。

1．运营绩效评价的内容

PPP项目涉及能源、交通运输、市政公用、农业、林业、水利、环境保护、保障性安居工程、教育、科技、文化、体育、医疗卫生、养老、旅游等公共服务领域，鉴于行业的区别及回报机制的差异，运营绩效评价内容的选定会有不同侧重点，PPP 项目应按照项目的性质和特点设计相应的项目运营绩效评价内容，对项目运营绩效进行评价。

以下将简要列举污水处理、垃圾焚烧、城市供水、水环境综合整治、综合物流园、体育场馆等类型项目通常选用的运营绩效评价内容，并以某市政道路为例具体展开说明，内容详见表 2-2。

表 2-2　市政道路运营绩效评价的内容

绩效指标		评价内容及标准
道路桥梁管理	组织管理	（1）组织机构。 1）机构是否健全、分工是否明确。 2）是否明确企业负责人及主要管理人员，管理人员、作业人员的执业资格或管理水平能否满足项目运营需要。 3）是否经常性开展廉政建设，有无违反廉政规定情形和不廉洁现象。 （2）管理制度。 1）是否建立健全项目运营管理制度；是否严格执行相关项目运营管理制度。 2）是否建立完善的合同台账，督促合同履行。 3）运行经费是否足额及时拨付，能否满足正常运行管理需要。 （3）管理资料。资料是否完整规范、专人归档管理。 （4）公众参与。是否主动公开项目信息，进行相应宣传，接待公众来访，接受新闻媒体和舆论的监督，有无发生有责任投诉或曝光现象
	道路养护维修管理	（1）快速路、主干路、次干路、重点区域的道路维修养护。 1）车行道：无坑槽、无破损、无沉陷、无翻浆、无拥包、检查井周边道路无破损、达到矩形几何挖补图形、路面密实平整、接茬平顺、完好。 2）人行道：无缺失、无破损、无松动、无沉陷、无拱起，达到路面平整、稳固。 3）侧石：无缺失、无倾斜、无脱落，达到直顺、勾缝平整、饱满、稳固。 （2）支路、街坊路道路维修养护。 1）车行道无坑槽、无翻浆、无沉陷、检查井周边道路无破损，保证行人和车辆安全通行。 2）人行道板无缺失、无沉陷、无拱起，达到路面基本平整。 3）侧石无缺失、无脱落，达到直顺、稳固。 （3）排水设施维修养护。排水设施完好。检查井、雨水口未产生沉陷、松动，井盖井框完好，检查井、雨水口排水通畅。 （4）应急处置。

绩效指标		评价内容及标准
道路桥梁管理	道路养护维修管理	1）道路养护维修责任部门对突发事件及时发现、及时上报、及时处理。 2）突发事件现场应立即设置警示标志和围挡设施。制订具体抢险维修施工方案，按照方案进行抢修处置。 （5）春季集中维修期和冬季保养期，应对影响车辆、行人通行的道路病害，按照有关标准进行简易维修，并建档。 （6）城市道路养护维修作业时要做到文明施工，现场各种材料摆放整齐，废弃物料及时清运，设置明显、规范的文明施工标志，完工后做到场清、料净
	桥梁养护维修管理	（1）桥面面层养护维修。桥面面层养护维修除应符合道路养护的有关标准规定外，桥面不得随意增加静载，老化的沥青混凝土应进行铣刨后重新铺筑面层。 （2）栏杆养护维修。 1）当栏杆褪色严重、表皮脱落时，应进行清除后重新涂刷。 2）栏杆破损、变形、断裂时，应及时按原设计图案、颜色恢复，安装应整齐、牢固。 （3）伸缩缝养护维修。 1）伸缩缝应平整、直顺、伸缩自如，及时清除堵塞，出现渗漏、变形及时维修。 2）伸缩缝维修时不得用沥青混凝土覆盖。 （4）支座养护维修。 1）支座各部位应保持完整、清洁、有效。 2）支座破损、老化、失效应及时更换，支座缺失应补装齐全。 （5）梁、墩台养护维修。 1）当梁、墩台表面发生侵蚀剥落、蜂窝麻面等病害时，应及时将其凿毛洗净后做表面防护。 2）当梁、墩台出现裂缝时应查明原因，采取有针对性的加固。 （6）人行天桥养护维修。人行天桥养护维修除应满足桥梁养护要求外，还应达到梯道踏步完好、牢固，梯道雨季不应积水，冬季不应结冰、积雪，达到防滑要求，无坑洞、翘起等现象。 （7）人行地道养护维修。人行地道养护维修除应满足桥梁养护要求外，还应达到通道内铺砌和装饰完整、清洁、美观，主体结构不得漏水，所有电器设备必须安全、有效、防滑
	隧道（地道）养护维修管理	（1）主体：隧道养护维修除应满足桥梁养护要求外，隧道内的路面还应符合同等级道路养护维修技术标准，隧道内主体结构不得有渗漏，并及时清理塌落物和挂冰。 （2）洞口：护坡、挡土墙无裂缝、断缝、倾斜、鼓肚、滑动、下沉或表面风化、泄水孔堵塞、墙后积水、周围地基错台、空隙等现象。

续表

绩效指标		评价内容及标准
道路桥梁管理	隧道（地道）养护维修管理	（3）洞门：墙身无开裂、裂缝，结构无倾斜、沉陷、断裂，洞门与洞身连接处无明显的环向裂缝、无外倾趋势。 （4）衬砌：衬砌无裂缝、剥落，衬砌表层无起层、剥落墙身施工缝无开裂、错位，洞顶无渗漏水、挂冰。 （5）吊顶：吊顶板无变形、破损，吊杆完好，无漏水、挂冰。 （6）内装：表面无脏污、缺损，装饰板无变形、破损等，隧道内墙体装饰面应完好、牢固，无装饰墙体应 2~3 年粉饰一次
	检查井监督管理	（1）监督检查。城市道路管理部门强化辖区内道路检查井管护情况的监督检查，发现检查井缺损等问题，及时查清、督办检查井产权单位快速处置，对危及道路交通安全的，设置规范的警示围挡标志或安装替代井盖，确保道路交通安全畅通。 （2）督办跟踪。城市道路管理部门对省、市交通台、报纸、电视、网络等媒体报道的检查井问题和 12319 热线投诉、上级领导交办、行业部门转办的检查井问题，及时查清、督办检查井产权单位快速处置，督办处置到位，跟踪问效到位，反馈情况到位。 （3）突发事件处置。城市道路管理部门对发现的检查井塌陷、井盖丢失等危及道路交通安全的突发事件，跟踪监督突发事件处置工作完成情况，协助检查井产权单位做好设置警示围挡标志、安装替代井盖等工作。 （4）问题井整修处置。按照有关规范标准，对辖区内道路检查井井边路面部分进行整修；对辖区内无主、废弃检查井发现一处，快速处置一处。 （5）工作时限规定： 1）日常监督检查发现的问题，产权清晰的 10 分钟内通知检查井产权单位限时进行处置。 2）新闻媒体报道、12319 热线受理、上级领导交办、行业部门转办的检查井问题，30 分钟内到达现场进行调查处置，并及时向行业部门反馈情况。 3）道路检查井发生突发事件，30 分钟内到达现场进行调查处置，并及时向行业部门反馈情况。 4）无主检查井问题，自发现之日起 3 日内处置完毕；废弃检查井，自发现之日起 2 日内处置完毕，并及时向行业部门反馈情况
	城市道路照明维护	（1）路灯亮灯率。 1）灯泡发光情况良好，未出现灭灯情况。 2）路灯亮灯率达到 95% 以上。 （2）路灯设施。 1）电缆线路：电缆线路完好，出现故障监控人员记录完整、及时通知维修人员、维修人员及时采取应急措施并组织修复，故障处理及时。 2）控制设施完好，配电箱、开关箱、电脑控制箱等设施故障及时修复。 3）灯罩、灯具、灯杆、灯臂、基座完好，灯具、灯杆、灯臂未存在锈蚀、破损情况，基座未出现破损露筋情况

续表

绩效指标		评价内容及标准
道路桥梁管理	道路绿地养护	（1）行道树。树木长势良好，新植行道树未出现倾斜情况，树冠适时修剪、抹芽、整枝，病虫害及时整治。 （2）灌木。灌木长势良好，缺株及时补植，及时整治。 （3）草坪、地被、花卉。植被长势良好，修剪及时、无明显杂草，草坪、地被、花卉未出现黄土裸露，未出现病虫害或出现病虫害得到及时整治
	其他	（1）社会反映。是否及时反馈、解决市民反映的热点和难点问题，有无发生被媒体曝光事件。 （2）文明施工。是否按规定做好文明施工，确保道路通行安全。市政设施维修时是否按规定设置施工警示牌和围挡，有无出现不文明施工现象，如直接在路面搅拌水泥，污染路面等作业。施工后残余物料、渣土等是否及时清运或袋装有序堆放。 （3）道路标识。信息牌是否显眼、干净、清晰并且结构稳定，警示牌是否显眼、干净、清晰、结构稳定并且在夜间清晰可见。 （4）交通信号灯。是否显眼、干净、清晰、结构稳定并且在夜间清晰可见，信号灯是否全部可以工作

污水处理项目在运营期内，通常从污水处理量、污水处理率、水质情况、设备利用、单位能耗、安全运行、污染物排放、环境保护、社会反映情况等方面设置运营绩效评价指标进行评价。

垃圾焚烧项目在运营期内，通常从垃圾接收、称重系统、处理能力、焚烧炉管理、余热利用、炉渣控制、收入及成本、安全运行、污染物排放、环境保护、社会反映情况等方面设置运营绩效评价指标进行评价。

城市供水项目在运营期内，通常从供水量、水质情况、管网压力、水资源利用率、管网运行与管理、水厂运行与管理、供水服务、应急管理等方面设置运营绩效评价指标进行评价。

水环境综合治理项目在运营期内，通常从水质情况、水体感官、河道清淤、水体维护、河道管理、水面保洁、水体及沿岸绿化养护、污水管道日常养护、沿岸截污沟及河道设施维护质量等方面设置运营绩效评价指标进行评价。

综合物流园项目在运营期内，通常从物流效率、物流成本、物流运输量、服务质量、社会贡献（如税收、就业）等方面设置运营绩效评价指标进行评价。

体育场馆项目在运营期内，通常从场地开放、活动组织、体育服务、人才队伍、信息管理、运营效益、应急管理、社会影响等方面设置运营绩效评价指标进行评价。

市政道路项目在运营期内，通常从车行道设施维护、排水设施维护、人行道设施维护、路灯亮灯率、路灯设施维护、道路绿地养护、社会反映情况、文明施工情况等方面设置运营绩效评价指标进行评价。

2. 运营绩效挂钩要求

项目运营绩效评价标准应按照工程所属领域相关运营管理标准和规范要求执行，并将评价结果与运营绩效服务费（或垃圾处理服务费、污水处理服务费等）或运营期履约担保挂钩。若绩效评价未能达标，且运营期存在政府付费的，则政府方有权按照绩效评价办法的约定扣减运营期相应的付费金额；若绩效评价未能达标，但运营期不存在政府付费的（使用者付费项目），则政府方有权按照绩效评价办法的约定提取运营期履约保函项下的全部或部分金额作为惩罚金。

2.5.4　其他绩效评价

目前我国的 PPP 项目通常在相关制度框架下，研究设定 10~30 年的合作期限（或者特许经营期，下同），因此在项目移交前和移交后都需要进行 PPP 项目绩效评价。项目移交通常是指在项目合作期限结束或者项目合同提前终止后，项目公司将全部项目设施及相关权益以合同约定的条件和程序移交给政府或者政府指定的其他机构。项目移交的过程主要分为移交准备、项目资产评估、项目性能和功能测试、资产交割、项目绩效评价五个阶段。

其中，项目资产评估、项目性能和功能测试可视为项目移交前绩效评价。这里的项目绩效评价通常指项目移交后绩效评价。PPP 项目移交前除了最后一次运营绩效评价应满足项目运营绩效评价标准并执行项目合同中关于运营绩效评价结果与运营绩效服务费挂钩的约定外，项目移交工作组还应委托具有相关资质的资产评估机构，按照项目合同约定的评估方式，对移交资产进行资产评估，并将资产评估结果作为确定补偿金额的依据。由于 PPP 所涉及的基础设施建设项目一般规模较大、专业性较强，因此，通常委托专业的第三方机构来完成所移交项目的价值评估工作，要求专业机构站在第三方的角度对所移交项目在移交时的价值做出公允合理的评估结论，当然，也可以由项目公司与政府各自分别推举若干专家组成评估机构完成相关的价值评估工作。同时，在 PPP 项目移交前，通常需要对项目的资产状况进行评估并对项目状况能否达到合同约定的移交条件和标准进行测试。实践中，测试工作通常由政府方委托的独立专家或者由政府方和项目公司共同组成的移交工作组负责。项目移交工作组或专家组或受托资产评估与测试的第三方机构应严格按照资产评估和资产性能测试方案及其移交标准对移交资产进行评估和性能测试。经评估和测试，项目状况不符合约定的移交条件和标准的，政府方有权提取移交维修保函，并要求项目公司对项目设施进行相应的恢复性修理、更新重置，以确保项目在移交时满足约定要求。

项目移交完成后，财政部门（PPP 中心）应组织有关部门对项目产出、成本效益、监管成效、可持续性、PPP 模式应用等进行实施后绩效评价，并按相关规定公开评价结果。评价结果可作为政府开展 PPP 管理工作决策参考依据。至此，一个 PPP 项目的生命周期正式结束。

2.5.5　主要共性绩效评价内容

1. 项目资金使用绩效评价

项目资金使用绩效评价是政府绩效管理的重要组成部分，要求花尽量少的资金办尽量多的实事，向社会公众提供更多、更好的公共产品和服务，具体是指以绩效目标实现为导向、以绩效评价为手段、以结果运用为保障，运用一定的评价方法、量化指标及评价标准，对政府部门为实现其职能所确定的绩效目标的实现程度，以及为实现这一目标所安排预算的执行结果进行的综合性评价。

开展项目资金使用绩效评价工作，旨在实现以下两个目标：一是监测项目实施状态是否偏离既定目标；二是总结经验，为改善政府管理、纠正目标与实际的偏差提供依据。

对纳入政府预算管理的资金开展绩效评价，基本内容包括建立工作制度和保障措施，设置、补充和完善绩效指标，设定绩效目标和评价标准，调查资金投入和使用情况，评价绩效目标的实现程度和效果，绩效评价的其他内容。

2. 公共产品（或服务）质量与效率评价

PPP 模式下，政府不再是公共产品（或服务）的唯一提供者，项目公司也可以通过特许经营的方式共同参与，利用其所掌握的资源，提升公共产品（或服务）的供给质量和效率，更好地满足社会公共需要和维护公共利益。

开展公共产品（或服务）质量与效率评价，旨在引导政府和项目公司要从公众需求角度提供公共产品（或服务），解决公共产品（或服务）"锚向性"不足、精准性欠缺的问题，有效做到公众需求与公共资源高效投放的双向融合，实现公共产品（或服务）的精准供给。

对公共产品（或服务）开展质量与效率评价，可以从五个方面建立评价体系，即供给数量、供给质量、供给效率、供给结构及服务态度。其中，对于供给数量、供给质量、供给效率和服务态度，评价标准侧重于是否满足服务需求层面，确保公众可以享有量足质优的公共产品（或服务）；对于供给结构，评价标准侧重于是否均衡考虑不同人群的需求特征，使公共产品（或服务）有利于满足公众的多样化、个性化、差异化需求。

3. 公众满意度评价

公众满意度是以公众为核心、以公众感受为评价标准的概念，具体是指在公众对项目公司提供的公共产品和服务有一定了解的基础上，对项目公司提供的公共产品（或服务）满意程度的一种肯定或否定的定性评价。

引入公众满意度评价体系，一方面可以督促项目公司不断收集、解决公众合理诉求，提升运营管理能力，在提供公共产品和服务过程中提升群众满意度；另一方面也为实施机构了解项目公司服务情况，安排政府预算支出提供依据。

鉴于公众满意度建立在公众主观感受基础上的，与公众的教育背景、社会阶层、生活习惯、价值观等密切相关的，具有较强的主观性。因此，在开展满意度评价时，要确保测评工具严谨准确，测评方法科学合理，必要时引入第三方专业机构作为测评主体，增强公众满意度测评的严谨性和公平性。

4. 社会绩效评价

社会绩效评价旨在系统调查和预测 PPP 项目运行产生的社会影响和社会效应，分析项目和所在地区社会环节的相互适应性与可接受程度，即项目与自然、社会等之间的协调发展。因此，PPP 项目社会绩效评价的内涵可以表述为，根据国家或地区的基本目标，把效益目标、公平目标、环境目标，以及贫困地区经济加速发展等其他因素通盘考虑，对 PPP 项目进行多因素、多目标的综合分析评价，从而检验引入社会资本、"提前"发起公共项目是否物有所值，同时识别那些需要加强或改进的项目运作技术和方案。

基于社会绩效评价具有宏观性和长期性、综合性与层次性、定量的困难性等特点，进行公共项目社会绩效评价要从国家整体社会发展目标出发，针对具体项目运行的真实情况，设置适用有效的评价指标体系，采用科学合理的评价方法与标准，确保分析评价的科学性。将引入社会资本实施 PPP 项目和不实施项目对社会绩效的影响进行比较分析，找出公共项目对社会绩效影响的利弊之处，并针对不利的影响提出改进的方案措施。

5. 可持续发展能力评价

PPP 项目应以代际公平为原则，以实现可持续发展为目标，坚持经济、社会、环境的协调发展。PPP 模式强调对经济、社会和环境三个维度进行整合，吸引社会资本，满足公众需求，并且考虑环境承载力，因此，对 PPP 项目需要从经济可持续、社会可持续、环境可持续三方面进行评估。

经济可持续是指 PPP 项目要给社会资本带来长期、稳定、合理的投资回报。"长期"是指社会资本要有效地整合建设阶段与运营维护阶段，从而降低全生命周期成本，避免承包商只重视短期的施工利润而忽略长期的运营维护效率；"稳定"要求地方政府需要有持续支付的能力和信用；"合理"是指项目的利润率既要能吸引社会资本，又不能出现暴利。

社会可持续是指 PPP 项目要能给社会公众提供优质、低廉、覆盖面广的公共产品和服务。"优质"是指社会资本方所提供的产品和服务必须满足产出标准的要求；"低廉"是指社会资本方所提供的产品和服务必须要考虑公众的价格可承受能力；"覆盖面广"是指社会资本方需要将公共服务提供给更多的地区和人群。

环境可持续是指 PPP 项目要改善对城市资源、环境、居民生活的影响。PPP 项目需要提高对城市资源的利用率，减少对城市环境的影响，改善对城市居民生活的影响。[①]

---

① 熊伟，诸大建. 以可持续发展为导向的 PPP 模式的理论与实践[J].同济大学学报(社会科学版)，2017，28(01): 78-84+103.

—— 第 **3** 章 ——

PPP 项目绩效评价方法

PPP 项目绩效评价应建立一套完整的评价指标体系，并采用定性评价与定量评价相结合的评价方法，以便对 PPP 项目的绩效实现情况做出客观、全面、系统的评价。根据绩效评价指标体系构建基础的不同，并参照我国政府投资项目绩效评价管理办法相关精神，选择各 PPP 项目适用的绩效评价方法。

3.1 PPP 项目绩效评价方法概述

3.1.1 常用的项目绩效评价方法

目前政府投资项目采用的绩效评价方法，主要有投入产出对比法、比较分析法、因素分析法、最低成本法和公众评判法，从原理上来说，这些评价方法在 PPP 项目绩效评价基本上都可以适用。最低成本法更多地应用于项目公司的内部绩效评价，其他评价方法既可适用于政府作为评价主体的绩效评价，也可用于项目公司的自我评价。

（1）投入产出对比法，是指将项目绩效评价期内的项目投入与产出进行对比分析，以评价绩效目标达成情况。

（2）比较分析法，是指通过对绩效目标与实施效果、历史与当期情况、不同部门和地区同类支出的比较，综合分析绩效目标实现程度。

（3）因素分析法，是指通过综合分析影响绩效目标实现、实施效果的内外因素，评价绩效目标实现程度。

（4）最低成本法，是指对效益确定却不易计量的多个同类对象的实施成本进行比较，评价绩效目标实现程度。

（5）公众评判法，是指通过专家评价、公众问卷及抽样调查等对财政支出效果进行评判，评价绩效目标实现程度。

遵守契约精神、按合同办事是 PPP 项目的显著特征，因此，PPP 项目的绩效评价必须以 PPP 项目合同约定的绩效目标的实现程度作为核心考量标准，通常可以将以绩效目标为标准的比较分析法作为主要评价方法，将其他评价方法作为辅助方法。另外，PPP 项目绩效评价是作为决策、政府付费、政府发放奖励金、调整公共产品或服务的价格、政府扣款、提取保证金等相关事项的依据，而且 PPP 项目的目标往往是多重的而且涉及公众利益，因此，无论采用哪种评价方法都必须既有定量评价也有定性评价，才能对 PPP 的绩效实现情况做出客观、全面、系统的评价。

3.1.2　适合 PPP 项目使用的主要绩效评价方法

按照 PPP 指标体系依据的设计基础的不同，目前适合 PPP 项目绩效评价的方法主要有目标绩效考核法、关键绩效指标法、平衡计分卡法和逻辑框架法。

（1）目标绩效考核法（Management by Objectives，MBO），是以彼得·德鲁克的目标管理思想为基础，以 PPP 项目实施方案确定并在《PPP 项目合同》（或《特许经营协议》，下同）明确约定的 PPP 项目目标和评价标准、指标体系为导向和依据，考察 PPP 项目的绩效目标实现情况的一种绩效评价方法。

（2）关键绩效指标法（Key Performance Indicator，KPI），是将关键指标当作评估标准，把项目公司的绩效与关键指标做出比较的一种评估方法。在一定程度上可以说是目标管理法与帕累托定律（"20/80"定律）的有效结合。

（3）平衡计分卡法（Balanced Score Card，BSC），是依据哈佛大学教授罗勃特·卡普兰创立的平衡计分卡，从财务、客户、内部运营、学习与成长四个角度，将组织的战略落实为可操作的衡量指标和目标值的一种新型绩效管理体系。

（4）逻辑框架法（Logical Framework　Approach，LFA）是由美国国际开发署（USAID）在 1970 年开发并使用的一种设计、计划和评价的方法。目前有 2/3 的国际组织把它作为援助项目的计划、管理和评价方法。它是基于对一个具体问题（或事件）从产生、发展、结束到影响"全过程"的重点分析，着力对宏观目标、具体目标、项目产出、项目投入四个要素之间的逻辑关系进行分析、评估或考核。它是通过应用逻辑框架法来确立项目宏观目标、具体目标、项目产出、项目投入四个要素之间的逻辑关系，并据此分析项目的效率、效果、影响和持续性。

3.2　目标绩效考核法

PPP 项目目标绩效考核法是以管理专家德鲁克目标管理理论为基础建立的对 PPP 项目目标绩效进行考核的方法，是在《PPP 项目合同》明确约定 PPP 项目运作和考核目标，引导项目公司特别是社会资本方在项目运作过程中（合作期内）实行"自我控制"，并努力完成合同目标的一种考核办法。

3.2.1　绩效考核流程

目标绩效考核通常包括三个环节。

1．建立 PPP 项目绩效考核目标列表

绩效考核目标列表，也称绩效考核表，它是用于绩效评价和考核的工作表格，通常包含考核指标名称、所占的分值、指标内涵、评分标准等内容。PPP 项目绩效考核目标列表是 PPP 项目合同的主要内容之一。

2．明确业绩衡量方法

一旦某项目标被确定用于绩效考核，必须收集相关的数据，明确如何以该目标衡量业绩，并建立相关的检查和平衡机制。

3．实施业绩评价

项目合作期内，政府以项目合同约定的绩效目标为依据，通常在约定的评价周期期末（如月末、季末、年末等），也可能根据管理的需要临时确定评价时间点，定期、不定期将项目公司完成进展情况与绩效目标相比较，从而评价业绩，并将考核结果作为政府付费、奖励或处罚的依据。

3.2.2　考核指标确定原则

确定绩效考核指标应遵守 SMART CAKE 原则（聪明蛋糕原则）。

S（Specific）：明确的、具体的，即目标和指标要清晰、明确，让考核者与被考核者能够准确理解目标。

M（Measurable）：可量化的，即目标、指标要量化，好、较好、一般等词都不具备可量化性，将导致标准的模糊，因此，一定要有量化的指标。当然，PPP 项目绩效评价采用定量考核与定性考核相结合，也会有一些适应项目特征的定性考核指标。

A（Attainable）：可实现的，即目标、指标都必须是付出努力能够实现的，既不过高也不偏低。指标的目标值设定应是结合项目的情况、行业的情况、历史的情况来设定的。

R（Relevant）：实际性的、现实性的，即目标、指标具备现有的资源，且存在客观性，是实实在在的。

T（Time bound）：有时限性的，即目标、指标都要有时限性，要在规定的时间内完成。如要求建成达到合格验收标准的 10 千米的市政道路，单单这么要求是没有意义的，必须规定在多长时间内将 10 千米的市政道路建好交付使用，才有意义。

C（Consistent）：一致性的、一贯性的。绩效目标的一致性是指政府与项目公司对项目的目标及绩效考核目标达成一致的意见，并在 PPP 项目合同中明确约定，体现合作共赢理念与思路。绩效目标的一贯性是指全生命周期目标一体化设计，目标具有延续性和相对稳定性，体现长期合作关系。

A（Agreed）：共同讨论、协商一致的。绩效目标在 PPP 项目合同中明确约定，PPP 项目合同是社会资本招标文件的重要组成要件，投标人必须对 PPP 项目合同中确定的绩效目标做出响应，认可并接受合同中关于绩效目标的约定，并可在合同谈判中就绩效目标的具体约定进行协商、沟通，达成共识，这种沟通不仅使绩效目标设计更加准确合理，也对更好地达成目标有积极促进作用。这一点对绩效目标最终达成极其关键。

K（Key）：关键的、重要的。绩效目标的设计和选择应在战略性原则下，遴选出起关键作用的、对项目目标达成起主要作用的重点和关键目标，避免目标设置过多，目标过多等于没有目标。

E（Each）：个人的、个性化的。这条原则首先要求所有的绩效目标，必须落实到具体的事件上（如公路建设、公路养护管理），具体的目标要对应到具体的工作任务（如绿化率）；同时要考虑对项目的具体类型、条件、合作的内容等进行设计，即在目标设计上不仅要有共性的指标，还要有体现项目自身特征的个性化指标，"一项目一目标一方案"，具有针对性。

3.2.3　常用的考核指标

PPP 项目应就利益相关方重点关注的事项设计出能够反映 PPP 项目全生命周期投入、产出及其效果情况的指标体系。项目全生命周期包括立项、招投标、合同签署（特许经营权授予）、建设、运营和移交等阶段，每个阶段的关注点不同。如项目建设阶段主要关注的指标包括项目建设管理和项目建设绩效指标，常见的项目建设管理指标有组织机构、管理制度、管理资料等，常见的项目建设绩效指标主要有项目投入、项目产出、项目效益等；项目运营阶段主要关注项目运营管理和项目运营绩效，常见的项目运营管理指标主要有组织机构、管理制度、管理资料等，常见的项目运营绩效指标主要有管理效益、管理效率、管理质量、管理创新、成长性等。项目的考核指标具有共性指标也有个性的指标，其中，建设阶段的考核指标通常具有共性，每个项目使用的指标体系基本相同，运营阶段的指标则因项目的特征、性质和具体情况不同会有很大的区别，体现出每个项目的个性化特征。

3.3　关键绩效指标法[①]

关键绩效指标法是目标管理法与帕累托定律的有机结合，是通过这 20%的关键指标来把握和引领项目公司 80%的绩效。

PPP 项目绩效评价采用关键绩效指标法是将 PPP 项目所要达到的宏观战略目标，如建设完成合格的市政道路并提供合格的养护管理服务，层层分解成可操作性的工作目标（绩效考核指标），并通过对项目公司运作过程中关键成功要素（Critical Success Factors，CSF）进行提炼和归纳，确定其中 20%的关键指标，以此为标准和工具评估项目公司实现项目宏观战略目标的绩效过程与结果的绩效管理体系。其中，绩效考核指标应涵盖从项目立项到移交全生命周期。关键绩效指标法下，CSF 和 KPI 是把 PPP 项目的战略目标分解为可操作的工作目标的工具，是 PPP 项目绩效管理的基础，建立明确的、切实可行的 KPI 体系是做好绩效管理的关键。

3.3.1　PPP 项目绩效评价时点

PPP 项目全生命周期可划分为立项、招投标、合同签署（特许经营权授予）、建设、运营和移交阶段。PPP 项目绩效评价的时点应始于项目已有一定产出的建设阶段，终于项目移交阶段，同时应对立项、招投标和合同签署（特许经营权授予）阶段中体现的项目投入、管理能力、风险分担等因素进行总结。PPP 项目绩效评价时点如图 3-1 所示。

---

① 王超，赵新博，王守清. 基于 CSF 和 KPI 的 PPP 项目绩效评价指标研究[J]. 项目管理技术，2014，12(08):18-24.

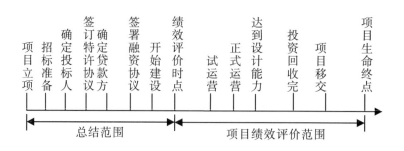

图 3-1　PPP 项目绩效评价时点

3.3.2　PPP 项目绩效评价原则

借鉴国际通行的政府财政资金绩效考评原则，并体现 PPP 项目作为公共产品的本质特征，PPP 项目绩效评价的原则应包括经济性（Economy）、效率性（Efficiency）、效果性（Effectiveness）和公平性（Equity）的"4E"准则。

3.3.3　PPP 项目利益相关方的绩效目标

明确 PPP 项目利益相关方的绩效目标，是识别 PPP 项目关键成功要素的重要前提。PPP 项目利益相关方可大致划分为政府部门、社会资本和公众三大类。袁竞峰通过专家调查法对政府部门、社会资本、公众等进行调研，对项目利益相关方的绩效目标排序见表 3-1。可以看出，"可靠的工程质量"均为政府部门、社会资本和公众最重视的绩效目标。政府部门重视项目缓解政府财政压力的能力，并希望项目能够转移政府的管理风险；社会资本更重视项目的长期稳定收益和是否能获得政府的优惠支持；公众更重视项目能否提供及时便捷的公共服务。因此，结合项目绩效评价的"4E"准则，确立项目利益相关方的绩效目标：①经济性，包括政府部门的预算控制和社会资本的稳定收益；②效率性，包括项目的成本、进度和质量管理水平；③有效性，包括项目获得的社会效益和提供的服务水平；④公平性，则指项目提供的公共服务是否满意公平等。PPP 项目绩效评价应将这些绩效目标，通过从项目投入、过程、结果和影响的项目逻辑流程进行系统评价，进而改进和提高项目绩效。

表 3-1　PPP 项目利益相关方的绩效目标排序

序号	政府部门	社会资本	公众
1	可靠的工程质量	可靠的工程质量	可靠的工程质量
2	按时竣工	长期稳定的项目收益	高质量的公共服务

续表

序号	政府部门	社会资本	公众
3	缓解政府预算不足	按时竣工	提供及时便捷服务
4	转移风险	达到预算目标	满足公共设施需求
5	高质量的公共服务	获得政府的优惠政策	按时竣工

3.3.4　PPP 项目关键成功因素识别

PPP 项目的关键成功因素（CSF）是影响 PPP 项目利益相关方绩效目标成功的关键因素。根据 "4E" 准则确立的项目利益相关方绩效目标，结合对国内外与 PPP 项目关键成功要素研究相关的 22 篇文献进行的调研，共归纳 47 个 CSF，分阶段将 CSF 按 PPP 项目全生命周期以鱼骨图汇总如图 3-2 所示。例如，立项阶段，发起人 PPP 经验等 7 个要素是影响 PPP 项目成功的关键要素。

3.3.5　PPP 项目关键成功要素的模块分析

PPP 模式不仅帮助政府以有限授予手段，充分发挥政府部门和社会资本的各自优势推动基础设施加速发展，还通过引入优势资本，转移和分担项目的建设运营风险；项目引入社会资本和先进的技术管理经验提升项目的管理水平，项目公司或联合体通过总分包方式提高管理效率，同时通过引入多方监管机制和财务公开控制项目的成本、进度和安全质量等问题，并预防项目的腐败问题产生。

图 3-3 展示了对 PPP 项目各阶段关键成功要素的模块分析。①项目立项阶段，依靠社会资本的技术对项目进行质量监督和服务控制，保证项目公司管理经验使得项目更具可行性，避免项目的盲目性，降低政府的财政压力，解决社会资本的资金投向问题，满足公众对公共服务的需求。②项目投标阶段，通过在全球范围以公开招标的方式选择更具竞争力和实施能力的项目公司或联合体，帮助解决项目设计深度不够，前期工作不到位或 "边勘测、边设计、边施工" 等问题。③项目合同签署（特许经营权授予）阶段，充分发挥政府部门和社会资本的各自优势，转移和分担项目建设运营风险。④项目建设阶段，项目公司或联合体通过总分包方式严格控制项目成本、进度和安全质量等问题，并通过一定程度的财务公开，便于政府部门和公众对项目实施进行及时监督。⑤项目运营阶段，政府通过政策支持、财政补贴、设施配套和税收支持等对项目进行质量监督和服务控制，保证项目公司或联合体提供的项目服务满足公众的需求。因此，PPP 项目中政府部门和社会资本通过项目合同实现分担风险和利益共享的双赢机制，促进项目提高产出效率，提升项目的社会效益。

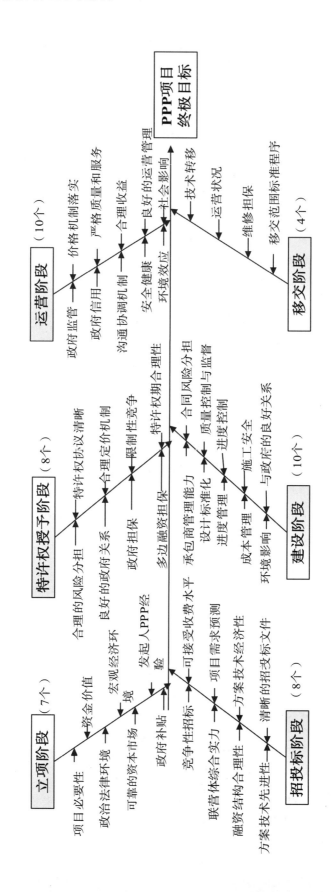

图 3-2 PPP 项目关键成功要素鱼骨图

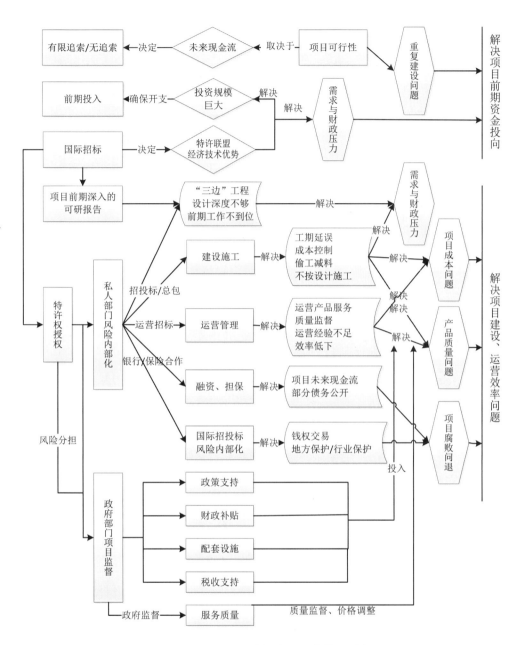

图 3-3　PPP 项目关键成功要素模块分析图

3.3.6　PPP 项目关键绩效指标

结合以上对 PPP 项目各阶段关键成功要素的核心过程进行梳理,将项目关键成功要素细化成可衡量的关键绩效指标,具体见表 3-2。

表 3-2　PPP 项目各阶段关键绩效指标

阶段	CSF	KPI	阶段	CSF	KPI
立项	项目必要性	是否具备充分的可行性	特许经营权授予	限制性竞争	政府是否限制性竞争保护
	物有所值评价	VFM		多边融资担保	多边融资担保是否可获得
	宏观经济环境	宏观经济发展水平		特许经营权期限	项目投资回收期与投资收益
		居民收入水平	建设	承包商综合能力	承包商综合管理能力
	政治法律环境	政治稳定性和政府信用		风险分担	合同文件风险分担是否合理
		行业政策支持		设计标准化	设计标准化程度
		法律是否健全或存在限制		质量控制	质量检验指标
	可靠的资本市场	证券市场融资成本		进度管理	进度预测指标
		信贷市场融资成本		进度控制	进度控制指标
	发起人PPP经验	是否有类似PPP项目实施经验		成本管理	成本预测指标
	政府补贴	政府是否提供补贴及比例			成本控制指标
招投标	竞争性招标	招标程序透明性		施工安全	安全事故发生率
		代理机构经验		环境影响	环境影响评价
	可接受收费水平	收费水平可接受性		与政府良好关系	项目程序审批效率
	联合体综合实力	企业资质/项目经验/资金实力	运营	政府监督	公众投诉监督程序是否落实
		项目资金到位率		价格机制	定价机制是否合理
	项目需求预测	需求预测方法内容是否合理		政府信用	政府资金落实率
	融资结构优越性	融资方案的成本效益			政府配套设施落实率
	方法技术经济性	20%技术标+80%商务标		产品/服务质量	公众服务满意度
	技术先进性	采用技术是否安全、经济		项目收益	私营资本收益率
	招投标文件清晰	重要条款是否清晰		安全健康	运营安全指标
特许经营权授予	风险分担	合同文件风险分担是否合理		运营管理	运营技术是否可靠
		风险转移成本			运营成本是否合理
	特许经营权协议	重要条款是否清晰		环境效应	环境影响评价

阶段	CSF	KPI	阶段	CSF	KPI
特许经营权授予		合同文件产权界定是否清晰	运营	社会效益	社会效益评价
	政府关系	与政府是否保持有效沟通	移交	技术转移	技术交接达标度
	定价机制	价格是否可接受		运营状况	运营状况达标度
		灵活的调价机制		维修担保	维修担保服务满意度
	政府担保	政府是否担保或限制竞争		移交范围标准程序	移交范围、标准、程序清晰

3.3.7　PPP 项目绩效评价指标体系

以上细化得出的关键绩效指标数量众多，且项目各阶段的不同指标存在一致性，因此可按照指标的内在逻辑关系分类如下。①项目特性指标，包括项目必要性、项目复杂性、项目需求和物有所值等内部特性和项目所处的政治、经济、法律环境。②项目投入指标，包括项目资金、人力资源、物力资源等有形要素的投入，以及文件合同等无形管理要素的投入。③项目过程指标，即项目实施过程中体现出的管理绩效。④项目结果指标，即项目建设完成和运营过程中所达成的项目结果和各方满意度及收益，关注的是项目所实现的短期效益。⑤项目影响指标，即项目运营或移交以后实现的综合社会效益或环境效益，关注的是项目所实现的长期效益。按指标逻辑关系重新梳理后的关键绩效指标体系如图 3-4 所示。

按照以上维度分类的 PPP 项目 KPI，针对具体 PPP 项目建立绩效指标体系时，对PPP 项目不同阶段的绩效评价指标侧重点应有所区别：项目立项阶段应主要关注项目特性指标，项目招投标和项目合同签署（特许经营权授予）阶段需关注项目投入指标，项目建设阶段应关注项目过程指标，项目运营阶段和移交阶段则应重视项目结果、影响指标。

PPP 对于特定的 KPI，参考英国 KPI 体系中现有指标及同类文献确定可测度 KPI 的绩效评价指标，通过定性、定量进行测度。对于定量指标，根据 PPP 项目遴选出实用的 PPP 项目绩效评价指标，并确定其评价的计算方式或评价基准。PPP 项目定量KPI 指标定义和计算方式见表 3-3。

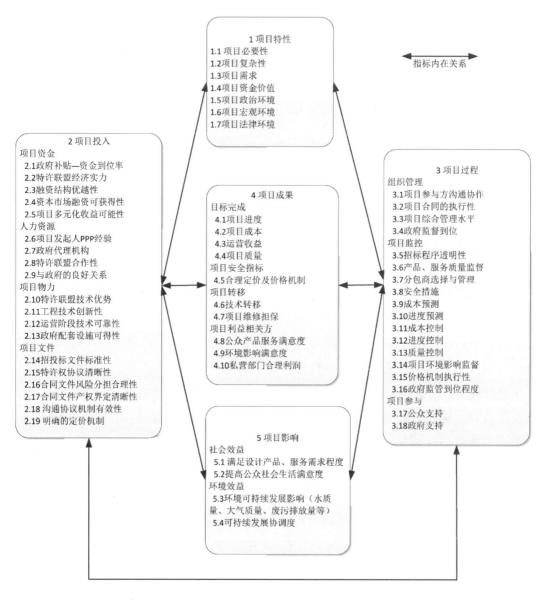

图 3-4　关键绩效指标体系

表 3-3　PPP 项目定量绩效评价指标（示例）

阶段	KPI	KPI 定义	阶段	KPI	KPI 定义
立项	物有所值评价	VFM=PSC 值–PPP 值	运营	配套设施落实率	政府实际提供的配套设施/政府承诺提供的配套设施
建设	项目补贴到位率	政府到位资金/政府承诺提供资金		运营技术可靠性	设备发生故障的次数

续表

阶段	KPI	KPI 定义	阶段	KPI	KPI 定义
建设	项目资金到位率	实际到位资金/预期到位资金	运营	安全控制	安全事故发生次数
	成本预测指标	（实际成本-估算成本）/估算成本		沟通协调机制	沟通有效次数/沟通次数
	成本控制指标	已完成工程的实际成本/已完成工程的预算成本		私营部门合理利润	项目收益率

对于不能明确测量、只能定性评价的指标，可通过专家访谈、实地调研的方式，用李克特量表 1~5 级或 1~7 级的评级获得项目数据。

总之，关键绩效指标法就是通过分析 PPP 项目利益相关方的绩效目标，利用筛选出的 PPP 项目 CSF 和模块分析，提取出项目的 KPI，并对指标的内在逻辑关系进行梳理后建立 PPP 项目的关键绩效指标体系，形成一般性 PPP 项目全生命周期的绩效评价指标体系。在具体实施项目绩效评价时，可结合项目实际遴选与项目相关的绩效评价指标，并可考虑项目特殊性适当增补部分指标，确定评价基准并定期进行绩效评价，不断接近项目各利益相关方满意的项目目标。

3.4　平衡计分卡法[①]

3.4.1　平衡计分卡基本理论

1990 年，哈佛大学教授罗伯特·卡普兰和波士顿公司管理咨询师大卫·诺顿基于 12 家公司的研究发现了一种能够改变传统绩效评估体系缺陷的方法，该方法便是"平衡计分卡"。随后，平衡计分卡在实践中被企业广泛采用。鉴于该方法的运用范围和影响程度，《哈佛商业评论》将其列为 20 世纪最有影响力的 75 个理念之一。平衡计分卡改变了单一使用财务指标衡量组织绩效的传统绩效评估模式，将顾客因素、内部流程、组织学习与成长等未来驱动因素引入其中，为组织提供了一种更加全面且多元的评估体系，且该方法高度重视组织战略目标的一致性。因此从总体上来说平衡计分卡将组织的战略目标及愿景在各个层面中体现出来，主要包括财务维度、顾客维度、内部流程维度、学习与成长维度。平衡计分卡的战略与四个维度之间的关系如图 3-5 所示。

① 苏萌，卢新生. PPP 项目绩效评价，最合理的评估方法是什么？搜狐 https://www.sohu.com/a/142816792-607596，2017-05-23.

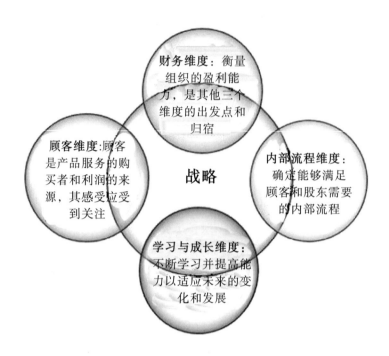

图 3-5　平衡计分卡的战略与四个维度之间的关系

平衡计分卡包含以下五项平衡。

（1）财务指标和非财务指标的平衡。改变只注重对财务指标考核，对非财务指标（客户、内部流程、学习与成长）的考核偏少或者只是做定性的说明，缺乏量化考核的做法，在财务指标和非财务指标中寻求平衡，确保考核的系统性和全面性。

（2）企业的长期目标和短期目标的平衡。平衡计分卡是一套战略执行的管理系统，如果以系统的观点来看平衡计分卡的实施过程，则战略是输入，财务是输出。

（3）结果性指标与动因性指标之间的平衡。平衡计分卡以有效完成战略为动因，以可衡量的指标为目标管理的结果，寻求结果性指标与动因性指标之间的平衡。

（4）企业组织内部群体与外部群体的平衡。平衡计分卡中，股东与客户、社会公众等为外部群体，员工和内部业务流程是内部群体，平衡计分卡可以发挥在有效执行战略的过程中平衡这些群体间利益的重要性。

（5）领先指标与滞后指标之间的平衡。财务、客户（含社会公众）、内部流程、学习与成长这四个方面包含了领先指标和滞后指标。财务指标就是一个滞后指标，它只能反映公司上一年度发生的情况，不能告诉项目公司如何改善业绩和可持续发展。而对于后三项领先指标的关注，使企业达到了领先指标和滞后指标之间的平衡。

3.4.2　平衡计分卡在 PPP 项目绩效评价中的内在适用性

1．平衡计分卡"平衡"了公共物品理论的社会性

PPP 项目绩效评价的基础理论是"公共物品理论",该理论在 PPP 项目所提供物品的属性上对项目的性质做出了要求。对于 PPP 项目来说既要评估其经济效益,更要评估公共物品及政府的公平性等社会效益。平衡计分卡的"平衡"理念重视财务与非财务指标的平衡,PPP 项目的社会性和生态性是绩效评价中非常重要的非财务指标;同时项目的社会效益往往也会通过顾客的满意程度体现出来。平衡计分卡的顾客维度正好体现了这一思想。

2．平衡计分卡"平衡"了利益相关方的多元性

平衡计分卡的"平衡"理念特别关注内部和外部的平衡,将组织放在宏观环境中,体现了包括顾客、供应商、股东、员工等多方利益相关群体对组织产生的影响。随着当前全球化市场经济的发展及大数据时代信息技术的进步,组织与其利益相关方在空间上已经形成了一个不可分割的价值整体,因此对组织的评价更应关注组织的外部指标。平衡计分卡优势在于将组织的内、外部紧密结合,考虑了不同利益相关方的价值需求,力图从全局视角对组织做出全面的绩效评价。因此,通过平衡计分卡可以较为全面地体现 PPP 模式中多元利益相关方的需求。

3．平衡计分卡"平衡"了委托代理关系的复杂性

PPP 项目中存在较为复杂的多层次委托代理关系,如何避免信息不对称引发的委托代理问题,如何使多元化需求的关系能够稳固发展下去,PPP 项目中的激励和监督机制是否发挥作用,这些问题都可以通过平衡计分卡对内部流程的控制和对社会资本、内部员工的激励来调节。与此同时,平衡计分卡的"战略理念"在组织成立时便确定了这些复杂关系的共同使命,以此来保持绩效目标的一致性。

综上所述,平衡计分卡的"平衡理念"和"战略理念"能够对 PPP 项目绩效进行有效评价。

3.4.3　平衡计分卡与 PPP 项目绩效评价影响因素的契合

1．平衡计分卡的财务维度可以衡量 PPP 项目的融资能力

平衡计分卡中的财务维度是其他三个维度的出发点和归宿,一般通过财务绩效指标来评估组织是否能够获取合理的利润,以及所得利润是否能为组织长期发展提供财

务上的支持。PPP 项目绩效评价的本质要求是对其融资能力的评估，融资情况的好坏同样也是开展 PPP 项目的"重要出发点"。与此同时，项目运营发展中的持续融资能力是项目得以持续发展的"归宿"，PPP 项目的融资能力与财务维度的本质作用是一致的。而且财务状况的评估可以直接衡量 PPP 项目在运营发展中的持续融资能力，进一步表明财务维度可以衡量 PPP 项目的融资能力。

2．平衡计分卡的顾客维度可以反映利益相关方的需求

顾客维度主要评估组织为顾客创造价值的方法与过程，将其单独作为一个维度进行绩效评估，以突出顾客这一直接利益相关方对组织绩效的影响。PPP 模式的核心目的就是为社会公众提供更优质更有效率的公共服务，这是一个为社会公众创造价值的过程，因此对 PPP 项目的绩效评价不可忽视社会公众对项目所提供服务的满意程度。同时 PPP 项目的参与主体较为多元化，还包括除社会公众之外的其他重要利益相关方，这些利益相关方之间相互作用与影响，在进行评估时需要同时考虑他们的需求才能真正反映 PPP 项目的实施效果。平衡计分卡的顾客维度反映顾客的需求和 PPP 项目平衡主要利益相关方的特点不谋而合。

3．平衡计分卡的内部流程维度可以反映风险控制和管理

内部流程维度主要评估组织在发展过程中是否控制和优化了自身的内部流程，从而形成核心竞争力来确保组织的持续发展，这一维度的评估指标通常会覆盖较为全面的组织流程。PPP 项目中的风险因素基本涉及项目的全生命周期，通过识别和分析各类风险可以更加有效控制和管理项目，这与平衡计分卡的内部流程维度所体现的"控制力"是吻合的，因此可以通过该维度来评估 PPP 项目的风险识别和控制能力，以保证项目的有效运营。

4．平衡计分卡的学习与成长维度可以体现社会效益和生态效益

学习与成长维度主要评估组织能否不断地进行改进和价值创造，反映组织能否持续经营的能力，该维度主要面向未来进行评估。PPP 项目中的社会性和生态性对该项目在生态环境等可持续发展价值产生的重要影响，同样也是一个项目未来所要重点关注和评判的。因此，通过学习与成长维度可以体现 PPP 项目是否达到了其要求的社会效益和生态效益，以评估项目的可持续发展能力。

3.4.4　PPP 项目绩效评价指标设计

平衡计分卡使用效果的好坏，很大程度上依赖于工作目标的设定及相应的考核指标的确定，与 KPI 一样，平衡计分卡在制定工作目标和考核指标时也要遵循 SMART 原则，即目标是具体的（Specific）、目标是可衡量的（Measurable）、目标是可达到的（Attainable）、目标是与公共部门和项目公司目标高度相关的（Relevant）、目标是有时限的（Time-based）。

1．财务能力评价

在 PPP 项目中，项目公司需独立承担 PPP 项目的盈亏，这就要求项目公司具备相应的财务运作能力，同时项目在市场上良好的表现也可以给项目公司带来丰厚的报酬。所以私营部门更关注项目的运行效益，其中涉及的指标应包括良好的盈利能力、不断增长的市场开发能力、合理的财务分析与运营、项目公司所有股东的财务能力、较低的融资与财务费用。在财务维度下与公共部门相关的是物有所值评价，即 VFM 最大化，其数值体现在 PPP 模式与政府自行实施模式下的成本节约值。在 PPP 模式下，政府投资公共项目，会考虑项目建设运营是否产生较高的投资效率，在项目执行过程中，公共部门需对项目进行监督与管理，由此会产生与之相关的管理费用。同时，政府要给予项目公司适当的财政补贴，使项目能够顺利开展。

2．各利益相关方满意度

公共部门、私营部门、社会公众作为 PPP 项目的利益相关方，可以用相关的指标来体现三方的满意度。私营部门的满意度体现还应包括项目公司内部是否具有良好的团队气氛，与各分包商和供应商的关系是否和谐等。项目实施过程中对社会公众的干扰程度同样应体现在满意度评价中。

3．项目内部控制管理

内部控制管理是对 PPP 项目整个运行过程的监督管理。衡量控制管理的指标应能体现出项目进行中的优势与劣势，以帮助公私双方实现管理的有效改进。PPP 项目包括建设期与运营期，故与管理相关的指标也应从这两方面寻找。私营部门应具备一定的管理能力，采用先进的技术设备，对项目成本、进度、质量、安全等方面进行有效控制，同时还应高效率地利用和分配资源。政府部门对 PPP 项目应进行良好的规制与有力监督。

4．创新与成长性

创新与成长性评价包括两方面的内容。创新性体现在 PPP 项目执行过程中私营部门和公共部门科研与开发的投入水平、项目公司的财务与融资创新能力等。成长性评价一方面表现为 PPP 项目是否能持续地进行，双方是否愿意继续合作；另一方面为项目的社会效益及影响性评价，主要表现在对提高社会公众生活质量的影响和对经济增长、环境可持续发展的影响，具体见表 3-4。

表 3-4　平衡计分卡绩效评价指标体系

评价维度	评价指标	利益相关方/责任方
财务能力评价	VFM 值	公共部门
	投资效率	公共部门
	监督管理费用	公共部门
	良好的运营能力	私营部门
	良好的盈利能力	私营部门
	稳健的偿债能力	私营部门
	不断增长的市场开发能力	私营部门
	项目公司所有股东的财务能力	私营部门
	较低的融资与财务费用	私营部门
	合理的收益率	私营部门
利益相关方满意度	政府部门满意度	私营部门
	私营部门满意度	私营部门
	社会公众产品服务满意度	私营部门
	项目实施对社会公众的干扰度	私营部门
	项目公司内部良好的团队氛围	私营部门
	分包商与供应商的和谐关系	私营部门
项目内部控制管理	成本预测及控制	私营部门
	进度预测及管理	私营部门
	质量控制管理	私营部门
	安全措施与管理	私营部门
	采用先进的技术设备	私营部门
	高效的资源利用	私营部门
	政府监管到位程度	公共部门
	产品、服务质量监督	公共部门
创新与成长性	科研与开发的投入水平	公共部门
	财务与融资创新能力	私营部门
	双方继续合作意愿	公共部门

续表

评价维度	评价指标	利益相关方/责任方
创新与成长性	提高社会公众生活质量	公共部门
	环境可持续发展影响	公共部门
	经济增长影响	公共部门

平衡计分卡评价方法综合考虑了各方利益，能将"共赢"的思想体现出来，为 PPP 项目执行过程中绩效评价的有效实现提供了新思路与新方法，值得借鉴。

3.4.5　PPP 项目绩效评价引入平衡计分卡需要注意的问题

1．高度重视工作目标与绩效评价指标的确定

（1）明确目标。明确实施该 PPP 项目要实现的目标，要有明确具体的产出说明。

（2）制定评价指标。须制定一套完整的关键绩效衡量的指标体系。

（3）遵守合同约定。该 PPP 项目合同须明确阐述项目的工作目标和绩效评价办法，监管部门与项目公司的信息传递通畅，承诺按照合同约定共同履行项目的工作目标和绩效评价办法。

2．防止目的单一化

（1）明确目标体系并给予资源支持。

（2）加强监管。监管部门应在项目实施过程中给予项目公司政策支持，并对实施过程进行控制，包括不断的反馈和评估，而不仅仅满足对结果的衡量，确保目标实现。

（3）防止实施过程中的指标单一化倾向。

3．指标选择与标准

（1）遵循工作目标和绩效评价指标制定 SMART 原则。

（2）指标的权重大小要确切反映平衡的利益价值判断。

（3）建立绩效评价与报酬联系激励机制。

4．制度与程序的保证

（1）每一关键指标必须有实施方案的保证。

（2）项目公司对指标体系有确切的认识和确保完成的保障措施。

（3）必须有制度保证监管部门关心项目公司指标完成情况和对执行结果的适时反馈。

（4）监管部门必须有能力使项目公司保持持续的热情和创新动力。

3.5　逻辑框架法①

3.5.1　逻辑框架法基本原理

逻辑框架法（Logical Framework Approach，LFA）是美国国际开发署（US-AID）开发并运用的一种项目设计、计划和评价工具，目前有 2/3 的国际组织把它作为援助项目的计划、管理和评价方法。在 PPP 项目绩效评价中使用 LFA，把"增加公共产品、公共服务"作为 PPP 宏观目标（Goal），并以此约束项目具体目标（Objectives），产出效果（Outputs）和具体的投入活动（Input and Activities），辅之系统、规范的绩效评价指标与验证方法体系，将项目的实施结果形成一个逻辑框架表（见表 3-5），能够确保 PPP 运作的科学有效，从而促进实现 PPP 目标。

表 3-5　逻辑框架表

目标层次	客观验证指标	客观验证方法	重要假设和外部条件
宏观目标	实现目标的衡量标准	评价及监测手段和方法	实现宏观目标的外部条件
具体目标	项目目标及验证指标	评价及监测手段和方法	实现项目目标的外部条件
产出效果	产出效果及验证指标	评价及监测手段和方法	实现产出目标的外部条件
投入/活动	投入方式及定量指标	投入活动验证方法	落实投入的外部条件

3.5.2　LFA 目标层次

逻辑框架汇总了项目实施活动的全部要素，并把项目划分为四个相互联系的目标层次，包括宏观目标、项目具体目标、项目产出效果目标和项目投入活动目标。四个目标层次是一个有机的整体，上层目标构成下层目标的环境，影响制约下层目标的选择，下层目标为上层目标的实现提供支持和保障。

1. 宏观目标

宏观目标是宏观计划、规划、政策和方针所指向的目标。它超越项目的范畴，是关于国家、地区、部门或投资组织的整体目标。根据 PPP 相关文件精神，可以把我国所有 PPP 项目的宏观目标定性为"增加公共产品、公共服务"。但是，由于项目的背

---

① 张阿芬. 逻辑框架方法在项目投资决策中的运用[J]. 商业时代，2006(30):52-53.

景、建设条件、影响范围等因素各不相同，宏观目标又可以有多种具体的表达方式，如促进城市化进程，调整优化经济结构，转变经济增长方式，摆脱贫困状况，促进地区协调发展，促进产业升级换代，改善生产力布局等。换句话说，就是"增加公共产品、公共服务"目标的实现要求所有的项目建设都要以"增加公共产品、公共服务"为约束对项目进行科学决策和考核。

每一个项目的实施往往只能对宏观目标的实现做出一定的贡献，宏观目标的实现需要全社会的共同努力和相互配合。宏观目标通常由国家或行业部门、地区选择确定。如果项目实施的影响面涉及全国，则由国家统一确定，如西部开发战略性项目的宏观目标，东中西部协调发展战略项目的宏观目标等，如果项目实施的影响面主要涉及行业部门或地区，则由行业部门或地区确定，如构建厦门市海湾型城市发展战略项目的宏观目标由厦门市具体确定，建设国家生态文明试验区（福建）战略项目的宏观目标由福建省等研究确定，促进行业技术升级换代的项目，其宏观目标由各行业论证确定。

宏观目标构成项目逻辑框架的最高层次，是项目具体目标选择的约束条件。

2．具体目标

项目具体目标也称项目的直接目标，是项目所要达到的直接效果，即项目为目标受益群体带来的效果，如一个以补齐教育短板为宏观目标的项目，其直接目标可以体现为通过项目建设解决了多少适龄儿童的入学问题；一个以解决老龄人养老为宏观目标的项目，其直接目标可以体现为通过项目建设解决了多少老龄人口老有所养问题；一个以缓解城市交通紧张状况为宏观目标的项目，其直接目标可以体现为通过项目建设解决了多少人的出行问题；一个以推进地区城市化进程为宏观目标的项目其直接目标可以表述为通过项目建设使多少农民转为市民；一个以产业结构调整为宏观目标的项目，其直接目标可以是通过该项目的建设使该地区的产业结构发生了怎样的变化等，它是达到宏观目标的分目标之一，也是该项目实施主体希望达到的目标，是用以评价某一项目最后取得成功的判断依据。这个层次的目标由项目的实施机构和独立的评价机构研究确定，目标的实现取决于外部环境和项目自身的因素。项目实施的使命就是要努力保证项目直接目标的实现，它为宏观目标的实现提供支持和保障。

3．产出效果目标

项目产出效果目标是实现项目直接目标必须达到的结果，即项目的建设内容或具体的产出物，如港口、铁路、供电设施、学校、医院等。项目产出效果目标是确保项目直接目标实现的充分必要条件。例如，一个以通过产业结构调整推进某地区城市化进程为宏观目标,以使5万农民转为城市居民为直接目标的建设项目的产出效果目标,应该具备使宏观和具体目标顺利实现的合适、必要和足够的产出效果,这可能包括一个一揽子的建设内容,具体的产出物可能包括:①按城市建设规划要求建设一个或多个住宅小区,安置失地农民并避免出现"城中村"。②配合产业结构调整建设一个或多个劳动密集型工厂或发展就业弹性大的服务业,解决转为市民的农民就业问题。③相关配套的各种基础设施建设。④对转为市民的农民进行培训,使其掌握相应的生产技能等。

4．投入活动目标

该层次是项目的具体实施过程及内容,主要包括资源和时间等的投入。它是为实现产出效果目标应开展的相应的投入活动。通常需将项目的产出效果目标与对应的投入活动逐一编号,列明时间顺序或优先顺序(如前面提到的推动城市化进程的项目)。例如,上例所列举的四个产出效果目标,就需要有确保四个目标全面实现相应的土地、资金、物资、人员、技术等资源和保证目标如期实现的时间安排与配套措施。

3.5.3　LFA 的逻辑关系

1．垂直逻辑关系

上述各层次的主要区别是,项目宏观目标的实现往往由多个项目的具体目标所构成,而一个具体目标的取得往往需要该项目完成多项具体的投入和产出活动。这样,四个层次的要素就自下而上构成了三个相互连接的逻辑关系。

第一级是如果保证一定的资源投入,并很好地管理,则预计有怎样的产出;第二级是如果项目的产出活动能够顺利进行,并确保外部条件能够落实,则预计能取得怎样的具体目标;第三级是项目的具体目标对整个地区乃至整个国家更高层次宏观目标的贡献关联性。这种逻辑关系在 LFA 中称为"垂直逻辑",可用来阐述各层次的目标内容及其上下层次间的因果关系。

2．水平逻辑关系

水平逻辑分析的目的是通过主要验证指标和验证方法来衡量一个项目的资源和成果。与垂直逻辑中的每个层次目标对应,水平逻辑对各层次的结果加以具体说明,由验证指标、验证方法和重要的假定条件所构成,形成了 LFA 的 4×4 的逻辑框架。

在项目的水平逻辑关系中,还有一个重要的逻辑关系就是重要假设条件与不同目标层次之间的关系，主要内容如下。

（1）一旦前提条件得到满足，项目活动便可以开始。

（2）一旦项目活动开展，所需的重要假设也得到了保证，便应取得相应的产出成果。

（3）一旦这些产出成果实现，同水平的重要假设得到保证，便可以实现项目的直接目标。

（4）一旦项目的直接目标得到实现，同水平的重要假设得到保证，项目的直接目标便可以为项目的宏观目标做出应有的贡献。

对于一个理想的项目策划方案，以因果关系为核心，很容易推导出项目实施的必要条件和充分条件。项目不同目标层次间的因果关系可以推导出实现目标所需要的必要条件，这就是项目的内部逻辑关系。而充分条件则是各目标层次的外部条件，这是项目的外部逻辑。把项目的层次目标（必要条件）和项目的外部制约（充分条件）结合起来，就可以得出清晰的项目概念和设计思路。

总之，逻辑框架分析方法不仅仅是一个分析程序，更重要的是一种帮助思维的模式，通过明确的总体思维，把与项目运作相关的重要关系集中加以分析，以确定"谁"在为"谁"干"什么"，"什么时间"，"为什么"，以及"怎么干"。虽然编制逻辑框架是一件比较困难和费时的工作，但是对于项目决策者、管理者和评价者来讲，可以事先明晰项目应该达到的具体目标和实现的宏观目标，以及可以用来鉴别其成果的手段，对项目的成功计划和实施具有很大的帮助。

逻辑框架法是通过确立项目目标层次间的逻辑关系，来分析、评估或考核项目的效率、效果、影响和持续性。项目的效率评价主要反映项目投入与产出的关系，即反映项目把投入转换为产出的程度，也反映项目管理的水平。项目的效果评价主要反映项目的产出对项目目的和目标的贡献程度。项目的影响分析主要反映项目目的与最终目标间的关系，评价项目对当地社区的影响和非项目因素对当地社区的影响。项目可持续性分析主要通过项目产出、效果、影响的关联性，找出影响项目持续发展的主要因素，并区别内在因素和外部条件提出相应的措施和建议。

3.5.4　LFA 客观验证指标选择

1. LFA 验证指标应具备的基本条件

在运用逻辑框架法时，四个目标层次都需要有与之相对应的客观验证指标，包括数量、质量、时间和人员等，以检验各层次目标的结果及实现程度。验证指标的确定应该是客观且可以验证的，不能凭主观臆断。作为逻辑框架的验证指标应具备的基本条件如下。

（1）必须是清晰的量化指标，能够对目标实现程度进行测定和描述。

（2）必须针对项目的主要目的，体现项目的个性化要求，即主要验证指标因项目而异。

（3）验证指标与对应目标的关系明确合理，且是唯一的、单独的。

（4）验证指标必须是完整的、充分的、定位准确的。

（5）验证指标是客观的，不是人为可以改变的。

当然，项目的不同目标层次对验证指标也有各自不同的要求。

2. LFA 各目标层次验证指标特点

（1）宏观目标客观验证指标具有概念性、非具体化及周期性的特点，它更侧重于价值判断，较多地使用一些间接的验证指标，并要求能够根据项目的具体特点尽量使用对项目具有针对性的量化指标。如我们可以把 PPP 的宏观目标概念性地描述为"增加公共产品、公共服务"，具体到一个市政道路项目则可以定量描述为"通过本项目的实施，建成从城东到城西通道全长 17 千米的市政道路及道路两侧建筑面积约 34.52 万平方米的配套公共设施"。

显然，不同项目对"增加公共产品、公共服务"的贡献方式和贡献程度是不一样的，但是在"增加公共产品、公共服务"宏观目标约束下，有些指标，如公众的满意度指标是所有项目共同的验证指标，每个项目都要对项目公众的满意度进行全面的分析，由此检验该项目通过 PPP 运作是否既增加公共产品、公共服务供给数量，也提高供给质量，确实达到物有所值的目标。

（2）具体目标、产出效果目标和投入活动目标相对于项目宏观目标可以统称为微观目标，其客观验证指标则要求使用具体的、定量化的指标，应具有可作业性和可验证性，而且，根据项目各层次目标之间存在的逻辑关系，通过对微观目标验证指标的检验，应该能够清晰地判断宏观目标的实现结果和实现程度。宏观目标处于项目逻辑框架的最上层，能够确保项目宏观目标的顺利实现。

3.5.5　LFA 客观验证方法确定

逻辑框架方法要求设计一套验证指标以检验项目每个层次目标能否实现，并要求验证指标必须是客观且可以验证的。由于项目的验证指标与各目标层次一一对应，并体现出项目的个性，因此，验证方法也必然与验证指标一一对应，并且因项目而异，只有这样的检验方法才是科学可行的。根据逻辑框架的要求，作为指标检验标准的验证方法，可以是统计报表、文件、书籍、资料，也可以是评价、检查或分析报告。

例如，要检验某项目"使本区居民人均收入水平提高 5%"的宏观目标是否实现，可以通过收集分析"某地区国民经济和社会发展统计资料"和"项目实施效果分析报告"等方法来完成，要检验某项目"环境治理方案是否合理有效"可以采用审查"环境影响报告书"的方法，通过审查"项目后评价报告""项目实施效果分析报告""项目及工程监理报告"等可以检验项目各项具体目标和产出效果目标是否完成，通过审查"项目可行性研究报告""政府相关的审批文件"可以判断项目的投入目标能否实现等。显然，逻辑框架方法运用的验证方法不仅种类多，而且来源渠道十分广泛。但是，要作为验证方法必须具备两个基本条件。

1. 具有权威性

权威性是指被用以检验指标客观性的文件、数据资料、报告、报表的来源必须是可靠的。它们可以是来自政府的官方文件（如经环保部门审批的"环境保护报告书"），可以是公正机构提供的调查研究报告（如由具有资质的咨询部门提供的"项目可行性研究报告""项目资源调查报告""项目绩效评价报告"），也可以是政府有关部门提供的"统计资料"，或者是项目分析决策、考核人员调查得到的数据和资料，如果是调查人员自行调查收集得到的资料，那么，调查人员在采用调查方法时应对取样规模、内容、统计标准等进行充分的考虑和安排。

2. 具有项目的个性

每个项目的目标不同，各具特点，因此，在验证方法的选择上必须充分考虑项目的特殊性和具体的目标要求，验证方法要与验证指标相对应，做到验证方法与验证指标一一对应。必须明确，方法与指标一一对应，是指每个验证指标都要有相应的方法对其进行检验，而不是一种方法只能检验一个指标。事实上，一个指标可能有多种的检验方法，如检验某项目是否达到"日处理污水 10 万吨的污水处理厂"，既可以用项目的可行性研究报告进行检验，也可以根据项目的验收报告进行检验，还可以用项目中期评估报告、后评价报告或项目实施效果分析报告或行业的统计资料等进行检验。一种检验方法同样可以用于检验多个指标，如项目的可行性研究报告既可用于检验项目的宏观目标是否实现，也可以用于检验项目的具体目标或产出目标是否可以实现，还可以用于检验项目的投入活动目标能否落实。

3.5.6　LFA 重要假设和外部条件分析

依据逻辑框架各要素的逻辑关系，项目的重要假设和外部条件是实现项目目标的条件之一，在保证项目投入活动顺利进行的前提下，项目的产出效果与重要假设和外部条件共同构成项目具体目标的先决条件，而具体目标则是达成宏观目标的条件之一。可见，重要假设和外部条件不成立、不落实，项目的目标也就无法实现。

逻辑框架分析中的"重要假设"是由外部条件即项目之外的影响因素转化而来的。项目之外的影响因素指项目的控制范围以外，但对项目的成功有重要影响的条件，如气候因素，是项目无法控制的，但对农业、水产养殖项目等却有重大的影响；又如政策和体制因素，不是项目自身能够控制的，但对一些项目的实施则有较大的影响，有的甚至决定项目的成败。在逻辑框架分析中，必须重视重要假设和外部条件分析，并将其列入逻辑框架分析矩阵表内，提醒项目实施者注意预测、监视此类条件的变化，并尽可能预先采取措施，使其向有利于项目实施的方向发展。列入逻辑框架矩阵表的重要假设和外部条件一般需具备以下三个条件。

（1）对项目的成功很重要。

（2）项目本身无法控制。

（3）可能发生。

3.5.7　LFA 运用案例

运用 LFA 进行项目分析、决策与考核，首先要深入研究项目的建设背景及重要假设条件，其次要进行目标分析，然后设计验证指标和验证方法，最后将分析结果编制成逻辑框架表，提供给政府或有关部门作为决策或实施或考核项目实施情况的依据。

例如，电子信息产业是某市三大支柱产业之一，产业规模不断扩大，2016 年该市电子信息产业总产值达 230 亿元，占全市工业产值的 30%。为进一步提升、优化城市产业结构，市政府决定再划出 160 万平方米的土地作为高新技术研发及产业基地，大力发展高新技术产业。计划分三年投入 10 亿元资金进行基地基础设施及配套工程建设，开发出可供出让的熟地 130 万平方米，其中商住用地 9 万平方米，电子信息工业用地 100 万平方米，安置房用地 21 万平方米。该项目采用 PPP 运作模式。

根据以上背景材料（为减少篇幅和避免重复，多数数据、资料直接在表内列示），通过逻辑框架分析，可以得出项目逻辑框架表（见表 3-6）。

表 3-6　某高新技术研发及产业基地项目逻辑框架分析表

目标层次	客观验证指标	客观验证方法	达到目标的重要假设条件
宏观目标：提升优化城市产业结构，发展高新技术产业	高新技术产业产值提高水平及环境质量保持或提高水平	（1）本市国民经济和社会发展统计资料。 （2）项目环境影响分析报告。 （3）项目可持续发展评价报告。 （4）各季度项目绩效考核报告	（1）规范引入 PPP 模式。 （2）相关政策进一步完善。 （3）基地基础设施建设按期完成。 （4）开发的熟地按期出让。 （5）入住单位执行环保标准
直接目标：项目建成后该市电子信息产业总产值达 460 亿元，占全市工业产值的 50%，并进一步发展	（1）拆迁安置工程按期完成。 （2）道路工程按期完成。 （3）给水工程按期完成。 （4）排水工程按期完成。 （5）电力工程按期完成。 （6）电信工程按期完成。 （7）燃气工程按期完成。 （8）绿化工程按期完成	（1）拆迁安置调查报告。 （2）项目实施效果分析报告。 （3）项目工程监理报告。 （4）工程进度分析报告。 （5）项目后评价报告。 （6）项目竣工验收报告	（1）基础设施建设如期完成。 （2）开展招商引资，吸引高新技术企业入住基地。 （3）完善相关政策，确保入住基地企业生产与生活顺利启动
产出效果目标： ①通过高新技术研发及产业基地基础设施建设，开发可供出让熟地 130 万平方米，其中商住用地 9 万平方米，电子信息工业用地 100 万平方米，安置房用地 21 万平方米； ②提供高新技术研发及产业基地基础设施管养服务	（1）拆迁基地小工业作坊 2 个，安置原工厂员工 450 人。 （2）七条主干道如期完成。 （3）保证生产和生活用水。 （4）雨、污水分流，环境污染治理达标。 （5）电力负荷符合单位面积负荷密度要求。 （6）电信设施、燃气工程满足基地生产、生活要求。 （7）基地绿化率达标。 （8）高新技术研发及产业基地基础设施管养服务考核达标	（1）拆迁安置调查报告。 （2）环境保护检测报告。 （3）绿化工程验收报告。 （4）项目实施效果分析报告。 （5）项目工程监理报告。 （6）工程进度分析报告。 （7）项目后评价报告。 （8）项目竣工验收报告。 （9）高新技术研发及产业基地基础设施建设及管养服务实施方案。 （10）高新技术研发及产业基地基础设施管养服务绩效考核办法	（1）拆迁安置工作落实。 （2）资金按期足额投入。 （3）项目如期开工，并按预期完成。 （4）工程质量符合要求，按期发挥作用。 （5）基地基础设施按合同标准要求提供管养服务

目标层次	客观验证指标	客观验证方法	达到目标的重要假设条件
投入效果目标：①分三年投入 10 亿元资金，完善相关政策，并加强项目的组织与管理；②每年投入 710 万元进行基础设施管养	（1）市政府筹集 4 亿元资金。（2）国家开发银行贷款 6 亿元。（3）组建项目管理组织机构。（4）制定相关的政策与措施。（5）电力负荷符合单位面积负荷密度要求	（1）项目开工报告。（2）项目可行性研究报告。（3）投资合作协议。（4）项目合同。（5）开发银行项目评估报告。（6）政府的相关政策文件。（7）高新技术研发及产业基地基础设施管养服务日常考核报告。（8）高新技术研发及产业基地基础设施管养服务中期评估报告	（1）开工报告得到批准，按时开工。（2）资金筹措计划落实。（3）建立高效完善的项目组织管理机构。（4）政府政策得到落实

注：表中所列的客观验证指标仅仅是框架性的指标，基本属于一级指标，实际操作中需进一步进行细化，分解成二级、三级指标。

3.6 PPP 项目绩效评价其他方法

除了前述的目标绩效考核法、关键绩效指标法、平衡计分卡法、逻辑框架法四种绩效评价方法常用于 PPP 项目外，还有层次分析法（AHP）、模糊综合评价（PCE）、灰色综合评价法、人工神经网络评价法、德尔菲法、成功度评价法、数据包络分析法（DEA）和物元分析法等多种方法也被应用于 PPP 项目绩效评价中，本节将对其中几种 PPP 项目绩效评价方法做简要介绍。

3.6.1 层次分析法

层次分析法（Analytic Hierarchy Process，AHP）是由美国学者 T.L.Saaty 于 20 世纪 70 年代中期创立的一种定性与定量分析相结合的多目标决策方法。80 年代初引入我国以来，这一定性分析与定量计算相结合的决策方法，受到越来越多的研究人员的重视，尤其社会经济科学研究领域里，为解决一些难以进行定量计算的决策问题提供了一种简洁、有效、直观的科学方法。其本质是试图使人的思维条理化、层次化，它充分利用人的经验和判断，并予以量化，进而评价决策方案的优劣，并排出它们之间的优先顺序。层次分析法的主要步骤：首先将决策问题分解构建多级目标结构层次，然后建立比较判断矩阵，计算相对重要度，进行一致性检验，计算综合重要度等。层次分析法实质是将决策的思维过程层次化、数学化，利用定量和定性的分析方法最终做出决策。运用层次分析法进行绩效评价的优势在于评价方法简单，易于操作；评价结果通过一致性检验，具有一定可信度；绩效评价中有定量、定性指标均可使用。但在运用层次分析法进行评价时，决策者需对评价项目进行全面深入的分析了解，考虑到层次分析法从建立层次结构模型到给出比较的判断矩阵，人主观因素对整个过程的影响很大，特征值和特征向量的精确求法比较复杂，指标过多时，数据统计量大，且权重难以确定，通常会将层次分析法与其他方法结合进行绩效评价。

3.6.2　模糊综合评价法

模糊综合评价（Fuzzy Comprehensive Evaluation Method，FCE）是在模糊数学的基础上，对模糊关系进行有机合成，把某些边界不清晰、归属不明确、不易定量的因素进行量化，是常用于定性信息较多的一种综合评价方法。在已知各项功能的权重下，通过加权计算最终综合求得各功能的综合评价值，从而确定该功能对项目绩效评价的影响。其实质是对绩效评价中各功能指标进行排序。基于层次分析的模糊综合评价法是将模糊综合评价法和层次分析法结合进行绩效评价。评价时，首先运用模糊综合评价法将边界不清、不易量化的因素定量化，将各功能性指标分类整合，建立模糊综合评价指标，并结合层次分析法对项目进行定量定性分析，做出评价。这种方法操作简单、易于使用，且克服了传统数学方法的结果单一性，但在评价时无法解决评价指标间关联性致使评价信息可能重叠，同时因确定隶属函数没有统一的方法，评价结果不够严谨。

3.6.3　灰色综合评价法

灰色系统理论由邓聚龙教授于 1982 年首先提出，是一种研究少数据、贫信息不确定性问题的新方法，主要是通过对"部分"已知信息的生成、开发，提取有价值的信息，实现对系统运行行为、演化规律的正确描述和有效监控。灰色综合评价法即系统关联度分析。灰色理论是因信息的不完备，需通过对系统中某一观测到的材料进行处理，从而了解系统内部的变化趋势及其相互层级。基于灰色关联度的灰色综合评价法是利用系统中的每个方案与所确定的最优方案的关联程度来实现对评价对象的比较和排序。其优势在于对样本信息要求不高，因严格的数学计算也一定程度上克服了决策者主观因素的影响，但在使用时不能直接处理定性问题，且灰色关联系数的选择标准不同也会直接影响评价结果。[①]

3.6.4　人工神经网络评价法

人工神经网络评价法（Artificial Neural Network ，ANN）是模拟人脑神经网络工作原理，建立能够"学习"的模型，并能将经验性知识积累和充分利用，从而使求出的最佳解与实际值之间的误差最小化。它既能充分考虑评价专家的经验和直觉思维的模式，又能降低综合评价过程中的不确定因素，属于一种交互式的评价方法。BP（Back Propagation）神经网络是 1986 年由 Rumelhart 和 McCelland 为首的科学家小组提出的，是一种按误差逆传播算法训练的多层前馈网络，是目前应用最广泛的神经网络模型之一。BP 网络能学习和存储大量的输入-输出模式映射关系，而无需事前揭示描述这种映射关系的数学方程。

ANN 具有自适应能力、可容错性、能够处理非线性和非局域性的大型复杂系统。在对学习样本训练中，无需考虑输入因子之间的权重系数，不受决策者主观因素的影响。缺点就是需要大量的训练样本，精度不高，应用范围有限。评价模型的隐含性也是其应用障碍之一，最终无法得出一个"显式"的评价模型，使得人们"心中无底"。而且，最大的障碍是评价算法的复杂性，人们只能借助计算机进行处理，而这方面的商品化软件还不够成熟。另外，网络收敛速度慢也极大地影响了评价工作的效率。为了提高 ANN 模型用于多指标综合评价的可靠性，应合理选择网络参数。[②]

3.6.5　德尔菲法

德尔菲法（Delphi Method）也称专家调查法，是专家评价法的一种，属于主观评价方法，它是目前最常用的专家评价法之一，是在 20 世纪 40 年代由 O·赫尔姆和 N·达尔克首创，经过 T·J·戈登和兰德公司进一步发展而成的。德尔菲法的具体操作步骤如下。

（1）组成专家小组。根据评价对象所在的领域，明确专家组成员的构成及成员的数量，具体成员数可根据评价对象的复杂程度、难度等确定。

（2）与专家组沟通评价工作事项。将评价对象的相关材料、评价工作的程序及注意事项等向专家组进行交底，并与专家组沟通是否需要其他的相关资料。

---

① 刘晴. PPP 模式下基础设施建设项目绩效评价研究[D]. 西安建筑科技大学，2015.

② 周澍. 基于 DEA 的项目监理机构管理绩效评价模型应用研究[D]. 厦门大学，2009.

（3）专家首次评价。专家组成员根据取得的材料对评价对象进行评价。

（4）整理、反馈专家首次评价的结果，并进行二次评价。汇总整理专家组成员第一次评价的结果和意见，并列成便于分析的图表，将其发放给专家，使其了解自己与其他专家意见的差异，并在此基础上开展第二次专家评价。

（5）再次整理、反馈专家评价的结果。将第二次评价的结果和意见进行汇总，若专家意见较为统一，可以满足评价工作的相关要求，则可以结束评价，得出评价的最终结果和意见；若专家意见仍不能达成一致，或者不能满足评价工作的相关要求，则将上一次的评价结果再次发放给专家，继续进行下一次的评价，直至专家组意见达成一致或符合要求。这种往复循环式的评价流程也是德尔菲法的核心所在。需要注意的是，专家只知道自己和他人意见的内容，而并不知道意见的具体来源，这样就避免了评价工作以外因素的干扰。

（6）最后，对专家组得出的最终结论和意见进行整理，完成评价工作。

从对德尔菲法的评述中可以总结出其运用在绩效评价方面的优缺点：优点是可以集合诸多专家的知识和经验优势，并且通过多轮循环式的评价与调整，让各专家的意见充分表达，这也有利于项目绩效内容的充分体现；缺点是这种方法评价过程复杂，甚至有些烦琐，所需的时间也较长，若经过很多轮次的评价仍不能得出满足评价要求的结论，就会浪费过多的人力成本和时间成本。因此，在 PPP 项目绩效评价体系的合理性分析中，宜借鉴其可以集中多个专家意见的优势，但同时也要注意尽可能便捷化评价的过程和步骤，以提高评价的效率。[①]

3.6.6　成功度评价法

成功度评价法是根据项目各方面的执行情况并通过系统标准或目标判断表来评价项目的总体成功度。成功度评价要设置项目评价的指标体系，评定项目的合理性、项目目标实现程度，列出项目主要效益指标，评定项目的投入产出结果、汇总报告的所有内容，采取分析打分的办法，为项目的实施和成果做出定性结论，划定项目的等级。成功度评价是根据项目实施的具体数据，综合评价各项指标的评价结果，对项目的成功程度做出最后的定性。在成功度评价时，通常把建设项目评价的成功度分为 5 个等级，详见表 3-7。

[①]　何文昭. 政府投资项目绩效评价体系合理性研究[D]. 华南理工大学，2016.

表 3-7　建设项目评价的成功度等级

标准	内容	等级
完全成功的	项目的各项目标都已全面实现或超过；相对成本而言，项目取得巨大的效益和影响	1 级
成功的	项目的大部分目标已经实现；相对成本而言，项目达到预期的效益和影响	2 级
部分成功的	项目实现了原定的部分目标；相对成本而言，项目只取得了一定的效益和影响	3 级
不成功的	项目实现的目标非常有限；相对成本而言，项目几乎没有产生什么正效益和影响	4 级
失败的	项目的目标没有实现；相对成本而言，项目不得不终止	5 级

进行项目综合评价时，首先根据具体项目的类型和特点，确定综合评价指标及其与项目相关的程度。在测定各项指标时，采用权重制和等级评定相结合的方法，先给每项指标确定权重，再根据实际执行情况进行等级评定，通过指标重要性权重分析和单项成功度结论的综合，可得到整个项目的成功度指标。[1]

3.6.7　数据包络分析法

数据包络分析方法（Data Envelopment Analysis，DEA）是运筹学、管理科学与数理经济学交叉研究的一个新领域，是由著名的运筹学家 A.Charnes 和 W.W.Cooper 等人以相对效率概念为基础发展起来的一种崭新的系统分析方法。该方法是在运用和发展运筹学理论与实践的基础上，逐渐形成的主要依赖于线性规划技术、用于经济定量分析的非参数方法。自 1978 年第一个 DEA 模型——C^2R 模型提出至今已有 40 年的历史。具体来说，DEA 是使用数学规划模型比较决策单元（Decision Making Unit，DMU）之间的相对效率，对决策单元做出评价。[2]DEA 方法将组织中的每个服务提供单元与所有其他的服务单元做比较，并且依据资源输出与输入的比例计算其效益。

DEA 法克服了传统效率衡量法的缺点，成为更加一般化的衡量模式。其具备四大优点：①DEA 可同时处理多项投入与多项产出，且不需事先设定一组权重；②产出和投入指标之权重决定是由数学规划所产生，可以排除主观判断的成分，较为公平；③DEA 所求解的效率值可视为一综合性指标，可以用来表达经济学上总要素生产力的概念；④由 DEA 法中之差额变量及效率值可了解组织资源使用状况，并指出效率有

---

① 王瑞. 安徽省利用世界银行贷款加强灌溉农业项目绩效评价[D]. 安徽农业大学，2009.
② 张凌. 基于 DEA 的企业技术创新项目评价与决策方法研究[D]. 哈尔滨工程大学，2005.

待改进之处，以提高效率。虽然 DEA 法拥有多种优点，但仍有一些使用上的限制：一是受限于线性模型的假设；二是 DMU 个数应为所考虑的投入与产出项个数和的五倍或五倍以上，否则将会严重影响研究的效度及信度；三是效率分析的正确与否受限于投入项与产出项的选用与衡量；四是 DEA 法的分析是相对性而非绝对性的，因此被认定为效率值为 1（亦即最佳效率）的决策单元，未必就是真正有效率的决策单元。[①]

DEA 法已经引起了国内外学者的广泛关注，有关的理论研究不断深入，应用领域日益广泛。DEA 方法作为一种理想的多目标决策方法，能够为 PPP 项目绩效评价拓宽思路，提高 PPP 项目绩效评价结果的客观性和准确性。

3.6.8　物元分析法

物元分析理论是一项主要针对实际存在的矛盾展开研究、涉及系统学、思维学及数学领域的新理论，在实践的应用较为普遍。物元分析理论对矛盾问题进行阐述使用物元这一定义，目前实践中诸如大气环境质量评价及公共工程绩效综合评价等不少领域已经采用这一理论。物元变换是物元分析的基础，是解决各类矛盾问题的有效工具。物元分析的实质是一种求解不相容问题、矛盾问题的思维模式。其绩效评价的基本步骤为：第一步，明确物元；第二步，明确经典域及节域，即各个评价指标对应的取值范围；第三步，明确指标数值与对应取值范围间的关联度；第四步，根据物元模型所得结果数值判断其与指标等级之间的紧密联系程度。

对于 PPP 项目而言，在实施过程中绩效如何取决于相应的定性及定量因素，其中还涉及一系列不确定因素，导致项目实施过程中不可避免存在风险，从这一角度分析，简单的用一种评价方法无法确保评价结果的客观性及全面性。物元分析法是一种对多目标、复杂系统做出有效评价的多元数据量化的新方法，其实用性强，对定量和定性指标都适用。同其他方法相比，将物元分析法运用于 PPP 项目绩效评价，具有以下优点：①PPP 项目涉及多个阶段和多个利益相关方，物元分析法在建立绩效评价模型时能够充分考虑各个影响因素，利用各种信息对 PPP 项目进行全面、综合的评价；②物元分析法运用权变理论确定项目绩效评价指标的权重，使 PPP 项目绩效评价的结果更为真实合理；③PPP 项目的绩效评价指标和评价目的会随着阶段发生变化，由于物元分析法具有时效性，其在进行绩效评价时可对待评价物元的经典域和节域做出即时调整，使评价过程和评价体系相匹配；④物元分析法中运用关联函数在评价目标与评价

---

① 周澍. 基于 DEA 的项目监理机构管理绩效评价模型应用研究[D]. 厦门大学，2009.

标准间建立数学关系，不但可以将被评目标隶属于哪个标准进行界定，同时可以将同一层级中的差异用精确的数值表示出来，充分体现了评价目标同评价标准之间的关联度。因此，物元分析方法能更科学、客观、准确地对 PPP 项目进行绩效评价。[①]

① 刘晴. PPP 模式下基础设施建设项目绩效评价研究[D]. 西安建筑科技大学，2015.

第 4 章

PPP 项目绩效评价指标体系

4.1 PPP 项目绩效评价指标体系概述

在绩效评价工作开展过程中，指标体系的设置是绩效评价工作开展的重点与难点。目前国内对 PPP 项目绩效评价的研究尚处于初步阶段，国家层面没有出台 PPP 项目绩效评价指引或办法，行业也缺乏针对 PPP 项目全生命周期绩效评价指标体系的相关标准或规定，PPP 项目绩效评价指标体系尚没有系统建立。近几年，我国学者虽然对公共项目绩效评价指标体系做了大量研究，并对公私合作项目绩效评价进行初步探讨，但这些评价指标体系存在一定的局限性，虽然评价指标涉及关键的维度，但依旧不够系统全面，且多集中于项目识别、准备及采购阶段，对于运营期的绩效评价尚处于无章可循的状态。政府与社会资本等参与方利益诉求不尽相同，平衡各方利益关系是 PPP 项目成功的关键，单纯考虑一方利益不利于反映项目真实的执行状况。因此，针对基础设施和公共服务领域 PPP 项目实施公平公正的绩效评价，建立完善的绩效评价指标体系，对于推动 PPP 模式向纵深发展具有重要意义。

4.1.1　绩效评价指标体系的作用

PPP 项目绩效评价指标体系应能发挥以下几个方面的作用。

1. 导向作用

绩效评价的导向作用很重要，PPP 项目的绩效导向决定了项目公司的行为方式。绩效指标体系设计应能发挥引导实现 PPP 项目目标的作用，使项目公司的行为与政府的意图保持一致，引导项目公司为了确保目标的实现，分析理解政府的意图，分解项目总目标，并制订切实可行的实施计划。通过技术与管理创新，最终完成合同约定的目标，获取应得的收入和报酬，并有可能得到奖励。

2．约束作用

绩效评价指标体系具有约束作用，它明确了工作重点和目标，并告知项目公司应该做什么工作，达到什么标准，以此约束项目公司的日常行为和管理规范。

3．激励作用

通过建立绩效评价指标体系，并依据该指标体系进行绩效评价，将绩效评价结果与政府付费和奖惩挂钩，能够有效地激励项目公司，为了共同的目标和方向，利用各种资源，调动一切可利用的力量实现和完成既定的绩效目标，既有利于项目公司的健康发展，也有利于实现政府的意愿。

4.1.2 绩效评价指标体系的构成要素

要使绩效评价指标体系能够充分发挥其导向、约束和激励作用，指标体系本身应包含设定评价指标体系、确定权重系数、选择评价标准三个构成要素。

1．设定绩效评价指标体系

绩效评价指标是绩效评价体系的载体，可以理解为评价内容的分解和细化。PPP项目面对特定的评价对象，有着它特定的目标，而绩效评价指标都是围绕着这一目标而设定和选择的。因此，在绩效评价体系中，最关键的是如何设定指标，以便准确地传递出评价目标。

2．确定绩效评价指标的权重

绩效评价指标的权重是各绩效评价指标在评价体系中的相对重要程度，权重大小主要根据绩效评价和项目工作的重点确定。权重表示在评价过程中，对评价对象不同侧面重要程度的定量分配，以区别对待各级评价指标在总体评价中的作用。各个评价指标相对于不同的评价对象来说会有不同的地位和作用，因此，要根据不同的评估目的、对象、时间，以及各评估指标对评估对象反映的不同程度而恰当地分配与确定不同权重。确定指标权重的方法通常包括问卷调查法、专家判断法、层次分析法、主成分分析法等。

3．选择绩效评价指标的标准

绩效评价指标标准包含两层意思：一是明确绩效评价指标标准内涵和标准。绩效评价指标标准是指衡量 PPP 项目绩效目标完成程度的尺度，绩效评价指标标准的选用应坚持客观公正、规范有效的原则。根据评价对象的特点，可以选用不同的评价指标标准。绩效评价指标标准主要包括行业标准、计划标准、历史标准或其他标准（如参照物标准）。二是明确绩效评价得分的计算要求和方法。指标绩效评价得分的计算要求和方法，主要是规定在实际评价中对于完成不同的指标值或实现不同的目标程度如何给予相应的绩效评价分数，并明确计算绩效评价分数所需采用的计算公式和基础参数等。

4.2　PPP 项目绩效评价指标的选取

4.2.1　绩效评价指标的选择原则

PPP 项目绩效评价指标是衡量项目绩效目标实现程度的考核工具。通过将 PPP 项目绩效业绩指标化，获取具有针对性的业绩值，可为开展绩效评价工作提供基础。绩效评价指标应当充分体现和真实反映项目的绩效、绩效目标的完成情况及评价的政策需要[①]。纵观近几年的文献资料，PPP 项目绩效评价指标选择应遵循以下五项原则。

1．共性指标与个性指标相结合的原则

PPP 项目的宗旨是提高社会公众满意度，并使政府和社会资本的利益达到最大化。PPP 项目要求政府、社会资本和社会公众多方参与，这种参与不是简单的合作，而是一种有契约保障的长期稳定的合作关系。换言之，只有项目中各方利益得到较为均衡的保障，项目才能顺利进行。在多方参与中，政府与社会资本能否达成一致意见，对于项目的推进至关重要。对于政府而言，只有当社会资本比政府自身提供的公共产品产生更高的价值，即达到物有所值与更好的绩效时，社会资本才会被欢迎加入该项目；对社会资本而言，只有投资的 PPP 项目能够获得符合其预期的、较为稳定的收益时，社会资本才会有意愿参与该项目。可见，PPP 项目具有共性，具有相同的目标，PPP 项目绩效评价应设置共性的指标。同时，PPP 项目涉及的领域十分广泛，包含能

---

① 赵仕坤. PPP 项目绩效评价指标体系构建思路研究. 财政部 PPP 中心. http://www.cpppc.org/zh/plt/5459.jhtml，2017-08-04.

源、交通运输、水利、环境保护、农业、林业及重大市政工程等基础设施和公共服务的各个领域，各领域的项目各具特点，而且各地区开展 PPP 项目所面临的社会经济条件也有很大不同，单一评价很难奏效。因此，应遵循共性与个性相结合的原则，设计评价指标体系，在整体把握"共性"评价的基础上突出各领域、各地区、各项目的具体的"个性"评价。通常情况下，项目决策和建设绩效属于共性指标，适用于所有的评价对象，主要包括项目目标、决策过程、预算安排及建设绩效中的项目综合管理、安全管理、公众满意度与可持续发展能力、工程资料等内容。个性指标是针对项目特点适用于不同项目类型评价的指标，通常包括运营管理绩效指标和部分建设绩效指标（项目产出质量和数量要求等），能源、交通运输、水利、环境保护、农业、林业及重大市政工程等项目类别应分别制定相应的个性化评价指标体系。

当然，设置共性和个性指标还有另外的一层考虑。设置共性指标是为了满足同行业、同类型项目横向或纵向可比的要求；设置个性指标是因为每个 PPP 项目的边界条件、技术经济参数都有个性化特征，简单套用、复制其他 PPP 项目的评价指标难于达到体现政府付费与服务管理绩效相匹配的要求，需要针对项目自身的情况设置个性指标。绩效评价指标设置应依据行业建设质量标准和规范要求、运行维护及安全技术规程等各类法律法规和技术标准进行设计。

2. 定量指标与定性指标相结合的原则

PPP 项目是政府与社会资本的长期合作，是项目全生命周期的合作，绩效评价应当对项目的实际情况进行全面系统的考核与评价，包括但不限于对项目绩效目标设定的合理性或者达成情况、公共产品或服务的数量与质量、建设管理与资金使用效率、项目投入成本与项目产出效益（包括社会效益、经济效益、环境效益）、运营管理与创新、公众满意度与可持续发展能力等方面进行综合评价。绩效评价内容有些可以量化、有些不能或者不能完全量化。因此，指标设计应坚持定量与定性相结合原则，并以定量指标为主。对能定量化的经济要素都用定量指标表现出来，做到通俗易懂、简便易行，数据的获得应考虑现实条件和可操作性，符合成本效益原则；对不能进行数量考核的则应使用定性指标进行实事求是的、准确的定性描述，结合定量考核得出评价结论。可以量化的指标包括但不限于公共产品或服务的数量与质量、建设资金使用效率、建设进度、项目投入成本与项目产出经济效益、运营管理成本等；不能量化或者不能完全量化的指标主要包括但不限于项目绩效目标设定的合理性或者达成情况、项目产出、项目社会与环境效益、运营管理与创新、公众满意度与可持续发展能力等。

3．静态指标与动态指标相结合的原则

在 PPP 项目的全生命周期中，项目的绩效将会受到多个因素的影响。对于特定的项目，一些因素在项目初期已经被确定下来，并不随着项目的进程而变化，但是它们对于项目的绩效有着深远的影响，这些因素主要有项目投入（包括建设期、运营期的投入及其结构）、项目产出（数量与质量）、项目进度及合作期限（包括建设期和运营期）。另一些因素则是动态变化的，会被项目外部的环境和内部的运作所影响，并进而影响项目的绩效，主要有项目公司的融资能力、管理能力、服务水平（包括质量和效率等）等。PPP 模式相比传统的建设模式可以提供更高水准的服务，强调物有所值、创新和合作伙伴关系的建立。

与传统建设项目相比，PPP 项目的绩效指标会更为复杂，更注重利益相关方的需求和相互之间的和谐，注重公众的满意度，强调价值的增加，强调可持续发展，强调创新。因此，在绩效指标设计时，应遵循静态动态相结合的原则，既要设计静态指标也要设计动态指标，要重视动态化的考核。通过动静态指标的结合，有效抓住重要的因素，提升项目绩效，促进实现物有所值。

实施绩效评价的动态化主要有两个方面的考虑：一是跨越多个时间点观察被评价对象的状况与变化，从项目全生命周期考察项目的绩效，而不仅仅反映决策、建设、运营、移交等单个节点的绩效情况，并把握未来的变化趋势，为政府按照绩效付费、奖惩及未来相关项目决策提供依据和信息；二是促使评价者与被评价者之间通过评价指标体系产生互动，通过评价指标体系本身的变化来适应双方的评价需求的变化，落实调价机制，促进实现 PPP 项目目标。动态是事物发展变化的情况，市场经济以市场作为资源配置的基础手段，总是在不断发展和变化之中，这就要求建立的评价体系应该具有反映市场变化和发展的能力，并且具有自我调节和自我更新的能力，以适应项目公司内部和外部环境变化的要求。只有建立动态评价系统才能够真正保障对项目公司的运营管理情况进行监督，及时进行调控。同时，保障项目公司在项目运营管理过程中保持高度灵敏性，适时进行管理与技术创新。

4．全过程指标与阶段性指标相结合的原则

财政部、国家发展改革委出台的各项规定中都明确，在 PPP 项目的执行过程中，绩效评价工作是监督与管理 PPP 项目规范执行的重要手段。绩效评价也是政府付费和奖惩的重要依据。可见，绩效评价应当针对项目目标进行，应对项目的全生命周期进行绩效评价，设置全过程的指标，指标应涵盖立项、招投标、合同签署（特许经营权

授予）、建设、运营和移交各个阶段。

实施前绩效评价（含立项、招投标、特许经营权授予，主要在实施方案中体现）应以项目拟达到的绩效目标为评价标准，实施过程和实施后绩效评价应以合同约定的绩效目标为评价标准，评价结果应可以作为政府决策、付费或者调价的依据，或者为后续管理和决策提供参考。同时，绩效评价通常是分阶段（按年度、季度或月份进行）进行的。因此，项目目标必须被分解为阶段性的目标，按阶段进行绩效评价，才能真正发挥评价结果作为政府付费或者调价或者后续管理的依据。可见，绩效评价指标设计应遵循全过程指标与阶段性指标相结合原则，并以全过程指标为统领，阶段性指标服务于全过程指标，是在项目总目标约束下全过程指标在各阶段的具体体现。项目绩效评价的最终要求，是要考察项目全生命周期绩效目标的实现情况，不仅仅重视项目投资多少、工期长短、造价水平、产品质量是否符合要求，还必须重视项目的运营服务质量、效率与效果、公众的满意度和项目的可持续发展能力。

5. 系统指标与分层次指标相结合的原则

PPP 项目绩效评价贯穿项目全过程，涉及政府、社会资本方、公众等众多利益主体。评价指标体系必须能够全面地反映项目全过程的各个方面、兼顾各利益主体的利益，兼具系统性、层次性特点。评价指标体系是一个复杂的系统，它包括若干个子系统，应在不同层次上采用不同的指标。首先，应遵循系统性原则设置绩效指标体系，考虑 PPP 项目全生命周期各个阶段考核的重点和不同阶段间的相互影响，上一个阶段的工作是下一阶段的依据（或指导），下一个阶段的结果是对上一阶段的验证（或落实），即实施前绩效评价确定的绩效目标是实施过程绩效评价和实施后绩效评价的依据，实施过程绩效评价和实施后绩效评价以实施前绩效评价确定的目标为导向。充分体现绩效目标的引领和绩效评价结果的导向作用，力求指标间既相互独立，又彼此联系，形成一个完整的指标体系，PPP 项目整体绩效目标能够协调各阶段目标，将各个阶段的特性和监管重点整合到 PPP 项目全生命周期整体中，实现指标体系完整、平衡。然后，在系统性设置绩效指标体系的基础上，还必须遵循层次性原则，依据指标的逻辑关系，将各绩效指标分为不同的层级，自上而下，从一级指标向二级、三级指标逐级分解，形成一个不可分割的整体。系统指标与分层次指标相结合，既有利于项目监管者在不同层次上对项目运作进行监控，又兼顾各类项目的不同特性，并给项目公司留下创新的空间。绩效评价指标分级设置，原则上不要超过三级，上一级指标要能总括下一级指标评价内容，下一级指标要能支撑上一级指标，避免指标交叉设置，逻辑混乱，重复考评情况出现。通常一级指标可以从项目管理、投入、产出、绩效、可持续性、公众满意度等维度进行设置。二级指标是对一级指标的细化，三级指标是对二级指标的进一步分解，如项目管理可以作为一级指标，可以将管理机构、管理制度和管理资料设置为二级指标，其中管理制度又可以进一步细化为人员管理、设施管理、技术支撑等，形成三级指标等。这样层层细化设置，确保指标之间的包含和承接关系清晰明了，也为设置评价标准和评分办法提供了前提条件，在二、三层级指标设置上应充分体现各项目的特征。另外，各指标应尽量简单明了、便于理解和掌握、避免引起歧义，使其具有现实可操作性。

4.2.2　绩效评价指标的分类

PPP 项目绩效评价指标可以根据指标的特点进行分类。

1. 根据使用范围，分为共性指标和个性指标

共性指标是基本适用于所有评价对象的指标，主要包括项目目标，决策过程，预算安排及建设绩效中的项目综合管理、安全管理、公众满意度与可持续发展能力、工程资料等内容。个性指标是针对项目特点适用于不同项目类型评价的指标，通常包括运营管理绩效指标和部分建设绩效指标（项目产出质量、数量、效益要求等），能源、交通运输、水利、环境保护、农业、林业及重大市政工程等项目类别应分别制定相应的个性化评价指标体系。

2. 根据指标可量化难度，分为定量指标和定性指标

定量指标是可以量化的指标，其考核办法既可以通过目标值设定，按实际完成值正向加分，也可以按负向扣分。定性指标是不能量化或者不能完全量化的指标，定性指标的可比性比较弱，一般根据层次、程度的不同，界定一定的得分点或者区间（行为锚定或成果描述），努力将定性指标转化为定量指标，增强评价结果的可比性。可以量化的指标包括但不限于公共产品或服务的数量与质量、建设资金使用效率、建设进度、项目投入成本与项目产出经济效益、运营管理成本等，不能量化或者不能完全量化的指标主要包括但不限于项目绩效目标设定的合理性或者达成情况、项目产出、项目社会与环境效益、运营管理与创新、公众满意度与可持续发展能力等。

3. 根据指标值变动与评价期望之间的关系，分为正向指标和负向指标

正向指标也称效益型指标或望大型指标，是指绩效表现与评价者期望的方向一致

的指标，该指标值越大评价越好，得分越高。负向指标也称成本型指标或望小型指标，是指绩效表现与评价者期望的方向相反的指标，该指标值越小评价越好，得分越高。正向指标主要是一些反映项目效益的指标，反向指标主要是反映项目成本的指标。

4. 根据评价周期的不同，分为周期性指标和随机性指标

周期性指标指每个评价周期都对相应内容进行考核，根据计分规则记分，可能采取倒扣也可能采取正向加分的形式。随机性指标则"发生即考核"，采取倒扣或一票否决的形式。

5. 根据期间关注的必要程度，分为常规评价指标和防范性指标

常规性指标指评价内容具有周期性、需要被评价对象直接负责、评价内容属于被评价对象主要职责的指标。常规性指标的评价方法可以是正向加分，也可以负向扣分。防范性指标指考核内容不具有周期性，或者不可推测，或者需要被评价对象间接负责，或者评价内容不属于被评价对象主要职责的指标。防范性指标一般都属于随机性指标，遵循"发生即考核"，采取倒扣或者一票否决的形式考核。

6. 根据指标的作用不同，分为结果类指标和过程类指标

结果类指标是指体现产出和效果的指标，这是评价指标的主体。绩效评价倡导目标结果导向，就是要以政府付费或购买服务的结果作为评价的依据。为了便于比较，结果类指标可以设置为相对值，反映比例、结构和变化的特点。过程类指标是指反映项目公司管理特征的指标，涉及三个方面：一是项目公司在项目管理过程中的规范性指标；二是项目公司在资金使用过程中的规范性指标；三是可持续性发展能力指标，既是历史投入的产出，也是面对未来的投入，反映了公司可持续发展能力的条件性指标[1]。

4.2.3 绩效评价指标的主要内容

PPP 项目绩效评价是对项目全生命周期的绩效情况进行评价，其评价指标体系由立项、招投标、合同签署（特许经营权授予）、建设、运营和移交等各阶段的指标组成。其中立项、招投标、合同签署（特许经营权授予）阶段的指标可以归并为决策阶段的指标或者称为决策类评价指标；运营和移交阶段的指标基本相同，通常认为最后

---

[1] 赵仕坤. PPP 项目绩效评价指标体系构建思路研究. 财政部 PPP 中心，http://www.cpppc.org/zh/plt/5459.jhtml，2017-08-04.

一次运营管理绩效评价指标满足该运营年度管理绩效要求,视为本 PPP 项目通过移交验收的标准,如发现存在缺陷的,未能达到移交标准的,则项目公司应及时修复,以满足运营管理绩效评价指标的要求。因此,PPP 项目绩效评价指标体系主要包括决策类评价指标、建设绩效评价类指标和运营管理绩效评价类指标三大主要内容。

1. 决策类评价指标的主要内容

决策类评价指标主要在项目识别和项目准备阶段使用,既是项目实施前绩效评价范畴,又是实施过程和实施后绩效评价的标准和依据。PPP 项目决策类评价指标主要包括 PPP 项目必要性评价指标、可行性评价指标,并在必要性和可行性分析的基础上,在实施方案中明确项目建设和运营管理阶段的绩效目标。

(1)PPP 项目必要性评价指标。项目必要性评价指标主要是定性的评价指标,主要包括实施的项目是否满足服务公众需求,是否符合政策要求,是否符合改革的需要,是否能够缓解资金压力,是否有效进行全生命周期管理,是否能够提高效率和质量及是否达到分散风险的目的等。

(2)PPP 项目可行性评价指标。评价项目采用 PPP 模式是否可行的指标包括合规性评价指标,物有所值评价指标和财政承受能力论证指标。

合规性评价包括主体合规、客体合规和程序合规三部分内容,通常也是采用定性的评价指标。主体合规,从政府方看,政府或其指定的有关职能部门或事业单位可以作为实施机构并代表政府签署 PPP 项目合同,国企和融资平台不可以作为实施机构代表政府签署 PPP 项目合同;从社会资本方看,依法设立且有效存续的具有法人资格的企业,包括民营企业、国有企业、外国企业和外商投资企业可以作为社会资本方,未剥离政府债务和融资功能的本地融资平台公司不得作为社会资本方。客体合规,PPP主要应用于公共产品或公共服务领域,采用 PPP 模式的项目一般应具备以下标准:项目目标和产出比较清晰,项目的服务对象和区域范围相对明确,项目技术成熟稳定,项目需要长期可持续运营,建设规模大、投资额大的项目,主要依靠“使用者付费”的项目及国际国内已有先例的公共产品或公共服务领域的项目。程序合规,指项目严格按照项目识别—项目准备—项目采购—项目执行—项目移交等 PPP 操作程序实施。

物有所值评价是判断是否采用 PPP 模式代替政府传统投资运营方式提供公共服务项目的一种评价方法。我国拟采用 PPP 模式实施的项目,应在项目识别或准备阶段开展物有所值评价。物有所值评价应遵循真实、客观、公开的原则。物有所值评价包括定性评价和定量评价,其评价指标既有定性指标也有定量指标,现阶段以定性评价为主，鼓励开展定量评价。定性评价指标包括全生命周期整合潜力、风险识别与分配、绩效导向与鼓励创新、潜在竞争程度、政府机构能力、可融资性六项基本评价指标和项目规模大小、预期使用寿命长短、主要固定资产种类、全生命周期成本测算准确性、运营收入增长潜力、行业示范性等补充指标。定性评价采用专家评分法，项目本级财政部门（或 PPP 中心）会同行业主管部门根据专家组意见，做出定性评价结论。原则上，评分结果在 60 分（含）以上的，通过定性评价；否则，未通过定性评价。定量评价是在假定采用 PPP 模式与政府传统投资方式产出绩效相同的前提下，通过对 PPP 项目全生命周期内政府方净成本的现值（PPP 值）与公共部门比较值（PSC 值）进行比较，判断 PPP 模式能否降低项目全生命周期成本。当 PPP 值小于或等于 PSC 值的，认定为通过定量评价；PPP 值大于 PSC 值的，认定为未通过定量评价。定量评价可作为项目全生命周期内风险分配、成本测算和数据收集的重要手段，以及项目决策和绩效评价的参考依据。统筹定性评价和定量评价结论，做出物有所值评价结论，结论分为"通过"和"未通过"："通过"的项目，可进行财政承受能力论证；"未通过"的项目，可在调整实施方案后重新评价，仍未通过的不宜采用 PPP 模式。

财政承受能力论证是指识别、测算 PPP 项目的各项财政支出责任，科学评估项目实施对当前及今后年度财政支出的影响，为 PPP 项目财政管理提供依据。开展 PPP 项目财政承受能力论证，是政府履行合同义务的重要保障，有利于规范 PPP 项目财政支出管理，有序推进项目实施，有效防范和控制财政风险，实现 PPP 可持续发展。财政承受能力论证采用定量和定性分析方法，其指标也包括定性指标和定量指标。坚持合理预测、公开透明、从严把关，统筹处理好当期与长远关系，严格控制 PPP 项目财政支出规模。财政承受能力论证的结论分为"通过论证"和"未通过论证"："通过论证"的项目，各级财政部门应当在编制年度预算和中期财政规划时，将项目财政支出责任纳入预算统筹安排；"未通过论证"的项目，则不宜采用 PPP 模式。各级财政部门（或 PPP 中心）负责组织开展行政区域内 PPP 项目财政承受能力论证工作。省级财政部门负责汇总统计行政区域内的全部 PPP 项目财政支出责任，对财政预算编制、执行情况实施监督管理。各级财政部门（或 PPP 中心）要以财政承受能力论证结论为依据，会同有关部门统筹做好项目规划、设计、采购、建设、运营、维护等全生命周期管理工作。

（3）研究确定 PPP 全生命周期绩效目标。在项目通过 PPP 必要性和可行性分析论证的基础上，需要在实施方案中设置专门的章节对项目全生命周期的绩效评价指标做出明确的约定，并在项目合同中予以体现。PPP 项目全生命周期绩效评价指标体系由立项、招投标、合同签署（特许经营权授予）、建设、运营和移交等各阶段的指标组成，主要包括决策类绩效评价指标、建设类绩效评价指标和运营管理类绩效评价指标三大主要内容。其中，决策类绩效评价指标重点评价项目采用 PPP 模式是否有必要和是否可行，其目标就是项目采用 PPP 模式不仅必要而且可行，其主要内容如前所述。

2．建设类绩效评价指标的主要内容

PPP 项目建设绩效评价指标的内容主要包括综合管理、项目投入、项目产出、项目效益、安全管理、工程资料六方面。

（1）综合管理。综合管理包括组织机构、管理制度、廉政建设、前期手续办理、合同管理等。

1）组织机构评价指标包括组织机构是否健全，是否有完整的岗位职责，分工是否明确，是否有相应的安全管理机构和配备安全管理生产人员等。

2）管理制度主要考核项目公司是否建立健全项目管理制度，是否严格执行相关项目管理制度，主要绩效指标包括技术管理、质量管理、安全管理、进度管理、成本管理、信息管理、现场管理等相关项目管理制度。

3）廉政建设主要考核项目公司是否经常开展廉政建设，无违反廉政规定情形，未发现不廉洁现象，主要绩效指标包括廉政建设组织机构健全、廉政制度严格落实，建立公示公开制度，工程结算支付合规，大宗材料通过招标采购，工程资金专户专款专用，无挪用、截留、挤占建设资金，无私设"小金库"，项目管理人员及重要的财务、技术人员无贪污、腐败、渎职、失职现象，群众信访处理及时，无拖欠农民工工资及重大矛盾纠纷隐患等。

4）前期手续办理主要考核项目基建手续申报是否快捷、高效、及时且安全，未出现未办、拖延或漏办等现象。

5）合同管理考核项目公司是否建立完善的合同台账，督促合同履行，禁止违法转包、分包等违法乱纪行为，合同管理还可分解为合同签订、合同履行、合同终止、合同台账等指标。

（2）项目投入。项目投入包括资金到位情况、资金使用情况、资金管理情况等。

1）资金到位情况主要考核资金实际到位率及资金是否及时到位，若未及时到位，是否影响项目进度，可设置资金到位率、到位及时率、融资结构合理性、政府补贴到位率等定量指标。资金到位率指项目实际到位资金与计划资金的比例，该指标反映项目资金筹集的效率，该指标数值越大，其效率越高。到位及时率指的是及时到位资金与应到位资金的比例，用以反映和考核项目资金落实的及时性程度。

2）项目实际资金使用情况考核项目公司资金是否存在支出依据不合规、虚列项目支出的情况；是否存在截留、挤占、挪用项目资金情况；是否存在超标准开支情况。

3）资金管理考核内容包括资金管理、费用支出等制度是否健全，是否严格执行；会计核算是否规范等。

（3）项目产出。项目产出包括产出数量、产出质量、产出时效和产出成本等。

1）产出数量考核的是项目产出数量是否达到绩效目标，具体可采用实际完成率指标，即项目的实际产出数与计划产出数的比率，用以反映和考核项目产出数量目标的实现程度。

2）产出质量考核的是项目产出质量是否达到绩效目标，有无发生质量不合格和质量事故、有无严重质量缺陷等。可采用质量达标率定量指标，即项目完成的质量达标产出数与实际产出数的比率，用以反映和考核项目产出质量目标的实现程度，也是对项目整体建设水平的评价。

3）产出时效考核的是项目产出时效是否达到绩效目标，即评价 PPP 项目的进度控制程度，其决定了项目能否按时进入运营期。可采用完成及时率指标，即项目实际提前完成时间与计划完成时间的比率，用以反映和考核项目产出时效目标的实现程度。

4）产出成本主要考核是否按绩效目标控制项目产出成本，项目实施过程中成本是否超出。可采用成本节约率指标，即完成项目计划工作目标的实际节约成本与计划成本的比率，用以反映和考核项目的成本节约程度。

（4）项目效益。项目效益包括经济效益、社会效益、环境效益、可持续影响和服务对象满意度等。

1）经济效益考核项目实施对经济发展所带来的直接或间接影响，包括财务效益和国民经济效益，其中财务效益包括融资成本、投资回收期、投资净现值、投资收益率等指标；国民经济效益包括 GDP 增加值、税收、劳动生产率贡献率、经济净现值等指标。

2）社会效益考核项目实施对社会发展所带来的直接或间接影响，主要从项目所产生的社会影响、项目和社会的相互适应性、项目涉及的公平性及政府的表现四个方面进行评价，可根据项目特点选择的评价指标有就业人数、就业效果、人均收入增长率变化、移民拆迁赔偿指数等。

3）环境效益考核项目对生态环境所带来的直接或间接影响，可采用环境净效益指标，环境净效益用环境效益与环境损失的差值表示，大于零时表明经济活动具有有利的环境影响，反之为不利的环境影响，评价方法包括一般技术经济计算和环境价值评价方法。

4）可持续影响考核项目后续运行及成效发挥的可持续影响，是否对人、自然、资源带来可持续影响，可从运营可持续性、社会经济可持续性、技术可持续性、环境资源可持续性及管理体制与政策可持续性几方面进行评价。

5）服务对象满意度考核项目预期服务对象对项目实施的满意程度，一般采取社会调查的方式。

其中经济效益、社会效益、环境效益、可持续影响四项指标为设置项目绩效评价指标时必须考虑的共性要素，可根据项目实际并结合绩效目标设立情况有选择地进行设置，并将其细化为相应的个性化指标。

（5）安全管理。安全管理主要考核项目是否符合省市及相关安全文明标准要求，是否建立安全管理规章制度，制订安全生产应急预案，明确安全责任人，落实安全措施，确保无重大、特大安全生产事故。安全管理绩效评价指标可分解为安全组织保障体系建立健全、安全责任分解到人、制定重特大事故应急救援预案、开展安全生产宣传教育活动、对劳务队伍的安全教育培训到位、施工现场安全管理规范、遵守安全生产规程、无"三违"现象、特种设备作业人员持证上岗、高危作业安全保护保障措施到位、无重大安全隐患、一般隐患问题整改及时、无重特大安全事故等，具体可设置安全培训教育率、特种人员持证率、事故报告率、安全隐患整改率等定量指标。

（6）工程资料。工程资料从开发报建资料、招投标资料、设计资料、施工资料、竣工验收资料的编制、收集、整理、归档等方面进行考核。主要评价指标包括及时性、准确率、完整率、归档率等。

3. 运营管理类绩效评价指标的主要内容

从本轮 PPP 模式推广伊始，PPP 项目是否包含运营内容，就一直是判断其是否合规的关键。"财办金 92 号文"已明确"仅涉及工程建设，无运营内容的"项目不适宜采用 PPP 模式，不准许入库。由此可见，做好 PPP 项目的运营是 PPP 项目成败的关键，做真 PPP，真做 PPP，轻建设重运营，才能充分保障所提供公共产品或公共服务的质量和效率。因此，运营期的绩效评价管理是 PPP 项目绩效评价的焦点和"痛点"。运营期的绩效评价管理应更注重项目运营属性，评价指标通常从内部经营管理，经营指标（经营效益、资金使用效率、财务指标等），服务数量和质量（设施设备维护情况、公共产品产出数量、产出质量、产出效率等），安全运营和环境保护，公众（使用者）满意度，创新与可持续发展等方面考虑。PPP 项目应按照项目的性质和特点设计相应的项目运营管理绩效评价指标，对项目运营管理绩效进行评价，其主要内容因项目而异，这部分内容将在本书第 6 章"PPP 项目绩效评价案例"中进行相应的阐述。

4.3　PPP 项目绩效评价指标权重的确定

4.3.1　确定绩效评价指标权重的作用及意义

绩效评价指标的权重是绩效评价指标体系的主要内容，权重表示在评价过程中对指标的重要程度的定量分配。指标权重的选择，实际也是对评价指标进行排序的过程。在实施绩效评价的过程中，对于如何衡量和确定不同评价指标所占权重，是制定和实施绩效评价指标体系的一个难点。在 PPP 项目绩效评价指标体系中，由于涉及多个指标，需要确定这些指标之间的权重系数，各指标权重的客观性和合理性也会大大地影响到最终的评价结果，因此权重的设定在指标体系设计中占有至关重要的位置。权重确定不准确，在绩效评价时，就起不到应有的作用。有的绩效评价指标十分重要，但把权重定得很小，实际上就缩小了这项评价指标的作用；反之，有些指标对项目整体目标的影响不大，但是权重定得很大，实际上是夸大了这项指标的作用，最后对于绩效评价的结果就起不到正确评价的目的，甚至有可能遭到歪曲。

权重的分配体现了评价主体对于不同指标的要求。对于同一个项目，权重设定的不同，就导致项目管理者的关注点和采取的管理措施与策略有所不同，进而导致 PPP 项目朝着不同的战略目标发展。另外，对于项目公司来说，资源和精力是有限的，因此权重的设定有助于项目公司将有限的资源和精力更好地用于关键事物的发展。在项目的实际管理中，几乎不可能会出现均衡发展各项指标的情况，在长达一二十年的合作年限内，每个阶段都会有不同的工作重点，都会有特殊的问题出现，需要根据每个阶段项目发展的特点有侧重地分配各项指标权重，因此，权重的设定也是一个动态调整的过程。

4.3.2　确定绩效评价指标权重的原则

1．针对性原则

考评对象的特征决定了某个评价指标对于该对象整体工作的影响程度，不同的对象其不同考评维度的权重应该是不一样的。因此进行权重设计时，应根据不同的项目、不同的时间、不同的区域、不同的目的，从实际情况出发，有针对性地设计项目指标权重，充分体现出相应指标的重要性。

2．系统优化原则

在评价指标体系中，每个指标都有它的作用和贡献。所以，在确定它们的权重时，不能只从单个指标出发，而是要处理好各评价指标之间的关系，应当遵循系统优化原则，把整体最优化作为出发点和追求的目标，合理分配它们的权重。在这个原则指导下，对评价指标体系中各项评价指标进行分析对比，权衡它们各自对整体的作用和效果，然后对它们的相对重要性做出判断。确定各个指标的权重时，既不能平均分配，又不能片面强调某个指标、单个指标的最优化，而忽略其他方面的发展，应使每个指标发挥其应有的重要性。

3．目标导向原则

评价指标权重反映了评价者和组织对绩效评价的引导意图和价值观念。当他们觉得某项指标很重要，需要突出它的作用时，就必然赋予该指标以较大的权重。但确定权重时要综合考虑以下几个问题：①历史的指标和现实的指标；②社会公认的和项目的特殊性；③同行业间的平衡。所以，确定权重时必须同时考虑现实情况，把引导意图与现实情况结合起来。

4．民主与集中相结合的原则

权重是人们对评价指标重要性的认识，是定性判断的量化，往往受个人主观因素的影响。不同的人对同一件事情都有各自的看法，而且经常是不相同的，其中有合理的成分，也有受个人价值观、能力和态度的影响，这就需要实行群体决策的原则，集中相关人员的意见，互相补充，形成统一的方案。

4.3.3　绩效评价指标权重的确定方法

目前关于权重的确定方法有很多，根据计算权重时原始数据的来源不同，可以将这些方法分为三类，即主观赋权法、客观赋权法、主客观综合集成赋权法。

主观赋权法是根据决策者（专家）主观上对各属性的重视程度来确定属性权重的方法，其原始数据由专家根据经验主观判断而得到。主观赋权法有专家调查法（德尔菲法）、层次分析法（AHP）、二项系数法、环比评分法、最小平方法等，其中层次分析法是赋权的常用方法。这一类方法由于判断矩阵完全依靠专家经验来决定，很难排除个人因素对于指标权重的影响，其求解过程较为粗糙，分析、比较和决策步骤定量化程度不够。

常用的客观赋权法有主成分分析法、熵值法、离差及均方差法、多目标规划法等。这种赋权法所使用的数据是决策矩阵，所确定的属性权重反映了属性值的离散程度。这一类方法计算结果相对客观，避免了评价主体主观因素对于指标权重的影响。但是这种赋权法没有考虑决策者的主观意向，确定的权重可能与人们的主观愿望或实际情况不一致，因而通用性和决策人的可参与性较差，且计算方法大都较烦琐。

为此，针对主观赋权法和客观赋权法的优缺点，有学者提出了主客观综合集成赋权法。目前，这类方法主要是将主观赋权法和客观赋权法结合在一起使用，从而充分利用各自的优点。基于主观赋权法中对专家经验知识与决策者主观意向的信息体现，以及基于客观赋权法中对指标与评价对象间内在联系的信息表现，主客观综合集成赋权法，即通过一定的数学运算将两者有效结合起来，达到了优势互补的效果。目前依据不同原理的主客观综合集成赋权法有多种形式，包括乘法合成归一法、线性加权组合法和基于最大隶属度的权重组合法等。

以下主要介绍层次分析法、主成分分析法及乘法合成归一法。

1. 层次分析法

层次分析法是 20 世纪 70 年代中期由美国学者 Saaty 创立，80 年代初引入我国，被国内研究人员广泛应用于多个领域的多目标决策。层次分析法通过人的经验判断对各影响因素的重要程度，以 1~9 级进行比较量化，使各影响因素构成有优先顺序区分的多层次结构，通过一致性检验后得出各影响因素的重要程度排序。层次分析法的原理是借助数学量化简化问题，利于直观、有效地展开目标决策。评价过程中获取的结果需要经过一致性检验，以保证得出评价结果的可信服性；通过对定性问题进行量化，可使定性和定量指标一同用于分析问题，方法简单，可操作性强。

运用层次分析法的一般步骤如下。

（1）建立阶梯层次结构，层次结构一般为三层：目标层、标准层和指标层。

（2）构造两两比较判断矩阵，即将指标随机排列为矩阵，按指标重要程度以 1~9 级量化标度，对前后两个指标进行两两对比。例如，某层次元素 Ns 有多个因素，假定为 n 个，表示为 $A_1, A_2, A_3, \cdots, A_n$，每个要素和其他因素进行两两比较，每对因素可用 $A_i(i=1,2,3,\cdots,n)$ 和 $A_j(i=1,2,3,\cdots,n)$ 表示，A_i 和 A_j 的重要程度通过专家打分得出，对比 A_i 和 A_j 的重要程度，比值表示为 a_{ij}。将所有的比值结果用矩阵 $A=(a_{ij})n \times n$ 表示，其中 $a_{ii}=1$，$a_{ji}=\dfrac{1}{a_{ij}}$。[①]

$$A=\left[a_{ij}\right]_{n \times n}=\begin{bmatrix} a_{11} & a_{12} & \cdots & a_{1n} \\ a_{21} & a_{22} & \cdots & a_{2n} \\ \vdots & \vdots & \vdots & \vdots \\ a_{n1} & a_{n2} & \cdots & a_{nn} \end{bmatrix}$$

在层次分析法中常用的判断尺度见表 4-1。

表 4-1　矩阵值判断度量表

取值	确定标准
1	对 A 而言，A_i 和 A_j 同样重要
3	对 A 而言，A_i 比 A_j 稍重要
5	对 A 而言，A_i 比 A_j 重要
7	对 A 而言，A_i 比 A_j 重要得多
9	对 A 而言，A_i 比 A_j 绝对重要
2,4,6,8	介于上述两个相邻的判断尺度之间

（3）层次单排序及一致性检验，主要步骤如下。

计算判断矩阵 A 每行元素的乘积 M_i：

$$M_i=\prod_{j=1}^{n} a_{ij} \ (i=1,2,3,\cdots,n) \tag{4-1}$$

计算 M_i 的 n 次方根 $\overline{W_i}$：

$$\overline{W_i}=\sqrt[n]{M_i} \tag{4-2}$$

对向量 $\overline{W}=(\overline{W}_1, \overline{W}_2, \overline{W}_3, \cdots, \overline{W}_n)$ 归一化处理，w_i 即为指标权重：

$$w_i=\dfrac{\overline{W_i}}{\sum\limits_{j=1}^{n} \overline{w_j}} \tag{4-3}$$

[①]　张悦. 基于物元分析法的污水处理 PPP 项目绩效评估研究[D]. 西安理工大学，2018.

得 $W = \{w_1, w_2, w_3, \cdots, w_n\}$ 即为所求的特征向量。

计算判断矩阵 A 的最大特征根 $\lambda_{\max}$：

$$\lambda_{\max} = \sum_{i=1}^{n} \frac{\sum_{j=1}^{n} a_{ij} w_j}{2n w_i} \qquad (4\text{-}4)$$

对判断矩阵进行一致性检验。首先计算一致性指标 CI：

$$CI = \frac{\lambda_{\max} - n}{n-1} \qquad (4\text{-}5)$$

然后根据计算出的 CI 计算相对一致性指标 CR：

$$CR = \frac{CI}{RI} \qquad (4\text{-}6)$$

其中，RI 是平均随机一致性指标，其具体值见表 4-2。

表 4-2　平均随机一致性检验具体数值

阶数	1	2	3	4	5	6	7	8	9	10
RI	0	0	0.52	0.89	1.12	1.26	1.36	1.41	1.46	1.52

一般来说，当 CR 小于等于 0.10 时具有一致性，且 CR 值越小，一致性越强[①]。层次排序过程如下。

取得各个层次的判断矩阵之后，需要对其再做一致性检验，检验完成后进行权重向量计算，再计算全部因素之于总目标的相对重要权重，即为层次总排序的过程。该过程进行的前提条件是，完成各层次判断矩阵的一致性检验流程后，由高至低排序。

$$W = w_{1i} \cdot w_{2i} \cdot w_{3i}$$

基于上述分析计算，可以进行一级指标到综合指标因素、二级到一级各个层次的一致性检验从而获得权重结果[②]。

2. 主成分分析法

主成分分析法，也称主分量分析或矩阵数据分析，是从原始数据所给定的信息直接确定权重，进而进行评价的方法。在进行主成分分析时，所取权重直接为对应主成分的方差贡献率，也就是对应主成分的贡献率，某个主成分在综合评价时所能反映的

---

① 曾佳威. PPP 体系下的 BOT 项目绩效指标体系设计研究[D]. 江西财经大学，2017.
② 张悦. 基于物元分析法的污水处理 PPP 项目绩效评估研究[D]. 西安理工大学，2018.

信息越多，相应权重也就越大，因为其所得信息来源于原始数据，这也是主成分分析法最主要的优点之一。

运用主成分分析法的一般步骤如下。

（1）构建数据矩阵。采集 P 维随机向量 $X = (x_1, x_2, \cdots, x_p)'$ 的 n 个样品 $x_i = (x_{i1}, x_{i2}, \cdots, x_{ip})'$ 列出观察资料矩阵 $\boldsymbol{X} = (x_{ij})' n \times p$

$$\boldsymbol{X} = \left[x_{ij} \right]_{p \times n} = \begin{bmatrix} x_{11} & x_{12} & \cdots & x_{1n} \\ x_{21} & x_{22} & \cdots & x_{2n} \\ \vdots & \vdots & \vdots & \vdots \\ x_{p1} & x_{p2} & \cdots & x_{pn} \end{bmatrix}$$

式中：x_{ij} 表示第 i 组样本数中第 j 个变量的值。

（2）构建相关系数矩阵。对数据矩阵 $\boldsymbol{X}$ 进行变换得矩阵 $\boldsymbol{Y}$。

$$\boldsymbol{Y} = \left[y_{ij} \right]_{p \times n} \tag{4-7}$$

式中：

$$y_{ij} = \begin{cases} x_{ij}, \text{正指标} \\ -x_{ij}, \text{逆指标} \end{cases}$$

对矩阵 $\boldsymbol{Y}$ 进行标准化得到标准化矩阵 $\boldsymbol{Z}$。

$$\boldsymbol{Z} = [z_{ij}]_{p \times n} = \begin{bmatrix} z_{11} & z_{12} & \cdots & z_{1n} \\ z_{21} & z_{22} & \cdots & z_{2n} \\ \vdots & \vdots & \vdots & \vdots \\ z_{p1} & z_{p2} & \cdots z_{pn} \end{bmatrix}$$

式中：$z_{ij} = \dfrac{y_{ij} - \overline{y}_j}{S_j}$；$\overline{y}_j$ 表示矩阵 $\boldsymbol{Y}$ 第 j 列的均值；S_j 表示矩阵 $\boldsymbol{Y}$ 第 j 列的标准差。

由标准化矩阵 $\boldsymbol{Z}$ 计算得到相关系数矩阵 $\boldsymbol{B}$。

$$\boldsymbol{B} = [b_{ij}]_{n \times n} = \frac{Z^T Z}{n-1} \tag{4-8}$$

（3）确定主成分。求解特征方程 $|B - \lambda I_n| = 0$ 得到特征值 λ_j，并按大小顺序排列。特征值是各主成分的方差，特征值的大小反映主成分的重要程度。根据特征值 λ_j 计算主成分的贡献率 u_j 和累积贡献率 u。

$$u_j = \lambda_j \Big/ \sum_{j=1}^{n} \lambda_j$$

$$u = \sum_{j=1}^{m} \lambda_j \Big/ \sum_{j=1}^{n} \lambda_j$$

式中：如果累积贡献率 u 大于 80%，且特征值大于 1，则 m 为主成分的个数。解方程组 $Be = \lambda_j e$ 求得特征向量 e_j^0。

（4）构建主成分矩阵。将标准化的指标变量转换成主成分，$H_{ij} = z_i^T e_j^0$，其中，H_1 为第一主成分，H_2 为第二主成分，……，H_m 为第 m 主成分，$j = 1, 2, \cdots, m$，则主成分矩阵 $\boldsymbol{H}$ 为：

$$\boldsymbol{H} = \begin{bmatrix} h_1^T \\ h_2^T \\ \vdots \\ h_p^T \end{bmatrix} = \begin{bmatrix} h_{11} & h_{12} & \ldots & h_{1m} \\ h_{21} & h_{22} & \ldots & h_{2m} \\ \vdots & \vdots & \vdots & \vdots \\ h_{p1} & h_{p2} & \ldots & h_{pm} \end{bmatrix}$$

式中：h_i 为第 i 个变量的主成分变量。

（5）计算指标权重。权重模型即为主成分模式。

$$\begin{cases} F_1 = h_{11} \, n_1 + h_{21} \, n_2 + \cdots + h_{n1} \, n_n \\ F_2 = h_{12} \, n_1 + h_{21} \, n_2 + \cdots + h_{n2} \, n_n \\ \qquad\qquad\qquad\qquad \vdots \\ F_m = h_{1m} \, n_1 + h_{2m} \, n_2 + \cdots + h_{mn} \, n_n \end{cases}$$

式中：$F_1, F_2, F_3, \cdots, F_m$ 为 m 个主成分；h_{ij} 为主成分矩阵中的系数；n 为指标的个数。m 个主成分的方差贡献率 u_j 即为指标权重。[①]

3. 乘法合成归一法

乘法合成归一法权重分析流程举例如图 4-1 所示。

层次分析法基本依靠专家经验来决定，主成分分析法则强调权重的客观性，乘法合成归一法即将两种方法进行结合，在建立原始数据时，利用层次分析法，根据原始变量的重要程度，分别赋予相应的权重，并形成新的变量矩阵，并在新的变量矩阵的基础上进行主成分分析。

---

① 孙倩，张冲，宫云飞. 基于指标权重分析的海洋生态文明绩效考核评价研究[J]. 海洋开发与管理，2018，35(07):42-47.

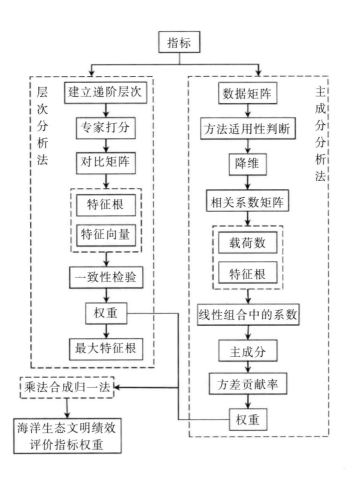

图 4-1　乘法合成归一法权重分析流程举例

将层次分析法求得的指标权重 w_i 和主成分分析法求得的指标权重 u_j 融合起来,求得最终综合的绩效评价指标权重 υ_j。

$$\upsilon_j = \prod_{l=1}^{L} \upsilon_j^l / \sum_{j=1}^{n} \prod_{l=1}^{L} \upsilon_j^l$$

式中:υ_j 为 j 个指标的综合权重;n 为指标的个数;$l = 1, 2, 3, \cdots, L$,为赋权方法的个数。

则绩效评价指标权重 υ_j 为:

$$\upsilon_j = w_i u_j / \sum_{j=1}^{n} w_i u_j \text{[①]}$$

① 孙倩,张冲,宫云飞. 基于指标权重分析的海洋生态文明绩效考核评价研究[J]. 海洋开发与管理,
2018,35(07):42-47.

4.4 PPP 项目绩效评价指标标准的制定

绩效评价指标标准是评价主体通过测量或通过与被评价对象约定所得到的衡量各项评价指标得分的基准。指标的类型也就决定了标准的类型，每一项指标都有标准相对应，并且每项绩效指标又可以同时存在多项标准进行衡量。评价标准的客观性和科学性对 PPP 项目绩效评价结果有很大的影响，因此，实施 PPP 项目绩效评价必须正确地选择制定绩效评价标准。

4.4.1 绩效评价指标标准制定的原则

在制定评价指标标准时，应遵循以下原则。

（1）公正性与客观性。制定评价标准时，必须科学、合理，不掺入个人好恶等感情成分。

（2）明确性与具体性。评价标准不能含混不清、抽象，而应该明确，一目了然，便于使用，尽量可以直接操作，即可进行测量，尽可能予以量化，用数据、百分比等进行反映。

（3）可达性及可操作性。绩效评价指标的标准必须具备现实可操作性，必须能够用于项目绩效评价实践中，必须是项目公司付出努力能够实现的，既不过高也不偏低，否则设置的标准便没有意义。

（4）目标相关性。项目的绩效评价指标标准，与绩效评价的目标要有一定程度上的相关性，要能够反映项目的整体目标。

4.4.2 绩效评价指标标准的分类

PPP 项目绩效评价指标标准可分为行业标准、计划标准、历史标准、其他标准四种类型。

1. 行业标准

行业标准，一般来自国家公布的行业标准数据，是以一定行业众多群体的相关指标数据为样本，应用数理统计方法，计算和制定出该行业的评价标准。目前，关于 PPP 项目绩效评价的资料数据库还处于空白状态，评价者在实施评价工作中，没有可以参考的行业标准。因此，可参照工程的行业标准，从工程类别上，其对象包括房屋建设、市政公路、铁路、水运、航空、电力、石油、化工、水利、轻工、机械、纺织、林业、矿业、冶金、通信、人防等各类建筑工程。从建设程序上，其对象包括勘察、规划、设计、施工安装、验收、鉴定、使用、维护、加固、拆除及管理等多个环节。从需要统一的内容上包括以下六点：①工程建设勘察、规划、设计、施工及验收等的技术要求；②工程建设的术语、符号、代号、量与单位、建筑模数和制图方法；③工程建设中的有关安全、卫生环保的技术要求；④工程建设的试验、检验和评定等的方法；⑤工程建设的信息技术要求；⑥工程建设的管理技术要求。参考行业标准时，需充分考虑当地该行业的发展状况与特色，对相关标准进行适当调整。

2．计划标准

计划标准是既定投入下的预期值或计划值，以事先制定的目标、工期、造价等预定数据作为绩效评价的标准。由于计划标准往往受主观因素的影响，其制定要求相应较高，如果制定得科学合理，则具有较好的激励效果，反之标准不是过高，就是过低，这使得评价结果具有很大的不确定性。参考计划标准时，需考虑相关的规划、计划及项目自身进度有无重大调整，如有调整或因客观原因造成的规划、计划滞后，需对相关指标的标准进行相应调整。

3．历史标准

历史标准是以相同地区、相同行业项目的绩效评价指标的历史数据作为样本，运用一定的统计学方法，计算出各类指标的平均历史水平。运用历史标准的基本假设是现行评价对象所处的环境与历史标准所涉及的那段时间的环境大体一样，大多数 PPP 项目所处环境不是持续稳定的，因此不能生搬照抄。参考历史标准时，是与同类历史数据进行纵向对比。由于单年数据可能因当年调整或特殊情况而具有一定的不稳定性，无法恰当表达历史情况，因此建议首选多年均值进行比较，其次再考虑单年数据。

4．其他标准

其他标准，包括合同标准、经验标准等。合同标准指以 PPP 项目合同确定的绩效目标、内容、指标、评价依据作为评价的标准；经验标准是根据长期的项目发展规律和管理实践，由在 PPP 项目领域有丰富经济的专家学者，在经过严密分析研究后得出的有关指标标准或惯例。采用经验标准，具有一定的随意性，不具有准确性和科学性。

如果所在行业已有国家公布的相关行业指标数据，可在考虑当地情况的基础上适当调整行业指标数据以确定标准值。当评价项目尚无确定的相关行业指标数据时，可考虑对行业相关理论值或经验值进行研究，以理论值或经验值为参考标杆值。如项目为经常性项目，且可取得单年或多年的历史同类数据，标准值则可参考多年均值或单年数据。如无纵向数据，则可考虑利用横向数据或其他数据作为补充。在设置标准的过程中，无论采取何种标准设置都需注意结合项目特点及实际情况对标准进行合理设置，避免出现标准过低或过高的情况，以保证绩效评价的客观性、合理性。对于没有标杆值的绩效指标，则需要通过同类项目不同地区、不同年份大量数据的积累，运用分析模型进行模拟或预测，使其标准更加科学合理。

4.5 PPP 项目绩效评价指标体系构建思路

4.5.1 基于目标绩效考核法的绩效评价指标体系构建思路

下面以市政道路 PPP 项目为例，基于目标绩效考核法设置 PPP 项目绩效评价指标体系，希望给读者一些启发。

1．指标体系构建总体思路

根据绩效评价理论基础、原则和 PPP 项目的特点，结合 PPP 项目全生命周期各阶段的绩效目标和评价重点，统筹考虑 PPP 项目各利益相关方，特别是政府、社会资本、公众三个主要利益相关方的诉求，按照目标考核法绩效评价指标设置原则，研究设置科学的绩效评价指标体系。

2．指标体系内容

该绩效评价指标体系主要包括决策类绩效评价指标体系、建设类绩效评价指标体系和运营管理类绩效评价指标体系三大主要内容。三类绩效评价指标体系见表 4-3、表 4-4、表 4-5。

表 4-3　PPP 项目决策类绩效评价指标体系（参考）

一级指标（分值）	二级指标（分值）	三级指标（分值）	指标内涵	得分	备注（扣分说明）
项目立项（50）	项目立项规范性（10）	—	项目是否符合国家、地区和行业发展规划；是否按照规定的程序申请立项；所提交的文件、材料是否符合相关要求；事前是否已经过必要的可行性研究、专家论证、风险评估、集体决策等；项目实施调整是否履行相应手续		

续表

一级指标 （分值）	二级指标 （分值）	三级指标 （分值）	指标内涵	得分	备注（扣 分说明）
项目立项 （50）	项目合规性 （10）	—	项目是否符合 PPP 领域要求；是否适合采用 PPP 模式；是否通过合规性审核（包括主体合规、客体合规和程序合规）		
	物有所值评价 （15）	—	项目物有所值评价是否通过		
	财政承受能力论证 （15）	—	项目财政承受能力论证是否通过		
项目准备 （50）	绩效目标合理性 （10）	—	项目绩效目标是否符合国家相关法律法规、国民经济发展规划和当地政府决策；是否符合行业客观情况；是否为促进事业发展所必需；项目预期产出是否符合正常的业绩水平；是否明确考核主体和考核办法		
	绩效指标明确性 （10）	—	是否将项目绩效目标细化分解为具体的绩效指标并按年度进行分解；是否通过清晰、可衡量的指标值予以体现；是否与项目全生命周期各阶段的任务数或计划数相对应；是否与预算确定的政府支出责任相匹配		
	资金方案 （10）	—	是否根据需要制定相关资金筹措方案，并在资金筹措方案中明确政府、社会资本的股权比例及融资责任；资金筹措方案是否全面、合理；是否符合相关管理办法		
	实施方案 （20）	—	实施方案内容是否完整，是否合理、可行		
合计	100	100			

表 4-4　PPP 项目建设类绩效评价指标体系（参考）

一级指标（分值）	二级指标（分值）	三级指标（分值）	指标内涵	得分	备注（扣分说明）
项目管理（15）	组织机构（5）	机构建设（2）	机构是否健全、分工是否明确		
		人员配备（2）	是否明确项目现场负责人及主要管理人员，管理人员、作业人员是否及时到岗，人员资质能否满足建设项目需要		
		廉政建设（1）	是否经常性开展廉政建设，有无违反廉政规定情形和不廉洁现象		
	管理制度（6）	制度建设（2）	是否建立健全项目管理制度；是否严格执行相关项目管理制度		
		合同管理（2）	是否建立完善的合同台账，督促合同履行，有无违法转包、分包等违法乱纪行为		
		安全生产（2）	是否建立安全管理规章制度，制订安全生产应急预案，明确安全责任人，落实安全措施		
	管理资料（4）	—	资料是否完整规范、专人归档管理		
项目绩效（85）	项目投入（20）	资金到位情况（8）	资金是否及时足额到位；若未及时到位，是否影响项目进度		
		资金使用状况（4）	是否存在支出依据不合规、虚列项目支出的情况；是否存在截留、挤占、挪用项目资金情况；是否存在超标准开支情况		
		成本控制（5）	是否建立科学的成本管控体系，建立成本台账，制定成本超支应对措施		
		资金管理（3）	资金管理、费用支出等制度是否健全，是否严格执行；会计核算是否规范		
	项目产出（45）	产出数量（15）	项目产出数量是否达到绩效目标		
		产出质量（15）	项目产出质量是否达到绩效目标		
		产出时效（7）	项目产出时效是否达到绩效目标		
		产出成本（8）	项目产出成本是否按绩效目标控制		
	项目效益（20）	经济效益（6）	项目实施是否产生直接或间接经济效益		
		社会效益（3）	项目实施是否产生社会综合效益		
		环境效益（含公共安全）（3）	项目实施是否对环境产生积极或消极影响		

续表

一级指标（分值）	二级指标（分值）	三级指标（分值）	指标内涵	得分	备注（扣分说明）
项目绩效（85）	项目效益（20）	可持续影响（3）	项目实施对人、自然、资源是否带来可持续影响		
		社会稳定（2）	项目在公共传媒或网络上是否出现负面影响、损坏公众或国家利益等情况		
		服务对象满意度（3）	项目预期服务对象对项目实施的满意程度		
合计	100	100			

表 4-5　市政道路 PPP 项目运营管理类绩效评价指标体系（参考）

一级指标（分值）	二级指标（分值）	三级指标（分值）	指标内涵	得分	备注（扣分说明）
组织管理（8）	组织机构（3）	机构建设（1）	机构是否健全、分工是否明确		
		人员配备（1）	是否明确企业负责人及主要管理人员，管理人员、作业人员的执业资格或管理水平能否满足项目运营需要		
		廉政建设（1）	是否经常性开展廉政建设，有无违反廉政规定情形和不廉洁现象		
	管理制度（3）	制度建设（1）	是否建立健全项目运营管理制度；是否严格执行相关项目运营管理制度		
		合同管理（1）	是否建立完善的合同台账，督促合同履行		
		经费保障（1）	运行经费是否足额及时拨付，能够满足正常运行管理需要		
	管理资料（1）	—	资料是否完整规范、专人归档管理		
	公众参与（1）	—	是否主动公开项目信息，进行相应宣传，接待公众来访，接受新闻媒体和舆论的监督，有无发生有责任投诉或曝光现象		
道路维修养护（32）	快速路、主干路、次干路、重点区域的道路维修养护	车行道设施（10）	机动车道、非机动车道平整、顺畅；无坑槽、无破损、无沉陷、无翻浆、无拥包、检查井周边道路无破损、达到矩形几何挖补图形、路面密实平整、接茬平顺、完好；侧石无缺失、无倾斜、无脱落，达到直顺、勾缝平整、饱满、稳固		

一级指标（分值）	二级指标（分值）	三级指标（分值）	指标内涵	得分	备注（扣分说明）
道路维修养护（32）	支路、街坊路道路维修养护（6）	人行道设施（7）	人行道完好。无缺失、无破损、无松动、无沉陷、无拱起，达到路面平整、稳固。侧石无缺失、无倾斜、无脱落，达到直顺、勾缝平整、饱满、稳固		
		车行道设施（3）	机动车道、非机动车道平整、顺畅。无坑槽、无翻浆、无沉陷、检查井周边道路无破损，保证行人和车辆安全通行。侧石无缺失、无脱落，达到直顺、稳固		
		人行道设施（3）	人行道完好。人行道板无缺失、无沉陷、无拱起，达到路面基本平整。侧石无缺失、无倾斜、无脱落，达到直顺、勾缝平整、饱满、稳固		
	路肩和排水（6）	路肩（3）	路肩需完好无损且未受侵蚀；护栏完好无缺失；挡墙牢固无破损，排水孔通畅		
		排水（3）	排水管和水垢交叉段堵塞不超过10%，无结构性损毁并且用坚土或材料所包覆		
	检查井监督管理（3）	—	监督检查发现的问题及时查清、督办检查井产权单位快速处置，对危及道路交通安全的，设置规范的警示围挡标志或安装替代井盖，确保道路交通安全畅通。道路检查井发生突发事件，或发现无主检查井及时向行业部门反馈情况并督办处置		
隧道、桥梁维修养护（20）	桥梁（10）	桥面，伸缩接缝，翼墙，护坡（3）	干净并且无结构性损坏，桥面板干净，面板材质完整并已固定，桥墩、桥柱未受到侵蚀。伸缩缝混凝土无破损、无杂物、止水带无破损		
		金属结构（3）	未腐蚀		
		排水系统（2）	桥面排水孔无堵塞，泄水管无堵塞、无丢失，状况良好，功能齐全		
		支座（2）	支座完整、清洁，无松动，无异常变形；有异常变形时须及时报告		
	隧道（10）	洞口（2）	护坡和挡土墙无裂缝、断缝、倾斜、鼓肚、滑动、下沉或表面风化、泄水孔堵塞、墙后积水、周围地基错台、空隙等现象		

续表

一级指标（分值）	二级指标（分值）	三级指标（分值）	指标内涵	得分	备注（扣分说明）
隧道、桥梁维修养护（20）	隧道（10）	洞门（2）	墙身无开裂、裂缝，结构无倾斜、沉陷、断裂，洞门与洞身连接处无明显的环向裂缝、无外倾趋势		
		衬砌（2）	衬砌无裂缝、剥落，衬砌表层无起层、剥落墙身施工缝无开裂、错位，洞顶无渗漏水、挂冰		
		吊顶（2）	吊顶板无变形、破损，吊杆完好，无漏水、挂冰		
		内装（2）	表面无脏污、缺损，装饰板无变形、破损等		
照明维修养护（10）	路灯亮灯率（5）	—	亮灯率达 90% 以上，亮灯效果好		
	路灯设施（5）	—	电缆线路、控制设施完备无损；灯具、灯架完好，无断裂、脱焊及严重锈蚀；灯具下引线绝缘良好、无破皮、绝缘开裂、接线盒无破损、接线井有盖；灯杆、灯架无倾斜、无损坏，门板等无缺失，法兰无松动；灯杆外观洁净，灯杆编号清晰；日常巡查有序、作业记录资料齐全、真实，有记录有统计；应急处理有序、及时、合规		
道路标识、交通信号灯（2）	道路标识（1）	—	信息牌必须显眼、干净、清晰并且结构稳定，警示牌显眼、干净、清晰、结构稳定并且在夜间清晰可见		
	交通信号灯（1）	—	显眼、干净、清晰、结构稳定并且在夜间清晰可见，信号灯需全部可以工作		
绿化、清洁（10）	绿化（4）	—	满足当地相关规定要求		
	植被清理（3）	—	树木、草坪长势好，修剪好，无病虫害；花卉、花坛及时更换		
	清洁（3）	—	路面清洁，无土壤、碎片、垃圾、其他杂物或油迹/化学品溅出物		
紧急处置、文明施工（18）	紧急处置（6）	—	是否建立紧急事件应对机制、及时处理应急事件		
	社会反映（6）	—	能否及时反馈、解决市民反映的热点和难点问题		

一级指标 （分值）	二级指标 （分值）	三级指标 （分值）	指标内涵	得分	备注（扣 分说明）
紧急处置、文明施工（18）	文明施工（6）	—	是否按规定做好文明施工，确保道路通行安全；市政设施维修时是否按规定设置施工警示牌和围挡		
合计	100				

4.5.2　基于平衡计分卡法的绩效评价指标体系构建思路

下面仍然以市政道路 PPP 项目为例，基于平衡计分卡法设置 PPP 项目绩效评价指标体系，希望给读者一些启发。

1．指标体系构建总体思路

根据绩效评价理论基础、原则和 PPP 项目的特点，结合 PPP 项目全生命周期各阶段的绩效目标和评价重点，统筹考虑 PPP 项目各利益相关方，特别是政府、社会资本、公众三个主要利益相关方的诉求，按照平衡计分卡法绩效评价指标设置原则，研究设置科学的绩效评价指标体系。

2．指标体系内容

前面居于目标绩效考核法的绩效评价指标体系分别就决策类绩效评价指标体系、建设类绩效评价指标体系和运营管理类绩效评价指标体系三大主要内容进行设计。基于平衡计分卡法的 PPP 项目绩效评价将平衡计分卡的"平衡"理念应用于 PPP 项目绩效评价指标设计，依据项目的具体类型和特征，以完成项目合同约定的"绩效目标"为导向，从项目环境、项目内部控制、财务能力、利益相关方满意度、创新与可持续发展等五个维度，设计绩效评价指标体系，并在指标体系设计中做好五项指标之间的相互制约与各利益相关方的利益平衡，力求对项目绩效做出全面客观的评价。PPP 项目绩效价指标体系见表 4-6。

表 4-6　市政道路 PPP 项目绩效评价指标体系（参考）

一级指标 （分值）	二级指标 （分值）	三级指标 （分值）	指标内涵（略）	得分	备注（扣 分说明）
项目环境（60）	项目立项（5）	—	（1）项目立项是否规范。 （2）项目主体、客体是否合格，程序是否合规。		

续表

一级指标 （分值）	二级指标 （分值）	三级指标 （分值）	指标内涵（略）	得分	备注（扣 分说明）
项目环境 （60）	项目立项 （5）	—	（3）项目是否通过物有所值评价。 （4）项目是否通过财政承受能力论证		
	项目准备 （5）	—	（1）项目绩效目标是否合理。 （2）项目绩效指标是否明确。 （3）项目资金方案是否合理可行、是否得到有效落实。 （4）项目实施方案是否合理可行、是否得到有效落实。 （5）项目合同是否完整、规范		
	项目产出 （50）	建设期产出 （20）	（1）产出数量：项目产出数量是否达到绩效目标。 （2）产出质量：项目产出质量是否达到绩效目标。 　1）工程质量需符合《城市道路工程设计规范》（CJJ 37—2012）（2016 年版）、《城镇道路工程施工与质量验收规范》（CJJ 1—2008）、《城市桥梁工程施工与质量验收规范》（CJJ 2—2008）、《城市道路照明工程施工及验收规程》（CJJ 89—2012）、《沥青路面施工及验收规范》（GB 50092—96）、《给水排水管道工程施工及验收规范》（GB 50268—2008）、《城镇排水管渠与泵站运行、维护及安全技术规程》（CJJ 68—2016）、《城镇排水管道维护安全技术规程》（CJJ 6—2009）、《港口工程地基规范》（JTS 147—1—2010）等国家现行相关技术标准和规范的要求，工程质量应达到合格验收的标准。 　2）环境保护需符合批复的市政项目环境影响评价标准。其中，环境质量标准需符合《声环境质量标准》（GB 3096—2008）、《环境空气质量标准》（GB 3095—2012）等要求；施工期噪声执行《建筑施工场界环境噪声排放标准》（GB 12523—2011）的标准。 　3）安全生产需符合《市政工程施工安全检查标准》（CJJ/T 275—2018）和福建省《市政工程安全施工技术标准》等		

一级指标 （分值）	二级指标 （分值）	三级指标 （分值）	指标内涵（略）	得分	备注（扣 分说明）
项目环境 （60）	项目产出 （50）	建设期产出（20）	（3）产出时效：项目产出时效是否达到绩效目标。即项目的进度管理是否有效，通常需对开竣工时间进行约定。例如： 开工日：开工时间以政府相关主管部门颁发项目施工许可证之日为准； 竣工日：竣工时间以实质上完成项目施工并合格地通过竣工验收后，在竣工验收报告中标明的日期，自前述实际开工时间起算各个子项目建设需在合同约定的期限内完成。 （4）产出成本：项目产出成本是否按绩效目标控制		
		运营管理期产出（30）	（1）道路养护维修管理是否到位（对照项目合同确定的绩效评价内容及标准进行评价，下同）。 （2）桥梁养护维修管理是否到位。 （3）检查井监督管理是否到位。 （4）城市道路照明维护管理是否到位。 （5）道路绿地养护管理是否到位。 （6）其他相关养护管理（如文明施工、应急处理机制等）是否到位		
项目内部控制（10）	组织机构及资源（3）	—	机构是否健全、分工是否明确，资源（包括人员、资产等）使用是否合理有效		
	管理制度（3）	—	是否建立健全项目全生命周期管理制度；是否严格执行相关项目管理制度		
	管理资料（4）	—	资料是否完整规范、专人归档管理		
财务能力（10）	项目成本（3）	—	建设成本、运营成本是否得到有效控制		
	运营能力（3）	—	（1）是否具备综合管理能力。 （2）管理技术是否成熟可靠。 （3）建设、运营服务质量是否达标，是否有效率		
	项目收益（3）	—	（1）定价机制是否合理有效并落实。 （2）社会资本投资回报率、资本保值增值率等指标是否合理		

续表

一级指标（分值）	二级指标（分值）	三级指标（分值）	指标内涵（略）	得分	备注（扣分说明）
财务能力（10）	发展能力（1）	—	是否在行业具有较强的影响力		
利益相关方满意度（10）	政府方满意度（3）	—	政府对项目实施的满意程度		
	项目公司建设、服务管理质量（3）	—	项目全过程建设、服务质量与绩效目标的符合度		
	社会公众满意度（4）	—	项目预期服务对象对项目实施的满意程度		
创新与可持续发展（10）	创新性（4）	—	是否进行制度、技术、管理创新		
	可持续发展（6）	—	项目实施对人、自然、资源是否带来可持续影响		
合计	100	100			

第 **5** 章

PPP 项目绩效评价报告

5.1 PPP 项目绩效评价报告的内涵与作用

PPP 项目绩效评价报告是关于 PPP 项目公司在项目合作期间截至评价时间点的实际绩效目标、关键绩效指标及其相应的工作完成情况，存在的问题及改进下一步工作的意见和建议的陈述性文件。PPP 项目绩效评价主体应按照要求完成项目绩效评价并撰写、提交 PPP 项目绩效评价报告。

不同阶段的 PPP 项目绩效评价报告具有不同的作用。实施前绩效评价报告具有导向作用。实施前绩效评价报告需要对项目是否有必要投资建设，是否有必要采用 PPP 模式，是否可行，采用 PPP 模式是否更加物有所值，采用 PPP 模式财政是否具有承受能力，项目实施是否合法、合规、合理等进行全面的分析和报告。因此，实施前绩效评价报告是决定项目是否采取 PPP 运作模式及确定 PPP 项目绩效评价目标（包括评价标准、评价指标体系、考核方法及考核组织与结果运用）的主要依据，具有导向性作用。

实施过程绩效评价至少有两大作用：一是，提供监控和付费的依据；二是，具有评估和预警作用。PPP 项目实施过程绩效评价报告需要将截至项目评价时间点项目的实际绩效目标、关键绩效指标及其相应的工作与确定的评价标准（绩效计划目标标准、行业标准等）进行比较，判断其完成情况，对未完成的指标和内容进行分析，找出导致存在问题的原因，并对存在的问题有针对性地提出改进下一步工作的意见和建议。因此，评价结果是政府付费、政府监管与奖惩、公共产品或服务调价、项目公司技术与管理创新及企业自身强化管理的主要依据，具有评估过去工作成效、预警存在的隐患和理清后续工作思路的作用。

实施后绩效评价具有规范和引导作用。PPP 项目实施后绩效评价报告是对本项目实施结果的全面总结、评判的报告，报告结论需满足客观、公正、系统全面，既肯定成绩也找出不足，并分析产生问题的原因和完善建议等要求。因此，具有规范 PPP 项目运作，引导其他类似项目科学决策与管理的作用。

5.2　PPP 项目绩效评价报告的内容

绩效评价报告是开展 PPP 项目绩效评价工作的主要成果，是政府科学决策与监督管理、实施 PPP 项目绩效评价结果运用的重要依据。PPP 项目绩效评价报告应按规定的内容和格式进行撰写。从整体来看，PPP 项目绩效评价报告可分为正文和附件两个部分。一般应包括以下主要内容。

5.2.1　项目绩效评价概况

1．项目背景与实施目标

（1）项目的主要内容、建设性质、所处行业领域、历史背景情况等。

（2）项目实施机构、政府出资代表、社会资本方、项目公司的基本情况。

（3）项目所在区域及该区域的经济社会发展状况。

（4）项目立项的目的和意义，项目发起的原因，需要解决的主要问题。

（5）发改部门、财政部门、国有资产管理部门等确定立项的相关文件依据。

2．项目实施及监管情况

（1）项目主要合作边界，包括但不限于项目具体合作范围、合作内容、合作期限、项目具体运作模式等。

（2）项目实施情况，包括但不限于项目立项、决策、勘察、设计、开工、竣工、交付使用、移交等项目实际时间进度及实施情况，项目公司成立、运营管理、清算情况，项目征地拆迁实施进度，项目招标采购、工程监理实施情况。

（3）项目监管情况，包括但不限于项目实施机构、政府出资代表、政府其他相关部门及社会资本、项目公司的职责及执行情况，项目管理制度的制定及执行情况，目标实现的工作程序、流程和责任，项目监管机制等。

3．项目产出与主要技术经济指标

项目产出与主要技术经济指标主要指项目产出说明、产出标准和主要技术经济指标。根据项目实施方案及项目合同确定的具体内容，将项目实际产出状况与产出目标进行对比，从数量、质量、功能和可持续性等方面进行分析比较。在项目实施期间，若项目内容发生变更，应当说明变更的内容、依据及变更审批程序等。

4．项目财务投资状况

（1）项目总投资和资本构成、资产负债、股权结构、融资结构和融资成本、资金实际到位情况、收益情况（总收益、收入来源、收费价格和定价机制）。

（2）项目投资估算、设计概算、施工图预算、工程结算等情况。

（3）项目资金拨付的主体、资金拨付流程等资金使用管理情况，各具体分项资金的预算及实际使用和支出情况，项目存续期间的政府付费与补贴情况。

（4）项目投资回报测算、现金流量分析、项目实际财务状况。

5．项目物有所值评价及财政承受能力论证情况

（1）分析项目采用 PPP 模式是否更加物有所值。

（2）分析项目采用 PPP 模式财政是否具有承受能力，分析项目是否按照规定防范财承风险。

6．项目绩效评价要求及目标

项目实施方案及项目合同确定的绩效评价方案，主要包括项目绩效评价工作预期达到的总体目标和阶段性目标，绩效评价工作要点、工作流程、评价方法，以及绩效评价结果与项目付费及价格调整的挂钩机制。

7．项目绩效评价主要结论

简述各单项绩效指标的评价得分，以及得出的项目综合绩效等级，简述项目实施存在的问题及不足，并提出改进措施和建议，总结项目的主要经验和成功做法，为类似项目在以后年度开展积累经验。

5.2.2　项目绩效评价的组织实施情况

研究制定绩效评价实施方案并组织实施，主要明确以下内容。

1．绩效评价目的和要求

阐述开展整个绩效评价工作所要达到的目标、效果及具体要求，体现 PPP 项目绩效评价工作的最终价值，是整个绩效评价工作的基本导向。

绩效评价报告需要明确评价目的，说明开展此项评价的原因，评价结果的应用；评价目的需要结合项目实施情况和管理要求，提出评价工作的关注点，即管理部门要解决的重点问题或者要达到的主要目标。

2．绩效评价原则、标准和依据

明确开展绩效评价工作应遵循的基本原则、标准和依据。

3．绩效评价主体、评价对象（评价客体）

明确此项绩效评价工作的评价主体、评价对象（评价客体），明确参与绩效评价工作各相关当事方的分工和职责。委托第三方专业机构开展绩效评价工作的，还需重点阐述第三方专业机构的具体情况。

4．绩效评价的基本内容

通常包括绩效目标的设定情况、资金投入和使用情况，为实现绩效目标所制定的制度、采取的措施等，绩效目标的实现程度及所达到的效果。

5．绩效评价时间和方法

明确开展绩效评价工作的时间进度计划（明确各个环节及各项工作的时间节点及工作计划）和所采用的绩效评价方法。

6．绩效评价等级

明确可以体现各绩效指标完成情况的绩效评价等级标准。

7．绩效评价结果的应用

根据项目实施前绩效评价结果分析评判项目采用 PPP 模式是否物有所值，决策项目是否采取 PPP 运作模式，以及确定 PPP 项目绩效评价目标；将项目实施过程绩效评价结果与政府付费、政府监管与奖惩、公共产品或服务调价等挂钩，促进项目公司技术与管理创新及强化管理；根据项目实施后绩效评价结果对本项目实施结果进行总结和评判，也为其他类似项目决策与管理提供借鉴与参考。

8．绩效评价的局限性

分析绩效评价工作可能存在的局限性，一般存在以下四种情况：一是指标无法收集到相关证据或者证据不全面、质量不高；二是因时间和经费限制，评价小组没有重新收集数据，而是利用相关组织收集或公布的数据，数据不一定完全可信；三是由于时间和经费限制，某些评价方法没有实施，影响了证据收集和评价的质量；四是评价小组提出的其他局限性。

5.2.3　绩效评价指标体系、评价标准和评价方法

1．绩效评价指标体系的设定原则及具体内容

绩效评价指标体系是由一组既独立又相互关联并能较完整地表达评价要求的指标组成的评价系统，绩效指标体系的设置是绩效评价工作开展的重点与难点，是绩效评价报告的重要内容，这部分重点阐述项目绩效评价指标体系的设定原则及所包含的具体内容。

2．绩效评价采用的具体评价方法及评价标准

绩效评价方法指为达到绩效评价目标所采用的评价方法，绩效评价标准指衡量绩效评价目标完成程度的尺度。根据被评价项目的特点、评价对象的不同、评价所处阶段的不同、评价目的不同，通常会选取一项或多项标准用于衡量绩效目标的实现程度，采用一种或者多种方法进行绩效评价，这部分重点阐述绩效评价采用的具体评价方法，并分项详细阐述项目绩效评价标准。

5.2.4　绩效目标的实现程度

阐述项目执行过程中目标、计划的调整情况，对照绩效目标详细阐述绩效总目标和阶段性目标的完成情况等。

5.2.5　绩效分析与绩效评价结论

1．项目绩效分析

对每项绩效指标的绩效分析需要结合项目的具体情况，根据收集的数据和资料，通过科学的分析与整理方法，分析该绩效指标的得分和评级结论，用事实证据分析说明各指标的完成情况，并阐述打分标准，明确各指标得分。绩效评价指标评分应当依

据充分、数据使用合理恰当，确保绩效评价结果的公正性、客观性、合理性。绩效分析可以使用图、表进行阐释，但要简单易懂。

（1）项目决策。分析项目决策是否符合当地经济社会发展规划的要求，新建项目前期立项和批复程序是否符合相关规定，存量项目资产评估手续是否符合相关规定，项目绩效目标是否明确，项目是否规范开展物有所值评价及财政承受能力论证工作。

（2）项目管理。分析项目实施方案是否规范，政府采购程序是否合法合规，项目合同体系是否健全，风险分配是否合理，项目执行是否有效；项目财务管理是否规范，资金是否及时到位，资金使用是否合规，资金管理、费用支出等制度是否健全；项目内控机制是否健全，项目公司的组织结构是否完善、分工是否明确，项目管理制度是否健全并得到有效执行等。

（3）项目绩效。分析项目产出数量、质量、时效是否达到绩效目标，项目产出成本是否按绩效目标控制，项目实施是否产生直接或间接的经济效益、社会效益、环境效益和可持续影响及项目服务对象满意度等。

分析项目经营收入、成本费用、净现值、内部收益率、投资回收期、投资收益率等关键指标是否达标，项目财务效益状况、资产营运状况、偿债能力状况、发展能力状况及项目可持续性情况如何。

2．绩效评价结论

根据对各单项绩效指标的分析评价得出的项目综合绩效等级，对相关性、效率、效果和可持续性的评价结论进行简要综述，并突出描述每个评价准则中存在的问题及值得借鉴的方面。

5.2.6　主要经验与做法

主要经验与做法是指通过绩效评价总结出来的可能有助于开展其他类似项目或者提高被评价项目成效的信息，具体包括项目在识别、准备、采购、执行、移交过程中的最佳实践和突出问题，及其对项目绩效的影响。经验教训需要针对被评价项目，建立在客观证据的基础之上指出其参考价值。

5.2.7　存在问题及原因分析

通过分析各项绩效评价指标的评价结果及项目的整体评价结论，具体分析总结项目在目标定位和设计、项目制度保证、各阶段工作安排、组织实施、资金使用、项目管理过程等方面存在的不足，以及其可能对项目造成的负面影响，并重点分析项目绩效目标未能实现的原因，为相关建议的提出奠定基础。

（1）反映项目执行偏差情况和原因分析，形成实施机构对纠偏的计划。

（2）项目取得的效果和效益情况，将项目取得的实际效果和效益状况与绩效目标对比，考察一致性和可持续性。

（3）项目组织实施和项目绩效的实际情况与目标的差异情况，分析项目实现原定绩效目标的可能性。

（4）从经济性、效率性、效益性、可持续性等方面对项目进行总体评价。其中：项目的经济性分析主要反映项目成本（预算）控制情况、项目设计规模的合理性；项目的效率性分析主要反映项目实施（完成）的进度、质量等情况；项目的效益性分析主要反映项目资金使用效果的个性指标；项目的可持续性分析主要反映项目完成后，后续政策、资金、人员机构安排和管理措施等影响项目持续发展的因素。

5.2.8　改进建议

绩效评价报告需有针对性地对项目存在的不足提出改进措施和建议。建议或对策应和问题原因相对应，理由充分，要有切实可行的改进措施及责任主体，并且明确时间要求。相关建议和对策应当具有较强的可行性、前瞻性及科学性，有利于促进项目实施机构、财政部门及其他政府监督部门提高绩效管理水平，旨在为改进项目设计、完善项目管理、提升项目绩效、优化政府决策提供参考，有利于促进项目各参与方提高绩效管理水平。

5.2.9　其他需要说明的问题

可说明绩效评价报告的评估与审核过程、使用限制、动态跟踪管理要求等其他需特殊说明的问题。

5.2.10　相关附表和附件

相关附表和附件是对绩效评价报告正文的补充说明或提供证明材料，包括一些技术性文件和评价过程文件，一般会包括以下内容。

（1）项目实施方案或项目合同中确定的 PPP 项目绩效评价方案。

（2）PPP 项目绩效评价框架。

（3）PPP 项目绩效评价指标体系与打分标准（指标说明、指标对比表）。

（4）项目关键产出或者成果数据表。

（5）面访、座谈会和实地调研记录。

（6）调查问卷格式及汇总信息。

（7）利益相关方对评价报告的反馈意见及其采纳情况。

（8）其他支持评价结论的相关资料。

（9）评价小组认为必须附上的其他文件。

5.3　PPP 项目绩效评价报告的写作要求

PPP 项目绩效评价报告在体裁上属于应用文，其特点和应用文中的"调查报告"基本相似。因此，PPP 项目绩效评价报告应遵守应用文写作的基本要求。但是，PPP 项目绩效评价报告又有别于一般的应用文写作，它是一份专业性的技术经济业务文件，它还应具有一般应用文所不具备的特性。PPP 项目绩效评价报告写作是以实用为目的的写作实践活动，其写作应符合以下基本要求。

5.3.1　实用性

PPP 项目绩效评价报告的主要任务是阐述项目绩效目标、任务的完成情况和存在问题，并分析产生问题的原因，提出解决问题的意见和建议。因此，在内容上、形式上、时效性上均要体现其实用价值。在内容上，PPP 项目绩效评价报告应有很强的目的性和针对性，要能真实反映 PPP 项目的实际实施结果，反映绩效目标的达成情况（包括数量和质量），切实能够为政府付费和项目监控提供可靠的依据，为 PPP 的进一步实施和可持续发展提供解决问题的意见和建议，真正起到预警和引导作用。在形式上，PPP 项目绩效评价报告的结构、格式、语言等要为直接实用性服务，语言要规范、简明扼要、通俗易懂，讲求准确无误、直观明了。在时效上，PPP 项目绩效评价报告要讲求时效性，一切从提高工作效率出发，要在规定的时间内及时出具报告，使政府付费和奖惩有据可依，确保能够及时向项目公司支付可用性服务费和运营绩效服务费或者可行性缺口补助，履行政府付费义务，避免影响项目公司对 PPP 项目进行运营维护和管理，避免因为延迟付费，造成违约损失，应体现出较强的实用价值。

5.3.2　真实性

应用文要求作者严格按照客观事物的真实情况进行写作，决不允许虚构和凭空想象。真实性是应用文体写作的生命之所在。因此，撰写 PPP 项目绩效评价报告，必须基于翔实的资料，即撰写报告所搜集、调查来的资料必须真实可靠，不允许弄虚作假，更不允许主观臆断。资料要经过科学的鉴别、分析和筛选后才能写到绩效评价报告中去。在运用资料时，应结合绩效评价报告的基本格式，将资料按照其性质、内容和用途进行科学分类。一篇绩效评价报告如果没有体现绩效评价目标、标准、关键指标等最能说明实质性问题的关键资料，就不可能成为一份合格的绩效评价报告。在取舍材料时，要保证材料绝对真实。特别是经过筛选决定写进绩效评价报告中的资料，更要反复地、认真地进行审查和核实，确定其真实无误后方可使用。资料不真实就会导致分析的失败和结论的荒谬。

5.3.3　针对性

PPP 项目绩效评价报告写作具有明确的目的性，项目实施前绩效评价报告写作的主要目的是制定 PPP 项目绩效评价目标、标准和指标体系；实施过程绩效评价报告写作的主要目的是为政府付费与项目监控提供依据；实施后绩效评价报告写作的主要目的是为规范项目管理和后续项目决策提供参考。总之，无论是哪一阶段的 PPP 项目绩效评价报告都是为处理和解决 PPP 项目的实际问题而进行的。因此，它有着明确的特定接受对象，具有强烈的针对色彩。从文种选择、格式安排到语词运用，都要针对写作目的与报告接受对象而有所区别与取舍。

5.3.4　工具性

撰写 PPP 项目绩效评价报告是为了应用，报告是能动地实现特定目标采取的手段。它以语言文字为中介，传递各种信息，在 PPP 项目运作中发挥工具的作用。因此，绩效评价报告应对翔实资料进行科学分析，评价和分析相结合，这也是撰写绩效评价报告的基本要求。在绩效评价报告中，撰写人员要对筛选出的资料进行分析，运用各种方法揭示出事物的本质属性和它们之间的内在联系，特别是对未达成的目标及其存在的问题、产生问题的原因要进行深入的剖析，而绝不能停于表面和罗列事实。然后再选用最简洁、明确的方法加以表述，如采用数字、图表等形式说明观点。在表述时，仅说明情况但不分析或分析不到位是不行的，应该通过简明的介绍为深入评价做铺底，只有这样才能使报告使用者在了解项目的基础上更加深刻地理解评价结论。

5.3.5　明确性

PPP 项目绩效评价报告中的观点和结论是决定报告质量优劣的关键。撰写人员通过对资料的中肯分析，形成一定的观点和得出某一结论，其观点和结论应符合明确性要求，具有可了解性、可预见性和可审查性。如果观点含混不清、吞吞吐吐，结论模棱两可、似是而非，必然会使报告使用者无所适从、难以决断。为了保证报告的质量，既全面准确地反映评价人员的评价结论，又能为报告使用者所理解和运用，成为政府付费、监控或决策的依据，绩效评价报告观点必须鲜明，结论必须准确。

5.4　PPP 项目绩效评价报告的写作特点

PPP 项目绩效评价报告写作除了满足前面所指的基本要求外，应具有以下的特点。

5.4.1　阐明观点以数字表格为主

PPP 项目绩效评价报告的专业性很强，绩效目标、指标、标准以定量为主，仅用文字说明是不够的。准确的经济数字是具体事实在数量上的高度抽象，是一种特殊的事实性材料和说明。只要把准确的数字列成表，就一目了然，具有不容置疑的说服力。因此，在绩效评价报告中，凡能够用数字说明问题的，均不采用文字说明。应对数据进行收集、鉴别、审查、对比、计算，将其结果列成表或绘成图，用数字、表格或图来说明项目绩效目标的达成情况。

5.4.2　表述内容要客观

PPP 项目绩效评价报告与项目建议书、可行性研究报告、设计任务书、物有所值评价报告、财政承受能力论证报告等技术性文件均不相同。PPP 项目绩效评价报告是从实际和客观角度对项目公司执行 PPP 绩效情况评价分析之后提出作为政府付费、项目监控依据或决策参考的技术性文件。因此，PPP 项目绩效评价报告人员不是当事人，也不是决策者，而应站在第三者的角度，客观、公正、科学地对绩效评价内容进行介绍、分析和评价。这就要求评价人员在表述内容时既不能夸大溢美项目公司的工作，也不能超过职权妄加承诺或决策。

5.4.3　评价和分析要与标准进行比较

为了正确地分析和评价项目绩效的达成情况及效果，不能限于概括和抽象分析，而要用具有具体内容的数据来表达，就是说，必须重视指标的应用和比较。绩效评价中的各项实际绩效评价指标，必须与项目合同确定的绩效评价标准指标进行深入细致的分析比较，得出全部完成、部分完成或均未完成的结论及具体的完成内容与完成程度，并给出评价的具体分值，得出令人信服的建议和结论，使报告使用者能够依据绩效评价报告调整完善考核指标、履行政府付费义务、进行项目监控或决策。

5.4.4　有相对固定的报告结构与格式

PPP 项目绩效评价报告应按规定的内容、格式与要求撰写。从整体来看，PPP 项目绩效评价报告可分为正文和附件两个部分。正文部分是对项目绩效评价做概况说明，并对有关问题做简要叙述。PPP 项目绩效评价报告正文内容一般包括前面所阐述的 "介绍" "对比" "分析" "结论" 及 "建议" 五大部分，主要回答五个问题，即，绩效目标是什么？绩效目标完成得怎样？绩效目标为什么完成或为什么没有完成？绩效评价结论是什么及如何运用？绩效目标没有完成怎么办？为使庞杂的内容条理化，在内容转换上采用序号进行标明，可使思路自然，阅读方便。项目绩效评价报告应有统一的格式和表格，这些统一的格式和表格应由相关部门制定，撰写编制时应遵照执行。

PPP 项目绩效评价报告的附件较多，这些附件材料是对正文的详细说明和佐证，是正文数据的来源，所以附件材料是绩效评价报告的重要组成部分，不可忽视。附件主要包括附表与文件资料两部分。附表有：PPP 项目绩效评价指标及说明，PPP 项目绩效评价指标对比表。文件资料有：PPP 项目合同，PPP 项目绩效评价办法，PPP 项目绩效评价细则，PPP 项目政府付费调价机制、实地调研、座谈会记录、调查问卷等。

5.5　PPP 项目绩效评价报告的审核

绩效评价报告是绩效评价结果运用的主要依据，应当满足依据充分、结构完整、数据准确、资料真实、分析透彻、逻辑清晰的要求，必须客观、公正、准确地反映项目的绩效情况。绩效评价报告应当提交评价主体进行科学性、合规性审核。

5.5.1　绩效评价报告审核内容

绩效评价报告审核内容主要包括：评价工作程序是否完整规范、评价方法是否科学合理、选用评价标准是否适当、评价报告撰写是否规范、引用数据和资料是否真实合理、评价结论是否有充分的依据、发现的问题或错误是否客观公正、提出的整改建议或优化措施是否有针对性、可操作性和可持续发展性等。

5.5.2　绩效评价报告专家审核

由于 PPP 项目涉及领域广泛、涉及专业众多，涉及的知识体系包括投资决策、工程项目管理、行业运营服务管理、财务、税务、法律等诸多领域，评价主体可能难于完全胜任审核绩效评价报告对其专业程度的要求，因此，为使审核工作更为有效和公平公正，通常会借用专家评价法，组织召开评估会议，邀请包括财政、资产评估、会计、金融等经济方面专家，以及行业、工程技术、项目管理和法律等方面专家，对绩效评价报告进行审核、质询、讨论，并提出专业、独立的审核意见。专家审核意见可以作为评价主体审核 PPP 项目绩效评价报告，实施绩效评价管理的参考依据。

5.5.3　绩效评价报告审核的结果

绩效评价报告审核有三种结果。第一种是审核通过，绩效评价报告各项审核内容均满足科学性、合规性要求，审核结果为"通过"。第二种是审核不通过，绩效评价报告中一项或一项以上的主要内容未能满足科学性、合规性要求的，审核结果为"不通过"。绩效评价报告的主要内容未能满足科学性、合规性要求是指评价方法不合理，或评价标准选取不适当，或引用数据和资料不真实，或评价结论依据不充分等。第三种结果是原则通过并要求在规定的时间内整改到位。绩效评价报告的主要内容满足科学性、合规性要求，其他非主要内容，包括工作程序的完整规范性、评价报告撰写规范性、发现的问题或错误的客观公正性、提出整改建议或优化措施的针对性、操作性等未能完全满足合规性要求，但能通过整改达到合规性要求的，审核结果为"原则通过并要求在规定的时间内整改到位"。

—— 第 **6** 章 ——

PPP 项目绩效评价案例

    PPP 是推动公共产品和服务供给、吸引鼓励民间投资的一项重要举措，经过四年多的推广，我国 PPP 事业取得了明显进展，不仅市场环境逐步优化，项目落地不断加快，在稳增长、促改革、惠民生方面发挥了积极作用，而且也促进了政府治理结构的改革。但在 PPP 事业高速发展的同时，难免出现"泥沙俱下""鱼目混珠"等不规范问题。因此，规范性实施、持续性动态监管已受到国家相关部委和业界的重视。牢牢把握绩效导向、物有所值等原则，坚持做规范的 PPP 项目，才能有效促进公共服务提质增效，推动 PPP 事业行稳致远。当前随着大量落地的 PPP 项目逐步由建设阶段转向运营阶段，绩效评价缺失或不完善的问题日渐暴露出来，如果不能及时进行修正，严格规范管理，将会给我国 PPP 事业的持续健康发展和公共服务提质增效带来冲击。因此，制订一套行之有效的 PPP 项目绩效评价方案，规范实施全面绩效管理的重要性、紧迫性已经日益显现，已成为当前我国各级政府 PPP 工作的重中之重。

    鉴于目前在国家层面尚未出台 PPP 项目绩效评价指南、办法或指引等政策性、引导性文件，本书编者收集整理了国内外各类型 PPP 项目绩效评价案例，以期为现阶段无章可循的 PPP 项目绩效评价工作提供引导和借鉴。

    本章案例一至案例十是由编著者以企业承接的 PPP 咨询项目为蓝本，按照关键指标法研究提炼而成的十个不同领域 PPP 项目绩效评价典型案例，未必十分完整和合理，旨在"抛砖引玉"，力图能够起到启迪、借鉴的作用。鉴于各类型 PPP 项目绩效评价过程的评价目的、基本原则、主要依据、评价主体、评价对象、评价内容、评价方式、评价工作程序等具有共性，除案例一"污水处理 PPP 项目绩效评价"内容完整呈现外，其余仅提供指标体系设计供参考。在指标体系设计时，由于不同的 PPP 项目功能目标及体现目标要求的技术特性各异，需要根据行业领域特点及区域社会经济目标要求，设置有针对性的个性指标，指标体系应能充分体现投资回报与项目服务水平和服务绩效相匹配，不能简单套用、复制其他 PPP 项目绩效评价指标。

案例十一至案例十五是由编著者翻译、整理国外相关项目合同、监测报告及其他文件资料提炼而成的澳大利亚、加拿大及世界银行、亚洲开发银行等国家和机构的五个参考案例。英国、澳大利亚和加拿大等是较早实施 PPP 模式的国家，其 PPP 绩效理论与实务对我国 PPP 的推广应用有启发和借鉴价值，但国情和体制等原因，各国 PPP 适用领域和侧重点与我国有所不同，其绩效监管和评价也不尽相同，决定了我国对于国外 PPP 项目绩效评价管理只能部分吸收和借鉴。世界银行、亚洲开发银行提供贷款所支持的项目更注重社会效益，这与我国政府投资公共项目的目标具有一定的相似性，其长期实践和理论研究所形成的相对科学的绩效评估体系对我国 PPP 项目绩效评价指标体系研究具有一定的参考价值。

案例一　污水处理 PPP 项目绩效评价方案

一、绩效评价目的

（1）提供依据。了解项目绩效目标的完成情况，为项目公司（或社会资本）完善管理制度、优化技术方案、加强项目后续管理提供依据；为政府付费与奖惩、价格调整、项目移交及总结项目实施结果提供依据；为类似项目提供决策参考。

（2）提高效果。通过绩效评价将绩效评价结果与政府付费及奖惩、价格调整有机结合，激励项目公司（或社会资本方）进行制度创新、技术创新和管理创新，以提升污水处理质量、效率和管理水平，实现公共利益最大化，促进 PPP 项目顺利实施。

（3）强化监管。政府通过绩效评价检验项目实施效果、总结经验教训、制定风险对策，进一步完善 PPP 项目合同与政府监管体系。

（4）规范运作。通过项目绩效评价，为将来制定 PPP 行业标准（或规范）积累数据和总结经验，有利于推动 PPP 项目规范化运作。

二、绩效评价基本原则

（1）科学规范原则：依据国家相关法律、法规和政策制度及项目合同的约定开展绩效评价工作；采用定量与定性分析相结合的方法，评价指标要科学客观，基础数据要真实准确。

（2）公正公开原则：绩效评价工作要坚持客观、公正，从评价对象的实际出发，以事实为依据，公平合理开展评价工作；评价结果要依法公开，接受监督。

（3）目标导向、各方参与：以项目绩效目标作为绩效评价工作的起点和评价标准；在评价过程中推动利益相关方积极参与。

（4）重要性原则：优先选择最能代表和反映项目产出及效果的核心目标与指标，关注对实现绩效目标有重要影响的核心指标。

（5）绩效相关原则：绩效评价应当针对具体支出及其产出绩效进行，评价结果应清晰反映支出和产出绩效之间的紧密对应关系。

三、绩效评价主要依据

（1）国家相关法律、法规和规章制度。

（2）相关行业政策、行业标准及专业技术规范。

（3）项目实施方案及项目合同。

（4）项目前期审批文件。

（5）其他相关资料。

四、绩效评价主体

为确保 PPP 项目绩效评价的高效、专业、公平，本项目由项目实施机构委托第三方中介机构具体开展绩效评价工作，包括年度绩效评价、项目实施过程绩效中期评估和项目移交前绩效评价。第三方中介机构应按照项目合同及绩效评价考核方案要求客观反映项目绩效目标实现程度，形成相应的绩效评价结论。

五、绩效评价对象

绩效评价对象为项目公司。

六、绩效评价内容

绩效评价内容包括可用性绩效评价和运营绩效评价。

七、绩效评价方式

采用定期评价与随机评价相结合的方式，对项目公司建设与运营管理情况进行评价考核，并将评价考核结果作为政府付费与奖惩的依据。

1. 定期评价

定期评价于每个考核周期内（如每个月、每个季度、每半年或每年）进行一次，评价工作小组需提前通知项目公司，评价工作小组通过查阅审核相关资料、实地调研、抽样检测、座谈会、质询和讨论、结合公众满意度调查情况形成评价考核意见。

项目公司应事先准备完整、符合评价要求的相关资料供评价工作小组现场查阅审查，必要时由评价工作小组提供清单，项目公司进行数据填报；评价工作小组需随机选取具有代表性的区域进行现场考察评价或抽样检测；项目公司需安排相关人员到场根据需要接受访谈并进行答疑；评价工作小组还需对利益相关方进行公众满意度调查。

2. 随机评价

每年进行若干次的随机评价，通常每半年至少进行一次，随机评价时，评价工作小组无须提前通知项目公司评价时间。评价工作小组根据需要，到现场随机选取全部或部分评价考核项目进行评价考核，形成随机评价考核结果。

评价考核过程中发现缺陷，应以拍照、保留文件等形式记录，并向实施机构反馈，由实施机构向项目公司下达限期整改通知，项目公司应根据整改通知书的要求限期整改到位，否则实施机构可根据相关约定提取项目公司提交的履约保函下的相应金额或进行相应的惩罚，若未在限定日期整改的，下一期评价将加重处罚。

八、绩效评价工作程序

项目的绩效评价按照以下工作程序进行。

1. 组建绩效评价工作小组

在绩效评价开始前，由第三方中介机构组建绩效评价工作小组，评价工作小组由市政、环保、财务、污水处理技术、项目管理、法律、税务等领域专家组成（项目实施机构、财政部门、行业主管部门、审计部门可以选派一位专家加入专家团队）。

2. 制订绩效评价工作方案

绩效评价工作方案是评价工作小组对绩效评价工作的纲领性计划，由评价工作小组组织编制，报项目实施机构审核同意后组织实施。绩效评价工作方案重点明确评价时间、地点、流程、指标体系、方法及专家组成员（包括专家的选取方式和所属领域等），明确参与绩效评价工作各相关当事方的职责。

3. 熟悉、优化绩效评价指标体系

评价工作小组对项目合同中明确的绩效评价指标体系进行熟悉、研讨。必要时基于相关性、重要性、可比性、系统性、经济性等重要原则，可对原绩效评价指标体系提出补充和优化建议，经征询项目实施机构、财政部门、项目公司等相关当事方意见后实施。

4. 收集绩效评价相关资料

收集的资料包括绩效评价考核依据资料，含实施方案、项目合同、绩效目标、考核方法、指标体系和考核细则等；项目领域相关绩效评价管理办法或实施细则等文件；项目公司提供审核的相关资料，如项目管理手册、项目进展报告、项目完工报告、运行日志、生产岗位日志、月报表、季报表、事故报告等；问卷调查报告等。项目调整的主要方法包括案卷研究、资料收集与数据填报、实地调研、座谈会、问卷调查等，项目调查后还需对数据进行整理和分析。

5. 对资料进行审查核实

评价工作小组专家团队熟悉评价相关基础数据和资料后，对基础数据和资料的全面性、真实性、合理性和规范性，以及指标口径的一致性进行审核，必要时需要进行技术检测，检测工作可以在专家现场考核前进行，也可以在专家进场考核时同步进行。

6. 综合分析并形成评价结论

评价工作小组对照评价标准，按照项目合同约定的评价指标和方法，通过汇总分析、综合评价等方法对项目公司整体目标的实现程度、实施效果进行全面评价，形成绩效评价结论，撰写绩效评价报告。

7. 提交绩效评价报告并建立绩效评价档案

评价工作小组将绩效评价报告提交绩效评价委托方（项目实施机构）复核，由委托方将最终形成的绩效评价报告报送财政部门作为政府付费或奖惩的依据。另外，绩效评价报告应存档备查。

8. 落实项目公司的整改情况

绩效评价工作完成后，项目实施机构应将绩效评价考核有关问题和建议形成书面材料反馈给项目公司，同时督促项目公司对存在的问题采取措施加以整改。项目公司的整改结果应及时报告项目实施机构和行业主管部门。

9. 绩效评价结果应用

绩效评价结果应量化为综合评分，并按照综合评分分级。绩效评价结果作为政府付费、奖惩、价格调整、限期整改及办理移交等事项的依据，以落实项目合同各项约定，加快实施相关工作。

九、绩效评价方法及指标

1. 绩效评价方法

为确保绩效评价工作的专业性和公平性，本 PPP 项目绩效评价采用专家评价法，由受托第三方中介机构组织专家组建评价工作小组进行绩效评价，评价专家组由市政、环保、财务、污水处理技术、项目管理、法律、税务等领域专家组成，推举一位专家担任组长（也可以由实施机构选派的专家担任组长）具体组织评价工作，评价工作主要采取现场评价为主，非现场评价为辅的形式，评价工作小组通过听取项目公司汇报、查看现场、核实资料、对照标准、经质询和讨论，并对所掌握的有关信息资料做分类、整理、分析和记录，结合利益相关方的满意度调查情况形成评价意见，评价意见包括但不限于对项目公司提供材料的完整性、合规性，项目绩效评价基本情况，绩效评价指标完成情况及综合评分等进行阐述。

2. 绩效评价指标

（1）指标体系构建总体思路。根据绩效评价理论基础、原则和 PPP 项目的特点，结合 PPP 项目全生命周期各阶段的绩效目标和评价重点，统筹考虑 PPP 项目各利益相关方，特别是政府、社会资本、公众三个主要利益相关方的诉求，按照平衡计分卡法绩效评价指标设置原则，研究设置科学的绩效评价指标体系。

（2）指标体系内容。本项目采用基于平衡计分卡法进行 PPP 项目绩效评价指标体系设计，将平衡计分卡的"平衡"理念应用于 PPP 项目绩效评价指标设计，针对污水处理项目的特征，以完成项目合同约定的"绩效目标"为导向，从项目环境、项目内部控制、财务能力、利益相关方满意度、创新与可持续发展等五个维度，设计绩效评价指标体系，并在指标体系设计中做好五项指标之间的相互制约与平衡及各利益相关方的利益平衡，力求对项目绩效做出全面客观的评价。污水处理 PPP 项目绩效评价指标体系见表 6-1。

表 6-1　污水处理 PPP 项目绩效评价指标体系（参考）

一级指标 （分值）	二级指标 （分值）	三级指标 （分值）	指标内涵（略）	得分	备注（扣分说明）
项目环境 （45）	项目立项 （5）	—	（1）项目立项是否规范。 （2）项目主体、客体是否合格，程序是否合规。 （3）项目是否通过物有所值评价。 （4）项目是否通过财政承受能力论证		
	项目准备 （5）	—	（1）项目绩效目标是否合理。 （2）项目绩效指标是否明确。 （3）项目资金方案是否合理可行、是否得到有效落实。 （4）项目实施方案是否合理可行、是否得到有效落实。		

续表

一级指标（分值）	二级指标（分值）	三级指标（分值）	指标内涵（略）	得分	备注（扣分说明）
项目环境（45）	项目准备（5）	—	（5）项目合同是否完整、规范		
	项目产出（35）	建设期产出（20）	（1）产出数量：项目产出数量是否达到绩效目标。 （2）产出质量：项目产出质量是否达到绩效目标。 　1）工程质量需符合《建筑工程施工质量验收统一标准》（GB 50300—2013）、《城市污水处理及污染防治技术政策》（建城〔2000〕124 号）、《城市污水处理工程项目建设标准》（建标〔2001〕77 号）、《污水排入城镇下水道水质标准》（GB/T 31962—2015）、《给水排水管道工程施工及验收规范》（GB 50268—2008）及批复的初步设计、施工图设计要求，并做到一次性验收合格。 　2）环境保护需符合批复的污水处理项目环境影响评价标准。其中，环境质量标准需符合《声环境质量标准》（GB 3096—2008）、《环境空气质量标准》（GB 3095—2012）和《工业企业设计卫生标准》（GBZ 1—2010）等要求；施工期噪声执行《建筑施工场界环境噪声排放标准》（GB 12523—2011）的标准。 　3）安全生产需符合《市政工程施工安全检查标准》（CJJ/T 275—2018）和福建省《市政工程安全施工技术标准》等。 （3）产出时效：项目产出时效是否达到绩效目标。即项目的进度管理是否有效，通常需对开竣工时间进行约定。例如，开工日：开工时间以政府相关主管部门颁发项目施工许可证之日为准； 竣工日：竣工时间以实质上完成项目施工并合格地通过竣工验收后，在竣工验收报告中标明的日期，自前述实际开工时间起算各个子项目建设需在合同约定的期限内完成。 （4）产出成本：项目产出成本是否按绩效目标控制		
		运营管理期产出（15）	（1）有效处理量是否达标。污水处理量、COD 削减量、氨氮削减量、总氮削减量、总磷削减量、污泥处置量符合批准的设计书、技术规范和项目合同的相关约定。 （2）处理质量是否达标。		

续表

一级指标（分值）	二级指标（分值）	三级指标（分值）	指标内涵（略）	得分	备注（扣分说明）
项目环境（45）	项目产出（35）	运营管理期产出（15）	1）水环境质量标准需符合《地表水环境质量标准》（GB 3838—2002）中的Ⅲ类标准。 2）地下水质量标准执行《地下水质量标准》（GB/T 14848—2017）中的Ⅲ类标准要求。 3）大气污染物排放执行《城镇污水处理厂污染物排放标准》（GB 18918—2002）中的二级标准。 4）水污染物排放执行《城镇污水处理厂污染物排放标准》（GB 18918—2002）中的一级 B 标准。 5）营运期厂界噪声执行《工业企业厂界噪声排放标准》（GB 12348—2018）中的Ⅱ类标准。 6）污泥处理标准符合《城镇污水处理厂污染物排放标准》（GB 18918—2002）要求。 （3）污水处理能耗是否达标。是否有完整的能耗数据表；单位水量电耗、单位耗氧污染物削减量是否符合批准的设计书、技术规范和项目合同的相关约定；是否有编制污水处理运行成本分析表、运行成本是否得到有效的控制等		
项目内部控制（25）	组织机构及资源（5）	—	机构是否健全，分工是否明确，资源（包括人员、资产等）使用是否合理有效		
	管理制度与组织管理（15）	—	是否建立健全项目全生命周期管理制度；是否严格执行相关项目管理制度。 1）建设管理。施工质量、安全、进度、资金等管理制度是否健全且得到有效的落实。 2）运营管理。是否有健全的运营管理制度；关键岗位人员配置到位并持证上岗；操作规程齐全、运行有记录；有进行污水、污泥分析并建立档案；有进行工艺调控，应急预案及年度运行分析报告。 3）构筑物、设备、中控系统管理。制度是否健全并得到有效落实；设备有定期检查并建立设备台账及维护档案；对关键工艺参数实施在线监控并建立维护档案。 4）安全管理。是否有进行应急方案演练；安全保护措施到位；负责人安全上岗证。 5）厂容厂貌管理。室外道路是否畅通，照明是否齐全完好；厂内环境是否整洁，绿化是否达标；室内办公室、操作室是否整洁有序；操作人员着装是否整		

一级指标（分值）	二级指标（分值）	三级指标（分值）	指标内涵（略）	得分	备注（扣分说明）
项目内部控制（25）	管理制度与组织管理（15）	—	齐，文明礼貌。 6）其他管理。问题反馈是否有记录并及时处理；是否有用户投诉、用户投诉是否有记录有处理；是否开展技术创新，如污水、污泥资源再生利用或能源回收；是否按要求上报信息、按时上报排水年鉴资料、按规定发放排水许可证等		
	管理资料（5）	—	资料是否完整规范、专人归档管理		
财务能力（10）	盈利能力（3）	—	总资产报酬率、净资产收益率、投资回报率、资本保值增值率等指标是否合理		
	偿债能力（2）	—	流动比率、速动比率、资产负债率、已获利息倍数等指标是否合理		
	运营能力（3）	—	总资产周转率、流动资产周转率、营运指数等指标是否合理		
	发展能力（2）	—	市场占有率、市场增长率、项目收入增长率、资本积累率等指标是否合理		
利益相关方满意度（10）	政府方满意度（3）	—	政府对项目实施的满意程度		
	项目公司建设、服务管理质量（3）	—	项目全过程建设、服务质量与绩效目标的符合度		
	社会公众满意度（4）	—	项目预期服务对象对项目实施的满意程度		
创新与可持续发展（10）	创新性（4）	—	是否进行制度、技术、管理创新		
	可持续发展（6）	—	项目实施对人、自然、资源是否带来可持续影响		
合计	100	100			

十、绩效评价结果运用（绩效管理）

PPP 项目绩效评价结果是 PPP 项目中政府向项目公司（或社会资本）付费的主要依据，不论是政府付费或可行性缺口补助项目，绩效评价都被要求作为付费或对 PPP 合同约定的价格进行调整的依据，同时，PPP 项目绩效评价结果还可作为科学安排预算、调整支出结构、完善财政政策、加强制度建设、实施绩效监督的重要依据，也可作为 PPP 项目移交阶段支付对价的重要支撑。

　　绩效评价结果按照量化后的综合评分进行分级管理（见表 6-2），综合评分 90 分（含）以上的为"优秀"，75（含）~90 分的为"较好"，60（含）~75 分的为"合格"，60 分以下的为"不合格"。绩效评价结果将直接与政府付费或可行性缺口补助的支付比例挂钩，另外绩效评价为"优秀"时可按照合同约定给予一定奖励，若连续三年绩效评价为"不合格"时，政府方有权启动退出机制，并按照合同约定进行惩罚。

表 6-2　绩效评价综合得分及相应的等级表（参考）

序号	绩效评价综合得分		绩效等级	政府付费或补贴支付比例 β
1	$\alpha \geqslant 90$		优秀	$\beta=100\%$
2	$75 \leqslant \alpha < 90$		较好	$\beta=(\alpha-75)\times1.2\%+82\%$
3	$60 \leqslant \alpha < 75$		合格	$\beta=(\alpha-60)\times0.8\%+70\%$
4	$\alpha < 60$	限期整改到位	不合格	$\beta=\alpha/60\times70\%$
		限期整改不到位		在原绩效评价分数基础上，对于整改不到位的考核项，再次扣减同样分数，重新核定绩效评价综合得分 α，计算支付比例 β

案例二　公建场馆 PPP 项目绩效评价指标体系

表 6-3　公建场馆 PPP 项目建设绩效评价指标体系（参考）

一级指标（分值）	二级指标（分值）	三级指标（分值）	指标内涵	得分	备注（扣分说明）
项目管理（15）	组织机构（5）	机构建设（2）	机构是否健全、分工是否明确		
		人员配备（2）	是否明确项目现场负责人及主要管理人员，管理人员、作业人员是否及时到岗，人员资质能否满足建设项目需要		
		廉政建设（1）	是否经常性开展廉政建设,有无违反廉政规定情形和不廉洁现象		
	管理制度（8）	制度建设（2）	是否建立健全项目管理制度;是否严格执行相关项目管理制度		
		合同管理（2）	是否建立完善的合同台账，督促合同履行，有无违法转包、分包等违法乱纪行为		
		前期手续（2）	基建手续申报是否快捷、高效、及时且齐全，有无出现未办、拖延或漏办等现象		

一级指标（分值）	二级指标（分值）	三级指标（分值）	指标内涵	得分	备注（扣分说明）
项目管理（15）	管理制度（8）	安全生产（2）	是否建立安全管理规章制度，制订安全生产应急预案，明确安全责任人，落实安全措施		
	管理资料（2）	—	资料是否完整规范；是否安排专人归档管理		
项目绩效（85）	项目投入（20）	资金到位情况（8）	资金是否及时足额到位；若未及时到位，是否影响项目进度		
		资金使用状况（4）	是否存在支出依据不合规、虚列项目支出的情况；是否存在截留、挤占、挪用项目资金情况；是否存在超标准开支情况		
		成本控制（5）	是否建立科学的成本管控体系，建立成本台账，制定成本超支应对措施		
		资金管理（3）	资金管理、费用支出等制度是否健全，是否严格执行；会计核算是否规范		
	项目产出（45）	产出数量（15）	项目产出数量是否达到绩效目标		
		产出质量（15）	项目产出质量是否达到绩效目标		
		产出时效（7）	项目产出时效是否达到绩效目标		
		产出成本（8）	项目产出成本是否按绩效目标控制		
	项目效益（20）	经济效益（6）	项目实施是否产生直接或间接经济效益		
		社会效益（3）	项目实施是否产生社会综合效益		
		环境效益（含公共安全）（3）	项目实施是否对环境产生积极或消极影响		
		可持续影响（3）	项目实施对人、自然、资源是否带来可持续影响		
		社会稳定（2）	项目在公共传媒或网络上是否出现负面影响、损坏公众或国家利益等情况		
		服务对象满意度（3）	项目预期服务对象对项目实施的满意程度		
合计	100	100			

表 6-4 公建场馆 PPP 项目运营绩效评价指标体系（参考）

一级指标（分值）	二级指标（分值）	三级指标（分值）	指标内涵	得分	备注（扣分说明）
客户层面（30）	客户满意（16）	客户满意度（4）	调查客户对于项目运营的满意程度是否达到90%以上		

续表

一级指标 （分值）	二级指标 （分值）	三级指标 （分值）	指标内涵	得分	备注（扣 分说明）
客户层面 （30）	客户满意 （16）	客户的使用意愿（4）	是否采取相关措施吸收增进客户使用意愿		
		客户投诉事件（4）	是否建立客户投诉处理机制，积极处理客户投诉，投诉处理及时率达到 90%以上		
		回头客比率（4）	统计回头客占访客数比例		
	服务质量 （10）	服务流程（3）	是否建立科学、规范的服务流程		
		服务意识及态度（3）	员工是否具备良好的服务意识及态度		
		服务环境（4）	场馆内设施、工具、场所、用品等是否满足客户舒适性及功能性需求		
	公益效益 （4）	免费低收费开放（4）	是否按照政策规定开展免费或低收费开放服务		
内部经营 层面 （35）	组织机构 （4）	机构建设（3）	是否成立专门的场馆运营机构及制定合理的分工制度		
		廉政建设（1）	是否经常性开展廉政建设，有无违反廉政规定情形和不廉洁现象		
	人力资源 管理（10）	专职人员比率（4）	专职人员比例是否满足项目正常运营需要		
		员工满意度（3）	企业内部管理是否满足员工期望		
		绩效考核制度（3）	是否对职工工作绩效的质量和数量进行评价，并建立绩效与职工收入挂钩的激励机制		
	管理水平 （16）	设施完好率（4）	设施设备是否进行经常性保养和清洁，完好的设施设备占全部设施设备中的比重是否达到 90%以上		
		场馆利用率（4）	反映场馆投入产出的效率和功能发挥的程度，场馆利率是否能够达到预期水平或投标承诺标准		
		突发事件处理（3）	是否建立相应突发事件应急预案		
		安全运营（3）	是否建立相应安全保障措施，有无专人负责保卫工作，全年有无重大人身伤亡事故和财产损失		

一级指标（分值）	二级指标（分值）	三级指标（分值）	指标内涵	得分	备注（扣分说明）
内部经营层面（35）	管理水平（16）	卫生管理（2）	是否建立相应卫生保障措施，有无专人负责清洁卫生，环境是否整齐清洁，通风照明是否良好		
	信息化程度（5）	档案信息系统（2）	是否搭建完整的档案资源信息共享服务平台		
		业务流程管理系统（2）	是否搭建管理企业的各个业务环节管理系统		
		全功能服务网站（1）	是否建立功能齐全的信息发布平台和推广服务平台		
财务层面（25）	成本控制（10）	成本管理制度（5）	资金管理、费用支出等制度是否健全，是否严格执行；会计核算是否规范		
		资金使用状况（5）	是否存在支出依据不合规、虚列项目支出的情况；是否存在截留、挤占、挪用运营资金情况；是否存在超标准开支情况		
	创造利润（15）	资金营运能力（5）	重点考察场馆资产周转率、应收账款周转率、净资产报酬率等财务指标		
		盈利能力（5）	重点考察每平方米利润率、营业收入、营业收入增长率、主营业务利润率、衍生业务收入比重等财务指标		
		偿债能力（5）	重点考察流动比率、现金比率、资产负债率、净营运资金负债率等财务指标		
学习与成长层面（10）	员工培训（2）	—	是否定期对员工进行有目的、有计划的培养和训练等管理活动		
	市场竞争力（5）	开发服务内容（3）	是否采用其他措施扩大或创新场馆的经营范围		
		规划营销方案（2）	是否有效开展营销推广活动，提高场馆利用率		
	引进专业管理人才（3）	—	重点考察场馆设施与相关机构合作比例及各级管理人员的资质等级比例		
合计	100	100			

案例三　供水 PPP 项目绩效评价指标体系

表 6-5　供水 PPP 项目建设绩效评价指标体系（参考）

一级指标（分值）	二级指标（分值）	三级指标（分值）	指标内涵	得分	备注（扣分说明）
项目管理（15）	组织机构（5）	机构建设（2）	机构是否健全、分工是否明确		
		人员配备（2）	是否明确项目现场负责人及主要管理人员，管理人员、作业人员是否及时到岗，人员资质能否满足建设项目需要		
		廉政建设（1）	是否经常性开展廉政建设，有无违反廉政规定情形和不廉洁现象		
	管理制度（8）	制度建设（2）	是否建立健全项目管理制度；是否严格执行相关项目管理制度		
		合同管理（2）	是否建立完善的合同台账，督促合同履行，有无违法转包、分包等违法乱纪行为		
		前期手续（2）	基建手续申报是否快捷、高效、及时且齐全，有无出现未办、拖延或漏办等现象		
		安全生产（2）	是否建立安全管理规章制度，制订安全生产应急预案，明确安全责任人，落实安全措施		
	管理资料（2）	—	资料是否完整规范；是否安排专人归档管理		
项目绩效（85）	项目投入（20）	资金到位情况（8）	资金是否及时足额到位；若未及时到位，是否影响项目进度		
		资金使用状况（4）	是否存在支出依据不合规、虚列项目支出的情况；是否存在截留、挤占、挪用项目资金情况；是否存在超标准开支情况		
		成本控制（5）	是否建立科学的成本管控体系，建立成本台账，制定成本超支应对措施		
		资金管理（3）	资金管理、费用支出等制度是否健全，是否严格执行；会计核算是否规范		
	项目产出（45）	产出数量（15）	项目产出数量是否达到绩效目标		
		产出质量（15）	项目产出质量是否达到绩效目标		
		产出时效（7）	项目产出时效是否达到绩效目标		
		产出成本（8）	项目产出成本是否按绩效目标控制		
	项目效益（20）	经济效益（6）	项目实施是否产生直接或间接经济效益		
		社会效益（3）	项目实施是否产生社会综合效益		
		环境效益（含公共安全）（3）	项目实施是否对环境产生积极或消极影响		

续表

一级指标（分值）	二级指标（分值）	三级指标（分值）	指标内涵	得分	备注（扣分说明）
项目绩效（85）	项目效益（20）	可持续影响（3）	项目实施对人、自然、资源是否带来可持续影响		
		社会稳定（2）	项目在公共传媒或网络上是否出现负面影响、损坏公众或国家利益等情况		
		服务对象满意度（3）	项目预期服务对象对项目实施的满意程度		
合计	100	100			

表 6-6　供水 PPP 项目运营绩效评价指标体系（参考）

一级指标（分值）	二级指标（分值）	三级指标（分值）	指标内涵	得分	备注（扣分说明）
组织管理（15）	组织机构（3）	机构建设（1）	机构是否健全、分工是否明确		
		人员配备（1）	是否明确企业负责人及主要管理人员，管理人员、作业人员的执业资格或管理水平满足项目运营需要		
		廉政建设（1）	是否经常性开展廉政建设，有无违反廉政规定情形和不廉洁现象		
	管理制度（10）	水源保护制度（1）	是否配合环保部门建立当地饮用水水源地保护制度，并掌握和及时反馈当地水源水质情况		
		服务与投诉监管制度（3）	是否建立城镇供水服务与投诉监管制度		
		水质监管与信息发布制度（2）	是否建立水质检查或督察管理制度，建立水质信息发布制度，积极配合行业主管部门开展水质督察工作		
		应急管理制度（1）	是否制订完善及具有可操作性的城市供水安全应急预案，及时报送当地政府审批或备案		
		二次供水管理制度（2）	是否建立二次供水管理制度，二次供水管理制度是否包括设施清洗消毒、水质检测、新建二次供水设施管理等必要内容		
		自备水管理制度（1）	是否建立自备水管理制度，掌握和及时反馈当地公共供水管网覆盖范围内自备水供水情况的		
	管理资料（2）	建设项目管理（2）	是否配合行业主管部门按规定对建设项目涉及改装拆除或移动公共供水设施、新建管网连接进行管理		

续表

一级指标 （分值）	二级指标 （分值）	三级指标 （分值）	指标内涵	得分	备注（扣 分说明）
规范化管理制度落实（85）	水质与水量管理（10）	水质检测制度（2）	是否建立企业、水厂、班组分级水质检测制度，建立规范完善的原始台账记录制度		
		水质检测能力及实施情况（3）	是否按规定建设水质化验室，水厂需具备 10 项日常检测指标检测能力，规模达到 30 万立方米/日及以上的供水企业需具备《生活饮用水卫生标准》（GB 5749—2006）要求的 42 项常规指标的检测能力；是否定期考核检测人员业务能力和熟练程度		
		水质检测实施（3）	是否依据标准规范要求的检测指标和频率对原水、出厂水、管网水、管网末梢水进行检测；是否保存完整、齐全的水质检测记录、报告及检测质量控制记录等原始资料；供水水质是否达到《城市供水水质标准》（CJ/T 206）的合格率要求		
		水质信息报告与公布（1）	是否按规定如期向当地主管部门报告水质信息，报告是否及时、完整；是否按照水质信息公布制度定期向社会公布水质信息		
		供水量情况（1）	是否按照供水计划完成供水目标，满足服务区域用水需求		
	水厂运行与管理（35）	处理工艺（3）	各环节处理工艺是否与水源水质相适应，是否针对当地原水水质特征污染物增加相应的处理措施		
		运行质量控制（15）	是否建立生产质量控制操作规程，每个处理单元是否设置关键控制点及量化的水质控制指标；质量控制记录和关键控制点的水质检测结果，是否符合生产质量操作规程或达到工序质量控制要求；是否制定索证及验收制度，生产许可证、省级以上卫生许可证、产品合格证及化验报告等资料文件是否完备、齐全；是否按规定配置水量计量和药剂计量投加装置，流量计量仪表是否进行定期检定或校准；是否根据水源和工艺情况开展混凝搅拌小样实验（地下水不适用）；每个质量控制点是否安装在线监测设备		

一级指标（分值）	二级指标（分值）	三级指标（分值）	指标内涵	得分	备注（扣分说明）
规范化管理制度落实（85）	水厂运行与管理（35）	供水设施设备养护（5）	是否建立供水设施和设备日常保养、定期维护和大修理三级维护检修制度，设施设备是否进行经常性保养和清洁，设备完好率在98%以上		
		安全生产（5）	是否建立安全生产相关制度（岗位责任制度、巡回检查制度、交接班制度、安全防护制度和事故报告制度等），是否设置安全生产专职监管人员，岗位人员是否具备熟练的操作技能		
		安防监控（5）	是否建立门卫制度，配置安防监控系统，且监控数据储存时间少于15天；是否配备必要的防护和抢修装备（液氯渗漏报警、中和装置、抢修器材、防护用具等），配电间安全防护设施是否能够正常运行，并保存完善的定期巡查记录，是否实现双电源供电		
		岗前培训与持证上岗（2）	是否建立培训上岗制度，对重点岗位人员进行岗前培训，每工种人员持证上岗（健康证、执业资格证等）		
	管网运行与管理（20）	管网档案与调度系统（6）	是否建立完整供水管网档案，建立管网运行数据自动采集和运行调度系统，系统能够准确显示管网运行压力、流量、水质等信息；是否供水服务面积内每10平方千米设置压力点不少于一个或总数不少于三个；管网最不利点的压力是否满足国家或当地相关标准要求		
		管网漏损（6）	管网漏损率—标准值是否满足规定要求		
		管网维护（4）	是否制定管网巡查、维护管理制度，并按制度实施；是否制订管网末梢管段定期清洗计划并按计划实施		
		泵站维护质量（4）	泵站的水泵、闸门等设施是否养护到位，出现故障时是否及时处理；是否按要求定点放置相关消防器材；是否按规定对起重设备、电气安全用具等进行检测		
	供水服务（15）	服务窗口（2）	是否设置服务窗口或服务热线，是否提供水质、水压及水价等信息查询，是否公开新装、缴费、投诉处理等服务流程，服务方式是否便利		

续表

一级指标（分值）	二级指标（分值）	三级指标（分值）	指标内涵	得分	备注（扣分说明）
规范化管理制度落实（85）	供水服务（15）	抄表计量（3）	水表检定、安装、更换记录是否符合有关规定，抄表到户率是否不低于 95%		
		抢修与停水（6）	管网一般漏水处理时间是否不超过 24 小时，爆管是否在 30 分钟内到达现场、4 小时内止水并抢修；是否按要求提前发布停水公告		
		投诉处理及时率与服务满意度（4）	是否能够及时处理各项投诉或热线咨询，投诉处理及时率应高于 99%；客户服务人员是否对业务熟悉，是否有完整的服务相关记录		
	应急管理（5）	应急预案（3）	是否依据所在地城市供水安全应急预案制订突发事件应急预案，应急预案是否能及时报当地城市供水主管部门备案，是否按照应急预案的规定组织演练		
		应急处理专业队伍与物资储备（2）	是否建立应急处理队伍，根据应急预案针对本地区风险污染物配置应急设施、设备及其他物资储备		
合计	100	100			

案例四　垃圾处理 PPP 项目绩效评价指标体系

表 6-7　垃圾处理 PPP 项目建设绩效评价指标体系（参考）

一级指标（分值）	二级指标（分值）	三级指标（分值）	指标内涵	得分	备注（扣分说明）
项目管理（15）	组织机构（5）	机构建设（2）	机构是否健全、分工是否明确		
		人员配备（2）	是否明确项目现场负责人及主要管理人员，管理人员、作业人员是否及时到岗，人员资质能否满足建设项目需要		
		廉政建设（1）	是否经常性开展廉政建设，有无违反廉政规定情形和不廉洁现象		
	管理制度（8）	制度建设（2）	是否建立健全项目管理制度；是否严格执行相关项目管理制度		
		合同管理（2）	是否建立完善的合同台账，督促合同履行，有无违法转包、分包等违法乱纪行为		

续表

一级指标（分值）	二级指标（分值）	三级指标（分值）	指标内涵	得分	备注（扣分说明）
项目管理（15）	管理制度（8）	前期手续（2）	基建手续申报是否快捷、高效、及时且齐全，有无出现未办、拖延或漏办等现象		
		安全生产（2）	是否建立安全管理规章制度，制订安全生产应急预案，明确安全责任人，落实安全措施		
	管理资料（2）	—	资料是否完整规范；是否安排专人归档管理		
项目绩效（85）	项目投入（20）	资金到位情况（8）	资金是否及时足额到位；若未及时到位，是否影响项目进度		
		资金使用状况（4）	是否存在支出依据不合规、虚列项目支出的情况；是否存在截留、挤占、挪用项目资金情况；是否存在超标准开支情况		
		成本控制（5）	是否建立科学的成本管控体系，建立成本台账，制定成本超支应对措施		
		资金管理（3）	资金管理、费用支出等制度是否健全，是否严格执行；会计核算是否规范		
	项目产出（45）	产出数量（15）	项目产出数量是否达到绩效目标		
		产出质量（15）	项目产出质量是否达到绩效目标		
		产出时效（7）	项目产出时效是否达到绩效目标		
		产出成本（8）	项目产出成本是否按绩效目标控制		
	项目效益（20）	经济效益（6）	项目实施是否产生直接或间接经济效益		
		社会效益（3）	项目实施是否产生社会综合效益		
		环境效益(含公共安全)（3）	项目实施是否对环境产生积极或消极影响		
		可持续影响（3）	项目实施对人、自然、资源是否带来可持续影响		
		社会稳定（2）	项目在公共传媒或网络上是否出现负面影响、损坏公众或国家利益等情况		
		服务对象满意度（3）	项目预期服务对象对项目实施的满意程度		
合计	100	100			

表 6-8　垃圾处理 PPP 项目运营绩效评价指标体系（参考）

一级指标 （分值）	二级指标 （分值）	三级指标 （分值）	指标内涵	得分	备注 （扣分说明）
组织管理 （12）	组织机构 （3）	机构建设（1）	机构是否健全、分工是否明确		
		人员配备（1）	是否明确企业负责人及主要管理人员，管理人员、作业人员的执业资格或管理水平满足项目运营需要		
		廉政建设（1）	是否经常性开展廉政建设，有无违反廉政规定情形和不廉洁现象		
	管理制度 （6）	制度建设（2）	是否建立健全项目管理制度；是否严格执行相关项目管理制度		
		合同管理（1）	是否建立完善的合同台账，督促合同履行		
		经费保障（2）	运行经费是否足额及时拨付，能够满足正常运行管理需要		
		信息报送（1）	是否有良好的信息化平台，信息按时报送住建部等行业管理部门系统平台，且报送的数据真实可靠		
	管理资料 （2）	—	资料是否完整规范，有完善、翔实的运行管理手册、运行日志和生产岗位日志；是否安排专人归档管理		
	公众参与 （1）	—	是否主动公开项目信息，进行相应宣传，接待公众来访，接受新闻媒体和舆论的监督，未发生有责任投诉或曝光现象		
垃圾进厂、计量监管 （12）	垃圾接收 （4）	—	是否在卸料平台进行不定期抽查，抽查车次不应低于垃圾车总车次的 5%。检查是否有危险废物、建筑垃圾等非许可垃圾进场倾卸；协助处理特殊垃圾是否采用特殊措施，效果如何；接受行政区域外垃圾的是否经省建设主管部门的批准		
	垃圾秤重 （4）	—	垃圾运输车进出场区有无称重记录，各项数据、信息是否详细记录存档，并按主管部门规定形成日报表和月报表，报表数据由主管部门签字确认后生效。地磅计量仪器出现故障，焚烧厂是否在 30 分钟内通知主管部门，双方协商解决有关计量数据问题		

一级指标（分值）	二级指标（分值）	三级指标（分值）	指标内涵	得分	备注（扣分说明）
垃圾进厂、计量监管（12）	桥称和抓斗计量器检定（4）	—	焚烧厂是否按规定每半年请有资质的计量单位进行一次桥称和抓斗计量器检定。主管部门每月抽查一次进出地磅和抓斗计量器数据是否一致		
焚烧管理（12）	运行时间（4）	—	是否满足年运行时间不低于8000小时		
	焚烧炉温度（8）	—	按技术规范的要求，根据焚烧炉设计书、二次空气喷入点和喷入方向等情况判断烟气停留时间是否合格；根据焚烧炉测温布点、各点温度显示值、测温元件及仪表校准检验证明等情况判断烟气温度是否合格		
环境保护（54）	污染监控（41）	烟气处理（12）	是否满足标准规定和环评批复的排放限值		
		恶臭控制（5）	是否满足标准规定和环评批复的排放限值		
		渗沥液收集导排（5）	垃圾坑积水情况，渗沥液导排设施是否完好有效		
		渗沥液处理（5）	渗沥液处理是否达到环评批复和设计要求，排放水质是否满足要求		
		飞灰处理（7）	是否自行达标处理或按主管部门要求运输到指定处理厂，沿途有无抛撒现象，是否将飞灰混入炉渣中		
		灰渣指标及其处理（7）	灰渣热灼减率是否达到要求（小于5%），处理处置是否符合标准和环评批复的要求		
	烟气在线监测系统（10）	监测系统维护、校准（5）	是否按照规定定期维护监测系统，每半年请有资质的计量单位定期校准		
		故障率（5）	故障频率是否低于规定要求		
	资源化利用（3）	—	是否对生产废弃物进行资源化利用；是否对余热进行有效利用		
安全管理（3）	管理制度（1）	—	是否根据项目的工艺设备系统的结构、性能、用途等制订相应的操作规程和事故处理应急体系		

续表

一级指标（分值）	二级指标（分值）	三级指标（分值）	指标内涵	得分	备注（扣分说明）
安全管理（3）	安全防范（1）	—	是否保证防火、防爆、防汛、抗震等安全设施完好，并进行定期检查维护		
	劳动保护（1）	—	各岗位工作人员是否有相应的劳动保护措施，有无对职工进行定期的职业病防治、检查、体检		
社会评价（7）	公众参与（2）	—	是否存在新闻曝光、投诉等情形		
	服务对象满意度（2）	—	项目运营的满意程度是否达到90%以上		
	环保督查情况（3）	—	是否受到环保部门整改通报或处罚等		在项目运营期内，任一运营年度中因不同事件项目公司受到各级环保部门整改通报或处罚累计达到4次以上（含4次）的（因同一事件项目公司受到各级环保部门整改通报或处罚按1次统计），政府方有权选择启动提前退出机制
合计	100	100			

案例五 综合管廊 PPP 项目绩效评价指标体系

表 6-9 综合管廊 PPP 项目建设绩效评价指标体系（参考）

一级指标（分值）	二级指标（分值）	三级指标（分值）	指标内涵	得分	备注（扣分说明）
项目管理（15）	组织机构（5）	机构建设（2）	机构是否健全、分工是否明确		
		人员配备（2）	是否明确项目现场负责人及主要管理人员，管理人员、作业人员是否及时到岗，人员资质能否满足建设项目需要		

一级指标（分值）	二级指标（分值）	三级指标（分值）	指标内涵	得分	备注（扣分说明）
项目管理（15）	组织机构（5）	廉政建设（1）	是否经常性开展廉政建设，有无违反廉政规定情形和不廉洁现象		
	管理制度（8）	制度建设（2）	是否建立健全项目管理制度；是否严格执行相关项目管理制度		
		合同管理（2）	是否建立完善的合同台账，督促合同履行，有无违法转包、分包等违法乱纪行为		
		前期手续（2）	基建手续申报是否快捷、高效、及时且齐全，有无出现未办、拖延或漏办等现象		
		安全生产（2）	是否建立安全管理规章制度，制订安全生产应急预案，明确安全责任人，落实安全措施		
	管理资料（2）	—	资料是否完整规范；是否安排专人归档管理		
项目绩效（85）	项目投入（20）	资金到位情况（8）	资金是否及时足额到位；若未及时到位，是否影响项目进度		
		资金使用状况（4）	是否存在支出依据不合规、虚列项目支出的情况；是否存在截留、挤占、挪用项目资金情况；是否存在超标准开支情况		
		成本控制（5）	是否建立科学的成本管控体系，建立成本台账，制定成本超支应对措施		
		资金管理（3）	资金管理、费用支出等制度是否健全，是否严格执行；会计核算是否规范		
	项目产出（45）	产出数量（15）	项目产出数量是否达到绩效目标		
		产出质量（15）	项目产出质量是否达到绩效目标		
		产出时效（7）	项目产出时效是否达到绩效目标		
		产出成本（8）	项目产出成本是否按绩效目标控制		
	项目效益（20）	经济效益（6）	项目实施是否产生直接或间接经济效益		
		社会效益（3）	项目实施是否产生社会综合效益		
		环境效益（含公共安全）（3）	项目实施是否对环境产生积极或消极影响		
		可持续影响（3）	项目实施对人、自然、资源是否带来可持续影响		
		社会稳定（2）	项目在公共传媒或网络上是否出现负面影响、损坏公众或国家利益等情况		
		服务对象满意度（3）	项目预期服务对象对项目实施的满意程度		
合计	100	100			

表 6-10　综合管廊 PPP 项目运营绩效评价指标体系（参考）

一级指标（分值）	二级指标（分值）	三级指标（分值）	指标内涵	得分	备注（扣分说明）
组织管理（15）	组织机构（5）	机构建设（2）	机构是否健全、分工是否明确		
		人员配备（2）	是否明确企业负责人及主要管理人员,管理人员、作业人员及时到岗,人员资质满足运营项目需要		
		廉政建设（1）	是否经常性开展廉政建设,有无违反廉政规定情形和不廉洁现象		
	管理制度（5）	制度建设（2）	是否建立健全项目管理制度;是否严格执行相关项目管理制度		
		合同管理（3）	是否建立完善的合同台账,督促合同履行,禁止违法违纪乱纪行为		
	管理资料（5）	—	资料是否完整规范;是否安排专人归档管理		
运营管理（20）	规划管线入廊率（8）	—	管廊管理单位是否按要求积极主动协调管线入廊,对已建设综合管廊的城市道路,运营期内规划入廊管线入廊率是否达到100%		
	入廊合同签约率（4）	—	管廊管理单位是否按要求及时与管线单位签订入廊置协议,明确入廊时间、费用、职责权利等内容,并收取相应的入廊使用费和维护费		
	日常巡查管理（3）	—	是否按规定的人数、频次和要求执行巡查工作,并做好巡查记录		
	智能化管理情况（2）	—	智能化管理系统是否及时更新,并根据业务开展需要不断进行提升改造,实现对管廊相关数据的实时采集、动态监测和信息共享		
	客户满意度（3）	—	是否积极配合管线单位开展入廊管线的日常维护管理工作,出现问题能否10分钟之内通知各管线单位进行抢修		
维护管理（40）	土建工程（15）	混凝土构筑物维护情况（8）	管廊内有无渗漏水现象,管段有无裂缝、变形、腐蚀、缺损等病害		
		支架/桥架缺损情况（含锈蚀）（3）	支架/桥架有无脱落、锈蚀、变形情况		

续表

一级指标 （分值）	二级指标 （分值）	三级指标 （分值）	指标内涵	得分	备注（扣 分说明）
维护管理 （40）	土建工程 （15）	地面附属设施（含引出口、投料口、通风口、人员出入口、配电房、管理用房等附属设施） （4）	引出口是否采用防水封堵，其余设施有无破损情况		
	附属系统 （19）	控制中心 （1）	各种设备是否运转良好，操作室内是否干燥、清洁、通风		
		消防系统 （3）	火灾自动报警系统、灭火系统及防火分隔、灭火器材是否正常运行		
		通风系统 （3）	风机、通风口、风管、排烟防火阀、空调系统是否正常运行		
		供电系统 （3）	系统变配电站、电力电缆线路、防雷及接地设施是否正常运行		
		照明系统 （2）	照明系统控制功能是否正常运行，亮灯率是否达到95%以上（含95%）；应急照明功能、安全疏散照明、配电箱及照明灯是否正常运行		
		监控与报警系统 （3）	计算机与网络系统、闭路电视系统、现场监控设备、传输线路、通信系统是否正常运行；能否准确、及时地探测管廊内火情，检测有害气体、空气含氧量、温度、湿度等环境参数，并能及时将信息传递到监控中心		
		排水系统 （2）	管道阀门、水泵、水位仪是否正常运行		
		标识系统 （2）	是否设置规范，标牌有无倾斜、破损、污渍等；标识有无错误、标牌有无缺失等		
	日常巡修管理 （6）	人员配置 （2）	是否按国家及行业标准配置持证上岗的专业人员，并做好维护巡修台账		
		联动处置机制建立 （2）	是否与各入廊管线单位建立完善的联动处置机制，尽量避免出现交叉作业现象		
		维修保障 （2）	是否在规定时限内到达故障地点并布置安全防范措施，在规定时限内完成修复工作		

一级指标 （分值）	二级指标 （分值）	三级指标 （分值）	指标内涵	得分	备注（扣 分说明）
安全及应 急管理 （20）	作业安全 管理 （4）	—	是否制定相应的安全作业规程，作业人员入廊前应佩戴安全劳动保护用品，作业现场应当按规定设置明显标志和采取有效的安全措施，保障作业人员安全		
	保密措施 （2）	—	相关文件及数据有无进行保密等级划分，电子类涉密文件及数据有无采取加密保护措施，纸质类涉密文件及数据有无根据档案管理有关要求进行封存		
	制度建设 （2）	—	是否建立健全各项安全生产管理制度，落实安全生产岗位责任制		
	应急预案 （2）	—	是否制订防洪、防台（如需）、防盗、消防、水管爆裂、燃气泄漏等突发应急事件的应急预案，每半年不少于一次应急演练。发生应急突发事件 5 分钟内，管理单位是否及时通知各管线单位进行应急抢修		
	安全检查 （2）	—	是否定期开展安全隐患专项检查，每年不少于 1 次，并形成检查及整改记录		
	物资配备 （2）	—	备品备件和应急物资的种类和数量是否满足例行养护和应急抢修的需要，质量是否符合要求		
	安全培训 （2）	—	是否定期加强对作业人员安全生产的教育培训，每年不少于 1 次，有必要时应进行考核，并形成相关培训资料及记录		
	资金保障 （2）	—	是否按照国家要求落实相关安全生产专项保障资金		
	管理保洁 （2）	—	管廊内部（含集水坑、设备层等）及管理用房等场所是否保持干燥 、整洁、通风良好、无积水、无淤泥、 无粉尘、无异味 ，管廊运输、检修通道通畅		
社会责任 （5）	各类投诉 处理 （1）	—	是否积极、妥善处理各类投诉，对存在问题不推诿扯皮，尽快落实解决；处理率 100%，记录详细规范		
	重大活动 配合 （1）	—	重大事件是否积极配合，交办任务能否及时完成		

续表

一级指标 （分值）	二级指标 （分值）	三级指标 （分值）	指标内涵	得分	备注（扣 分说明）
社会责任 （5）	媒体舆论 情况 （1）	—	有无发生有责媒体报道事件，有无发生重大有责新闻曝光		
	相关督察 发现问题 及处理 （1）	—	是否对相关督察发现的问题认真进行整改并在规定时间内进行回复		
	领导批示 完成情况 （1）	—	是否认真贯彻落实各级领导批示精神		
合计	100	100			

案例六　流域治理 PPP 项目绩效评价指标体系

表 6-11　流域治理 PPP 项目建设绩效评价指标体系（参考）

一级指标 （分值）	二级指标 （分值）	二级指标 （分值）	指标内涵	得分	备注（扣 分说明）
项目管理 （15）	组织机构 （5）	机构建设（2）	机构是否健全、分工是否明确		
		人员配备（2）	是否明确项目现场负责人及主要管理人员，管理人员、作业人员是否及时到岗，人员资质能否满足建设项目需要		
		廉政建设（1）	是否经常性开展廉政建设，有无违反廉政规定情形和不廉洁现象		
	管理制度 （8）	制度建设（2）	是否建立健全项目管理制度；是否严格执行相关项目管理制度		
		合同管理（2）	是否建立完善的合同台账，督促合同履行，有无违法转包、分包等违法乱纪行为		
		前期手续（2）	基建手续申报是否快捷、高效、及时且齐全，有无出现未办、拖延或漏办等现象		
		安全生产（2）	是否建立安全管理规章制度，制订安全生产应急预案，明确安全责任人，落实安全措施		
	管理资料 （2）	—	资料是否完整规范；是否安排专人归档管理		

一级指标 （分值）	二级指标 （分值）	三级指标 （分值）	指标内涵	得分	备注（扣 分说明）
项目绩效 （85）	项目投入 （20）	资金到位情况 （8）	资金是否及时足额到位；若未及时到位，是否影响项目进度		
		资金使用状况 （4）	是否存在支出依据不合规、虚列项目支出的情况；是否存在截留、挤占、挪用项目资金情况；是否存在超标准开支情况		
		成本控制（5）	是否建立科学的成本管控体系，建立成本台账，制定成本超支应对措施		
		资金管理（3）	资金管理、费用支出等制度是否健全，是否严格执行；会计核算是否规范		
	项目产出 （45）	产出数量（15）	项目产出数量是否达到绩效目标		
		产出质量（15）	项目产出质量是否达到绩效目标		
		产出时效（7）	项目产出时效是否达到绩效目标		
		产出成本（8）	项目产出成本是否按绩效目标控制		
	项目效益 （20）	经济效益（6）	项目实施是否产生直接或间接经济效益		
		社会效益（3）	项目实施是否产生社会综合效益		
		环境效益(含公共安全)（3）	项目实施是否对环境产生积极或消极影响		
		可持续影响(3)	项目实施对人、自然、资源是否带来可持续影响		
		社会稳定（2）	项目在公共传媒或网络上是否出现负面影响、损坏公众或国家利益等情况		
		服务对象满意度（3）	项目预期服务对象对项目实施的满意程度		
合计	100	100			

表 6-12　流域治理 PPP 项目运营绩效评价指标体系（参考）

一级指标 （分值）	二级指标 （分值）	三级指标 （分值）	指标内涵	得分	备注（扣 分说明）
组织管理 （15）	组织机构 （5）	机构建设（2）	机构是否健全、分工是否明确		
		人员配备（2）	是否明确企业负责人及主要管理人员，管理人员、作业人员的执业资格或管理水平满足项目运营需要		
		廉政建设（1）	是否经常性开展廉政建设，有无违反廉政规定情形和不廉洁现象		

一级指标 （分值）	二级指标 （分值）	三级指标 （分值）	指标内涵	得分	备注（扣 分说明）
组织管理 （15）	管理制度 （5）	制度建设（2）	是否建立健全项目运营管理制度；是否严格执行相关项目运营管理制度		
		合同管理（1）	是否建立完善的合同台账，督促合同履行		
		经费保障（2）	维修养护、运行管理等费用来源是否渠道畅通，拨款支付是否足额到位，有无严格执行财务制度		
	管理资料 （2）	—	资料是否完整规范；是否安排专人归档管理		
	观测检查 （3）	经常检查（2）	是否经常对各类设施、设备、河道、堤防、拦河坝等进行检查，检查周期能够满足每月不得少于一次		
		工程观测（1）	是否按要求对堤防、涵闸等进行工程观测，以及对河势变化进行观测，观测资料有无整编成册		
设施运营维护状况 （24）	上、下游污水处理厂 （16）	COD_{CR}（2）	是否满足《城镇污水处理厂污染物排放标准》的标准规定和环评批复的排放限值		
		BOD_5（2）	是否满足《城镇污水处理厂污染物排放标准》的标准规定和环评批复的排放限值		
		TN（2）	是否满足《城镇污水处理厂污染物排放标准》的标准规定和环评批复的排放限值		
		TP（2）	是否满足《城镇污水处理厂污染物排放标准》的标准规定和环评批复的排放限值		
		$NH_3\text{-}P$（2）	是否满足《城镇污水处理厂污染物排放标准》的标准规定和环评批复的排放限值		
		SS（2）	是否满足《城镇污水处理厂污染物排放标准》的标准规定和环评批复的排放限值		
		pH 值（2）	是否满足《城镇污水处理厂污染物排放标准》的标准规定和环评批复的排放限值		
		粪大肠菌群数 （2）	是否满足《城镇污水处理厂污染物排放标准》的标准规定和环评批复的排放限值		
	配套设施设备 （7）	截污管道（1）	截污管道内是否存在严重淤积，井盖是否完整，有无丢失、破损严重，是否符合井盖承载等级要求，是否存在污水冒溢路面现象		
		雨水滞蓄设施 （1）	是否设施完好，定期对雨水滞蓄设施进行清淤，保障滞蓄设施有足够的滞蓄空间，并保障收集与排水设施通畅、运行安全		

续表

一级指标 （分值）	二级指标 （分值）	三级指标 （分值）	指标内涵	得分	备注（扣 分说明）
设施运营 维护状况 （24）	配套设施 设备 （7）	提升泵站（1）	设备是否完好，电机、水泵、变压器、开关柜、启闭装置等主要设备的运行情况是否良好		
		监测系统（1）	监测系统是否按规定正常运行，仪表运行正常、维护及时到位，数据准确，记录完整		
		曝气设施（1）	是否运行平稳，充氧能力稳定，爆气均匀，机械故障率低，噪声和温升符合要求		
		堤岸护坡（1）	堤身断面、护堤地（面积）是否保持设计或竣工验收的尺度；是否堤肩线直、弧圆，堤坡平顺；堤身有无裂缝、冲沟、有无洞穴、有无杂物垃圾堆放		
		河道闸坝（1）	闸门表面有无明显锈蚀，止水装置密封是否可靠，行走支承零部件有无缺陷，承载构件有无变形，运转部位的加油设施是否完好、畅通		
	标志标牌 （1）	—	各类工程管理标志、标牌（里程桩、禁行杆、分界牌、疫区标志牌、警示牌、除工险段及工程标牌、工程简介牌等）是否齐全、醒目美观		
监控断面 日常监测 （36）	监控断面 （36）	COD_{CR}（4）	水质根据所属水域环境功能和保护目标，是否满足相应标准要求		
		BOD_5（4）	水质根据所属水域环境功能和保护目标，是否满足相应标准要求		
		TN（4）	水质根据所属水域环境功能和保护目标，是否满足相应标准要求		
		TP（4）	水质根据所属水域环境功能和保护目标，是否满足相应标准要求		
		$NH_3\text{-}N$（4）	水质根据所属水域环境功能和保护目标，是否满足相应标准要求		
		DO（4）	水质根据所属水域环境功能和保护目标，是否满足相应标准要求		
		SS（4）	水质根据所属水域环境功能和保护目标，是否满足相应标准要求		
		SD（4）	水质根据所属水域环境功能和保护目标，是否满足相应标准要求		

续表

一级指标（分值）	二级指标（分值）	三级指标（分值）	指标内涵	得分	备注（扣分说明）
监控断面日常监测（36）	监控断面（36）	流量（4）	水质根据所属水域环境功能和保护目标，是否满足相应标准要求		
景观生态环卫工程（10）	植物抚育养护（6）	水生植被（2）	是否保持水生植物数量、质量，植物缺失后是否及时补植、及时修剪，水生植物退化率是否满足要求		
		陆生植被（2）	植被长势是否良好，能否及时修剪整形，是否按要求进行施肥，病虫害防治是否到位，存活率是否满足要求		
		修剪收割（2）	是否根据植物特点及时进行修剪收割		
	日常保洁管理（4）	河道卫生（2）	是否保持河道畅通，河水有无障碍物，河面有无影响水生态环境的杂草，水域水面有无漂浮废弃物		
		沿岸卫生（2）	沿岸环境是否良好，护岸整齐，有无杂物垃圾堆放、乱围乱建，有无垃圾焚烧或污水乱排现象，有无露天粪坑，有无鸡鸭棚		
紧急处置（8）	防汛（4）	防汛组织（1）	防汛责任是否落实、岗位责任是否明确，抢险队伍是否落实到位		
		防汛调度（1）	方案是否明确、规程及制度是否完善，原则权限是否清晰，记录是否清楚		
		防汛准备（1）	是否按规定做好防汛检查，编制防汛预案，落实各项防汛措施，备齐防汛物料与设施		
		报讯（1）	是否建立水文报讯系统，实现自动测报，测报、预报合格率是否符合规范要求		
	工程抢险（2）	险情报告（1）	能否及时发现、报告险情		
		抢险方案（1）	抢险方案是否落实到位		
	河道清障（2）	情况报告（1）	河道管护范围内阻水生物、建筑物的数量、位置、设障单位等情况是否清楚		
		清障方案（1）	是否及时提出清障方案并督促完成清障任务		
社会评价（7）	公众参与（2）	—	是否存在新闻曝光、投诉等情形		
	服务满意度（2）	—	项目运营的满意程度是否达到90%以上		
	环保督查情况（3）	—	是否受到环保部门整改通报或处罚等		
合计	100	100			

案例七　公路 PPP 项目绩效评价指标体系

表 6-13　公路 PPP 项目建设绩效评价指标体系（参考）

一级指标（分值）	二级指标（分值）	三级指标（分值）	指标内涵	得分	备注（扣分说明）
项目管理（15）	组织机构（5）	机构建设（2）	机构是否健全、分工是否明确		
		人员配备（2）	是否明确项目现场负责人及主要管理人员，管理人员、作业人员是否及时到岗，人员资质能否满足建设项目需要		
		廉政建设（1）	是否经常性开展廉政建设，有无违反廉政规定情形和不廉洁现象		
	管理制度（8）	制度建设（2）	是否建立健全项目管理制度；是否严格执行相关项目管理制度		
		合同管理（2）	是否建立完善的合同台账，督促合同履行，有无违法转包、分包等违法乱纪行为		
		前期手续（2）	基建手续申报是否快捷、高效、及时且齐全，有无出现未办、拖延或漏办等现象		
		安全生产（2）	是否建立安全管理规章制度，制订安全生产应急预案，明确安全责任人，落实安全措施		
	管理资料（2）	—	资料是否完整规范；是否安排专人归档管理		
项目绩效（85）	项目投入（20）	资金到位情况（8）	资金是否及时足额到位；若未及时到位，是否影响项目进度		
		资金使用状况（4）	是否存在支出依据不合规、虚列项目支出的情况；是否存在截留、挤占、挪用项目资金情况；是否存在超标准开支情况		
		成本控制（5）	是否建立科学的成本管控体系，建立成本台账，制定成本超支应对措施		
		资金管理（3）	资金管理、费用支出等制度是否健全，是否严格执行；会计核算是否规范		
	项目产出（45）	产出数量（15）	项目产出数量是否达到绩效目标		
		产出质量（15）	项目产出质量是否达到绩效目标		
		产出时效（7）	项目产出时效是否达到绩效目标		
		产出成本（8）	项目产出成本是否按绩效目标控制		
	项目效益（20）	经济效益（6）	项目实施是否产生直接或间接经济效益		
		社会效益（3）	项目实施是否产生社会综合效益		
		环境效益（含公共安全）（3）	项目实施是否对环境产生积极或消极影响		

一级指标（分值）	二级指标（分值）	三级指标（分值）	指标内涵	得分	备注（扣分说明）
项目绩效（85）	项目效益（20）	可持续影响（3）	项目实施对人、自然、资源是否带来可持续影响		
		社会稳定（2）	项目在公共传媒或网络上是否出现负面影响、损坏公众或国家利益等情况		
		服务对象满意度（3）	项目预期服务对象对项目实施的满意程度		
合计	100	100			

表 6-14　公路 PPP 项目运营绩效评价指标体系（参考）

一级指标（分值）	二级指标（分值）	三级指标（分值）	指标内涵	得分	备注扣分说明
组织管理（10）	组织机构（3）	机构建设（1）	机构是否健全、分工是否明确		
		管理制度（1）	是否建立健全各项规章制度（养护职责、人员岗位责任制、安全操作规程及职责等）		
		廉政建设（1）	是否经常性开展廉政建设，有无违反廉政规定情形和不廉洁现象		
	机械人员（2）	—	人员机械是否按投标要求到位，机械保养到位，机械操作手是否持证上岗，文明驾驶，养护机械使用是否符合规定		
	站容站貌（1）	—	是否站容清洁，驻地设施完好，机械设备摆放整齐，工作人员房间整洁		
	内业资料（1）	—	内业资料管理制度是否健全，有专人管理，填报检查、维修、养护记录、图表资料等规范齐全，存放有序，按时归档		
	资金使用（1）	—	是否建立健全财务制度，严格执行资金管理、费用支出等制度		
	社会反映（1）	—	是否能够及时反馈、解决市民反映的热点和难点问题		
	文明施工（1）	—	公路维护维修时是否按规定做好文明施工，确保公路通行安全		
维修养护（65）	车道（25）	坑槽/拥包（5）	坑槽/拥包直径不大于 15 厘米，深度/高度不超过 3 厘米		
		车辙（5）	车辙深不得超过 3 厘米		
		啃边（4）	无松散或损坏与卤面高差不得大于 5 毫米，路面宽度不少于设计宽度的 95%		

一级指标 （分值）	二级指标 （分值）	三级指标 （分值）	指标内涵	得分	备注扣 分说明
维修养护 （65）	车道 （25）	塌陷（3）	塌陷不得超过 3 厘米深		
		裂缝（4）	裂缝不得超过 4 毫米宽		
		泛油（4）	每个泛油带深度要不得大于 2 厘米		
	路肩和排水 （15）	路肩与路面高差（3）	路肩不得高过路面，最多不得低过 3 厘米		
		挡墙（3）	挡墙牢固无破损，排水孔干净		
		排水管（2）	交叉段堵塞不超过 10%，无结构性损毁并且用坚土或材料所包覆		
		水沟（2）	交叉段堵塞不超过 10%，无结构性损毁并且用坚土或材料所包覆		
		宽度（3）	每千米路段路肩宽度不得小于设计宽度		
		斜坡和护栏（2）	路肩需完好无损且未受侵蚀，护栏完好无损，斜坡崩塌体积不大于 3 立方米		
	桥梁 （15）	桥面，伸缩接缝，翼墙，护坡（3）	干净并且无结构性损坏，桥面板干净，面板材质完整并已固定，桥墩、桥柱未受到侵蚀		
		排水系统（3）	状况良好，功能齐全		
		间隙（2）	桥下间隙须符合设计		
		金属结构（3）	未腐蚀		
		水道（2）	桥梁及桥梁上游水道 100 米无障碍物		
		下部结构（2）	支座、墩台、锥坡、台身、翼墙完整		
	涵洞 （5）	清洁（2）	交叉段堵塞不超过 10%		
		结构性损坏（3）	没有明显的损坏，没有侵蚀		
	隧道 （5）	清洁（2）	交叉段堵塞不超过 10%		
		挡墙（3）	挡墙牢固无破损，排水孔干净		
紧急处置 （13）	紧急事件下的道路关闭和工作区管理（5）	—	是否时刻处于畅通状态，除非因泥石流、洪水或者道路施工需要关闭道路；道路施工时只能一次关闭一条车道		
	道路标示 （5）	—	信息牌是否显眼、干净、清晰并且结构稳定，警示牌是否显眼、干净、清晰、结构稳定并且在夜间清晰可见		

续表

一级指标 （分值）	二级指标 （分值）	三级指标 （分值）	指标内涵	得分	备注扣 分说明
紧急处置 （13）	紧急事件 应对机制 （3）	—	紧急事件应对计划、受过足够训练的员工、必需的装备是否准备就位		
绿化、清 洁 （7）	绿化 （3）	—	是否满足当地绿化养护相关规定的要求		
	植被清理 （2）	—	有无植被阻挡道路视线，在结构面或密封表面有无植被，路面或路肩植被上的垂直净空满足大于6米		
	清洁 （2）	—	路面有无土壤、碎片、垃圾、其他杂物或油迹/化学品溅出物		
公路技术 状况指数 MQI （5）	—	—	路面使用性能指数、路基技术状况指数、桥隧构造技术状况指数、沿线设施技术状况指数是否达到《公路技术状况评定标准》要求		
合计	100	100			

案例八　城市轨道交通 PPP 项目绩效评价指标体系

表 6-15　城市轨道交通 PPP 项目建设绩效评价指标体系（参考）

一级指标 （分值）	二级指标 （分值）	三级指标 （分值）	指标内涵	得分	备注（扣 分说明）
项目管理 （15）	组织机构 （5）	机构建设（2）	机构是否健全、分工是否明确		
		人员配备（2）	是否明确项目现场负责人及主要管理人员，管理人员、作业人员是否及时到岗，人员资质能否满足建设项目需要		
		廉政建设（1）	是否经常性开展廉政建设，有无违反廉政规定情形和不廉洁现象		
	管理制度 （8）	制度建设（2）	是否建立健全项目管理制度；是否严格执行相关项目管理制度		
		合同管理（2）	是否建立完善的合同台账，督促合同履行，有无违法转包、分包等违法乱纪行为		
		前期手续（2）	基建手续申报是否快捷、高效、及时且齐全，有无未办、拖延或漏办等现象		

续表

一级指标 （分值）	二级指标 （分值）	三级指标 （分值）	指标内涵	得分	备注（扣 分说明）
项目管理 （15）	管理制度 （8）	安全生产（2）	是否建立安全管理规章制度，制订安全生产应急预案，明确安全责任人，落实安全措施		
	管理资料 （2）	—	资料是否完整规范；是否安排专人归档管理		
项目绩效 （85）	项目投入 （20）	资金到位情况（8）	资金是否及时足额到位；若未及时到位，是否影响项目进度		
		资金使用状况（4）	是否存在支出依据不合规、虚列项目支出的情况；是否存在截留、挤占、挪用项目资金情况；是否存在超标准开支情况		
		成本控制（5）	是否建立科学的成本管控体系，建立成本台账，制定成本超支应对措施		
		资金管理（3）	资金管理、费用支出等制度是否健全，是否严格执行；会计核算是否规范		
	项目产出 （45）	产出数量（15）	项目产出数量是否达到绩效目标		
		产出质量（15）	项目产出质量是否达到绩效目标		
		产出时效（7）	项目产出时效是否达到绩效目标		
		产出成本（8）	项目产出成本是否按绩效目标控制		
	项目效益 （20）	经济效益（6）	项目实施是否产生直接或间接经济效益		
		社会效益（3）	项目实施是否产生社会综合效益		
		环境效益（含公共安全）(3)	项目实施是否对环境产生积极或消极影响		
		可持续影响（3）	项目实施对人、自然、资源是否带来可持续影响		
		社会稳定（2）	项目在公共传媒或网络上是否出现负面影响、损坏公众或国家利益等情况		
		服务对象满意度（3）	项目预期服务对象对项目实施的满意程度		
合计	100	100			

表 6-16　城市轨道交通 PPP 项目运营绩效评价指标体系（参考）

一级指标 （分值）	二级指标 （分值）	三级指标 （分值）	指标内涵	得分	备注（扣 分说明）
组织管理 （9）	组织机构（3）	机构建设（1）	机构是否健全、分工是否明确		
		人员配备（1）	是否明确企业负责人及主要管理人员，管理人员、作业人员的执业资格或管理水平满足项目运营需要		

一级指标（分值）	二级指标（分值）	三级指标（分值）	指标内涵	得分	备注（扣分说明）
组织管理（9）	组织机构（3）	廉政建设（1）	是否经常性开展廉政建设，有无违反廉政规定情形和不廉洁现象		
	管理制度（3）	制度建设（1）	是否建立健全项目运营管理制度；是否严格执行相关项目运营管理制度		
		合同管理（1）	是否建立完善的合同台账，督促合同履行		
		经费保障（1）	运行经费是否足额及时拨付，能够满足正常运行管理需要		
	管理资料（2）	—	资料是否完整规范；是否安排专人归档管理		
	公众参与（1）	—	是否主动公开项目信息，进行相应宣传，接待公众来访，接受新闻媒体和舆论的监督，未发生有责任投诉或曝光现象		
运营设备服务指标（26）	车辆系统故障率（5）	运营车辆故障率（5）	列车是否能够正常运行，出现故障之后是否得到及时维修		
	电梯可靠度（4）	客梯可靠度（2）	客梯出现故障的概率，以及得到及时维修的时间		
		货梯可靠度（2）	货梯出现故障的概率，以及得到及时维修的时间		
	闸机可靠度（3）	—	乘客是否能正常通过闸机，以及出现故障之后能否得到及时维修		
	信号系统故障率（3）	通信、信号设备故障率（3）	通信、信号设备出现故障的概率，以及出现故障之后能否得到及时维修		
	屏蔽门故障率（3）	—	屏蔽门出现故障的概率，以及出现故障之后能否得到及时维修		
	自动售票设备故障率（3）	—	自动售票设备出现故障的概率，以及出现故障之后能否得到及时维修		
	供电系统故障率（5）	变电站故障率（2）	变电站运作不顺畅、设备损坏的情况，以及出现故障之后能否得到及时维修		
		供电接触网故障率（2）	出现供电线接触不良、供电线断裂的情况，以及出现故障之后能否得到及时维修		
		供电数据采集与监控系统故障率（1）	供电数据采集与监控系统是否正常运作，出现故障之后能否得到及时维修		

一级指标 （分值）	二级指标 （分值）	三级指标 （分值）	指标内涵	得分	备注（扣 分说明）
运营服务 指标 （21）	乘客满意率 （3）	—	根据第三方调查结果或实施机构组织打分，统计乘客对列车运行的总体满意度		
	有责投诉率 （4）	—	统计期内，乘客对列车服务的投诉次数累计		
	车辆准点率 （5）	5 分钟晚点 （1）	统计期内，车辆延误时间≤5 分钟的事件次数及延误时间总数		
		15 分钟晚点 （2）	统计期内，5 分钟＜车辆延误时间≤15 分钟的事件次数及延误时间总数		
		30 分钟晚点 （2）	统计期内，15 分钟＜车辆延误时间≤30 分钟的事件次数及延误时间总数		
	列车运行图 兑现率（3）	—	列车运行图兑现率＝实际开行列数与计划开行列数的比值，是否达到约定标准		
	乘务配套合 格率（2）	—	列车中垃圾桶、垃圾袋等相关配套是否配备完整，符合相关标准要求		
	车站可靠率 （4）	车站清洁率 （2）	车站容貌和环境卫生是否达标		
		站内服务设 施综合完好 率（2）	车站服务设施是否出现损坏		
客流指标 （10）	日均客流量 （3）	—	日均客流量是否达到约定标准		
	客运周转量 （4）	—	客运周转量是否达到约定标准		
	单向小时最 大客流量（3）	—	单向小时最大客流量是否达到约定标准		
运行管理 指标 （9）	运行速度（3）	—	列车平均运行速度是否达标，且在安全运行速度内		
	行车间隔（3）	—	行车间隔是否符合相关标准约定		
	清客次数（3）	—	列车清客是否及时，是否达到约定标准		
运营安全 指标 （17）	C 类及以上 安全事故次 数（3）	—	根据 C 类及以上安全事故发生次数进行考核		
	一般 D 类安 全事故次数 （3）	—	根据一般 D 类安全事故发生次数进行考核		

续表

一级指标（分值）	二级指标（分值）	三级指标（分值）	指标内涵	得分	备注（扣分说明）
运营安全指标（17）	一般 E 类安全事故次数（4）	—	根据一般 E 类安全事故发生次数进行考核		
	火灾事故次数（4）	—	根据火灾事故发生次数进行考核		
	安全运营天数（3）	—	统计期内，列车安全运营的累计天数		
能耗指标（4）	线路总耗能（2）	—	统计期内，所有列车线路累计总耗能数		
	网络平均牵引能耗（2）	—	单位车千米的牵引能耗，反映单位车千米的实际牵引能耗		
成本指标（4）	运营成本节约率（4）	—	完成运营计划工作目标的实际节约成本与计划成本的比率，用以反映项目运营的成本节约程度		
合计	100	100			

案例九 健康养老 PPP 项目绩效评价指标体系

表 6-17 健康养老 PPP 项目建设绩效评价指标体系（参考）

一级指标（分值）	二级指标（分值）	三级指标（分值）	指标内涵	得分	备注（扣分说明）
项目管理（15）	组织机构（5）	机构建设（2）	机构是否健全、分工是否明确		
		人员配备（2）	是否明确项目现场负责人及主要管理人员，管理人员、作业人员是否及时到岗，人员资质能否满足建设项目需要		
		廉政建设（1）	是否经常性开展廉政建设，有无违反廉政规定情形和不廉洁现象		
	管理制度（8）	制度建设（2）	是否建立健全项目管理制度；是否严格执行相关项目管理制度		
		合同管理（2）	是否建立完善的合同台账，督促合同履行，有无违法转包、分包等违法乱纪行为		

续表

一级指标 （分值）	二级指标 （分值）	三级指标 （分值）	指标内涵	得分	备注（扣分说明）
项目管理 （15）	管理制度 （8）	前期手续（2）	基建手续申报是否快捷、高效、及时且齐全，有无出现未办、拖延或漏办等现象		
		安全生产（2）	是否建立安全管理规章制度，制订安全生产应急预案，明确安全责任人，落实安全措施		
	管理资料 （2）	—	资料是否完整规范；是否安排专人归档管理		
项目绩效 （85）	项目投入 （20）	资金到位情况 （8）	资金是否及时足额到位；若未及时到位，是否影响项目进度		
		资金使用状况 （4）	是否存在支出依据不合规、虚列项目支出的情况；是否存在截留、挤占、挪用项目资金情况；是否存在超标准开支情况		
		成本控制（5）	是否建立科学的成本管控体系，建立成本台账，制定成本超支应对措施		
		资金管理（3）	资金管理、费用支出等制度是否健全，是否严格执行；会计核算是否规范		
	项目产出 （45）	产出数量（15）	项目产出数量是否达到绩效目标		
		产出质量（15）	项目产出质量是否达到绩效目标		
		产出时效（7）	项目产出时效是否达到绩效目标		
		产出成本（8）	项目产出成本是否按绩效目标控制		
	项目效益 （20）	经济效益（6）	项目实施是否产生直接或间接经济效益		
		社会效益（3）	项目实施是否产生社会综合效益		
		环境效益（含公共安全）（3）	项目实施是否对环境产生积极或消极影响		
		可持续影响（3）	项目实施对人、自然、资源是否带来可持续影响		
		社会稳定（2）	项目在公共传媒或网络上是否出现负面影响、损坏公众或国家利益等情况		
		服务对象满意度 （3）	项目预期服务对象对项目实施的满意程度		
合计	100	100			

表 6-18　健康养老 PPP 项目运营绩效评价指标体系（参考）

一级指标（分值）	二级指标（分值）	三级指标（分值）	指标内涵	得分	备注（扣分说明）
组织管理（8）	执业资质（4）	养老机构许可（2）	是否依法办理养老机构设立许可证		
		食品经营许可（1）	提供餐饮服务的养老院，是否依法办理食品药品监督管理部门颁发的《食品经营许可证》		
		医疗机构许可（1）	如有内设医疗机构，是否依法取得医疗机构执业许可证		
	组织机构（2）	机构建设（1）	机构是否健全、分工是否明确		
		廉政建设（1）	是否经常性开展廉政建设，有无违反廉政规定情形和不廉洁现象		
	管理制度（1）	—	是否建立健全运营管理制度；是否严格执行相关运营管理制度		
	管理资料（1）	—	资料是否完整规范；是否安排专人归档管理		
运营管理（17）	床位设置（1）	—	养老床位数量是否达到绩效目标，是否有超标准设定床位的现象		
	人员配置（4）	人员结构（1）	是否按规定数量及实际需求配备护理人员，配备社会工作者、康复师、营养师等专业人员		
		岗位技能（1）	是否满足持有国家职业资格的养老护理员占养老护理员总数的比例不低于 30%或所有养老护理员经过专业技能培训合格；在养老院内开展服务的医生、护士等依法需要持证上岗的专业技术人员是否持有与其岗位相适应的专业资格证书或执业证书		
		培训管理（1）	负责人有无参加相关培训，具有养老服务专业知识；是否定期开展人员培训，培训内容包括以人为本、爱老尊老孝老服务理念、相关政策法规及管理服务技能；餐饮服务人员是否经体检取得健康合格证后上岗		
		管理制度（1）	是否建立服务人员绩效考核、优秀员工奖等激励制度		
	养老设施（6）	生活设施（2）	是否满足老年人居室面积适宜，自理、部分失能老年人的房间不超过 4 张床位，失能老年人的房间不超过 6 张床位，老年人房间床位平均使用面积不低于 6 平方米，并配备相应生活设施设备和物品		

续表

一级指标（分值）	二级指标（分值）	三级指标（分值）	指标内涵	得分	备注（扣分说明）
运营管理（17）	养老设施（6）	活动设施（1）	是否设置公共浴室、公共卫生间、接待室、餐厅等共同活动区，并配备相应设施设备和物品		
		后勤保障（1）	是否配备厨房、洗衣房、垃圾处理场所（存放点）等服务运营需要的后勤保障设施设备和物品		
		安全管理（2）	老年人能接触到的各种设备有无尖角凸出部分；地面有无做防滑处理；老年人床头、使用的厕所有无安装呼叫装置		
	规范化运营（6）	制度建设（1）	是否建立老年人入院、出院制度，协助老年人及家属办理入出院手续；是否积极推进养老院标准化建设；委托第三方服务的有无签订外包合同		
		档案管理（1）	是否建立老年人生活和健康档案，包括入住合同、入住人员及其家属（监护人）或代理人（机构）基本信息、老年人身份证及户口本复印件等有关资料，并妥善保存；未经老年人及监护人同意，有无泄露老年人及监护人个人信息		
		入院管理（2）	是否对老年人进行入院评估，根据老年人需求特点提供服务；对初次入住的老年人是否开展短期试入住服务；对入住老年人有无定期开展评估；有无定期对服务质量进行评估或考核，有无虐老、欺老现象		
		收费管理（1）	养老院服务费原则上按月度收取，价格变动有无提前告知老年人，有无强制收费		
		公众监督（1）	有无负责接待和处理老年人投诉建议的专门部门、人员或电话；是否至少每年开展一次服务质量满意度调查；是否对外公开养老院基本信息，包括地理位置、联系方式、服务时间等；院内是否公布服务管理信息，包括服务管理部门、人员资质、相关证照、服务项目及流程等		

续表

一级指标 （分值）	二级指标 （分值）	三级指标 （分值）	指标内涵	得分	备注（扣 分说明）
养老服务 （40）	服务环境 （3）	—	机构环境是否整洁、舒适，有益老年人身心健康；是否因地制宜进行适老化改造，实现无障碍环境；有无醒目、规范、易懂的标志标识		
	基础生活照料服务 （22）	自理老人（7）	是否满足以下标准：每日送开水到楼层或房间；提醒和指导老年人做好洗漱、沐浴等个人清洁卫生。保持口腔清洁、容貌整洁、无长指（趾）甲、身体清洁无异味；定期更换、清洗、晾晒老年人衣物及床上用品；及时维修或更换居室、护理区域设施、设备及物品；每日房间巡查，观察老年人的身心状况，特殊情况及时报告并协助处理；提供 24 小时当班、值班服务，并做好记录和交接班		
		半自理老人（7）	是否满足以下标准：每日订餐、送餐、送开水、打洗漱用水；提醒如厕，清洗便器；协助老年人做好洗漱、理发、修剪指（趾）甲等个人清洁卫生。保持口腔清洁、容貌整洁、无长指（趾）甲、身体清洁无异味；及时整理床铺，及时更换、清洗、晾晒老年人衣物及床上用品，保持床铺整洁；指导老年人使用拐杖、步行器、轮椅等辅助器具；及时维修或更换居室、护理区域设施、设备及物品；注意观察老年人身心状况，发现异常及时处理并通知监护人；提供 24 小时当班、值班服务，并做好记录和交接班		
		失能老人（8）	是否满足以下标准：协助老年人用餐、饮水；提醒、协助老年人如厕，清洗便器；为老年人穿（脱）衣、洗漱、剪指（趾）甲、剃须、理发、洗浴（擦浴）、清洁会阴部。保持口腔清洁、容貌整洁、无长指（趾）甲、身体清洁无异味；及时整理床铺，及时更换、清洗、晾晒老年人衣物及床上用品，保持床铺整洁；协助老年人按时服药；及时维修或更换居室、护理区域设施、设备及物品；提供 24 小时服务，并做好记录和交接班；做好褥疮的护理及预防工作。褥疮发生率Ⅱ、Ⅲ度为 0，Ⅰ度低于 5%		

续表

一级指标（分值）	二级指标（分值）	三级指标（分值）	指标内涵	得分	备注（扣分说明）
养老服务（40）	膳食服务（12）	制度建设（4）	是否建立膳食服务制度、流程及岗位职责；食谱每周有无至少更换一次，向老年人公布并存档；膳食的采购、处理、储存、烹饪、供应过程是否全程可控；是否建立老年人伙食（膳食）委员会，监督膳食质量，有无定期了解老年人膳食需求		
		膳食安全（5）	是否做好餐（饮）具消毒，餐厨垃圾每日处理，餐（饮）具、厨房和就餐区卫生应符合国家相关规定；是否做到生与熟、成品与半成品分开制作、存储；是否建立食品留样备查制度，留样时间不少于 48 小时；是否每周至少检查 1 次老年人房间有无过期食品，有无提醒老年人处理过期腐烂的食品		
		膳食营养（3）	是否根据老年人身体状况及需求、地域特点、民族、宗教习惯提供膳食		
	清洁卫生服务（3）	居室清洁卫生（1）	是否每日定期清扫房间、整理老年人个人物品及生活用品、清洗消毒卫浴设备，保持老年人居室整洁、地面干燥、无异味		
		公共服务区域清洁卫生（1）	是否定期对走廊、功能活动区及设施设备进行清洁和消毒，保持公共服务区域整洁卫生、无异味		
		物品洗涤服务（1）	是否提供衣物、被褥、尿布等织物的收集、分类、清点、清洗、消毒与送回等服务，保证洗涤后的织物干净整洁		
医疗卫生及辅助服务（15）	健康服务（6）	医疗卫生服务（1）	是否设立院内医疗机构或与医疗机构建立协作关系；院内医疗机构管理服务是否符合卫生计生部门规定		
		促进老年人健康管理（5）	是否定期为老年人体检；是否建立老年人健康档案；是否配备适合老年人需要的基本健身器具和康复辅助器具，并指导老年人正确使用；是否开展健康管理、健康咨询、健康教育等工作；对失智老年人是否进行非药物干预益智康复训练		

续表

一级指标 （分值）	二级指标 （分值）	三级指标 （分值）	指标内涵	得分	备注（扣 分说明）
医疗卫生 及辅助服 务（15）	安全防疫 （4）	—	是否建立机构内感染预防和处理办法，有消毒和隔离制度；是否有养老院内个人卫生的规定，包含洗手操作标准、配置手套口罩等必要防护性物品的规定；是否有传染病预防措施；是否有专人负责机构内感染控制，做好记录		
	心理服务 （5）	协助新入住老年人适应养老院生活（1）	是否帮助新入住老年人及亲属认识和熟悉机构的生活环境，使其尽快适应机构生活		
		心理疏导、矛盾调处、危机干预等服务（4）	是否了解掌握老年人心理状况，对出现的心理和情绪问题，提供相应服务，必要时请专业人员协助；是否开展社会工作专业服务；是否为临终老年人提供关怀服务；是否有危机预警报告制度，对老年人可能出现的情绪危机或心理危机及时发现、及时预警、及时干预		
安全管理 （20）	消防安全 管理 （14）	消防制度（3）	是否制定消防安全、特种设备设施安全、突发事件等相关管理制度、预警机制及应急预案；是否配备有资质的专（兼）职消防管理人员，按规定建立微型消防站，并达到"三知四会一联通，处置要在三分钟"要求		
		消防安全检查（2）	是否每月至少组织一次防火检查，每日防火巡查，夜间防火巡查不少于两次，并做好记录；是否定期组织对电器产品及其线路、管路进行维护保养和检测，及时整改电气火灾隐患		
		消防设施（2）	是否对不需要设置自动消防系统的建筑，加强物防、技防措施，在人员住宿和主要活动场所安装独立式感烟火灾探测报警器和简易喷淋装置，配备应急照明和灭火器材；是否加强消防设施设备运行和维护保养，每年至少全面检查一次，参加区域联防组织，实行联防联治联控		

续表

一级指标（分值）	二级指标（分值）	三级指标（分值）	指标内涵	得分	备注（扣分说明）
安全管理（20）	消防安全管理（14）	应急通道（1）	是否保持安全出口、疏散通道、消防车通道畅通，应急照明、安全疏散指示标志完好；是否保证常闭式防火门处于关闭状态		
		燃气设施管理（4）	燃气安全是否符合国家相关规定，是否设置可燃气体报警装置；是否定期维护保养燃气设施设备；燃气设施使用是否正确，有无私自拆、移、改动燃气装置，有无私自使用燃气热水器、取暖器和其他燃气器具等；燃气设施是否清洁干净卫生，周围有无可燃物品和其他杂物堆放		
		消防安全教育（1）	是否制订消防演练、应急疏散和灭火预案，每半年至少演练一次。是否每半年至少开展一次消防安全教育培训活动		
		吸烟区管理（1）	是否设立吸烟室，人员住宿和公共场所禁止吸烟		
	特种设备安全管理（3）	—	购置、使用和更换电梯、锅炉、压力容器（含气瓶）、压力管道等特种设备，是否符合安全监督管理部门的相关规定；是否对特种设备进行经常性日常维修保养，定期自检，有记录；是否指定（有资质）机构对特种设备进行定期检验，有无检查报告并备案		
	突发事件处置（3）	制度建设（1）	是否建立出入、探视、请销假等制度，防止老年人走失		
		安保措施（1）	是否建立视频监控系统，对养老院公共区域进行全方位监控或实行 24 小时巡查		
		应急处置（1）	是否建立突发事件处理的应急预案，对自伤、伤人、跌倒、坠床、噎食、误吸、走失、烫伤、食物中毒等事件有无明确应急处理流程和报告制度		
合计	100	100			

案例十 旅游 PPP 项目绩效评价指标体系

表 6-19 旅游 PPP 项目建设绩效评价指标体系（参考）

一级指标 （分值）	二级指标 （分值）	三级指标 （分值）	指标内涵	得分	备注（扣分说明）
项目管理 （15）	组织机构 （5）	机构建设（2）	机构是否健全、分工是否明确		
		人员配备（2）	是否明确项目现场负责人及主要管理人员，管理人员、作业人员是否及时到岗，人员资质能否满足建设项目需要		
		廉政建设（1）	是否经常性开展廉政建设，有无违反廉政规定情形和不廉洁现象		
	管理制度 （8）	制度建设（2）	是否建立健全项目管理制度；是否严格执行相关项目管理制度		
		合同管理（2）	是否建立完善的合同台账，督促合同履行，有无违法转包、分包等违法乱纪行为		
		前期手续（2）	基建手续申报是否快捷、高效、及时且齐全，有无未办、拖延或漏办等现象		
		安全生产（2）	是否建立安全管理规章制度，制订安全生产应急预案，明确安全责任人，落实安全措施		
	管理资料 （2）	—	资料是否完整规范；是否安排专人归档管理		
项目绩效 （85）	项目投入 （20）	资金到位情况（8）	资金是否及时足额到位；若未及时到位，是否影响项目进度		
		资金使用状况 （4）	是否存在支出依据不合规、虚列项目支出的情况；是否存在截留、挤占、挪用项目资金情况；是否存在超标准开支情况		
		成本控制（5）	是否建立科学的成本管控体系，建立成本台账，制定成本超支应对措施		
		资金管理（3）	资金管理、费用支出等制度是否健全，是否严格执行；会计核算是否规范		
	项目产出 （45）	产出数量（15）	项目产出数量是否达到绩效目标		
		产出质量（15）	项目产出质量是否达到绩效目标		
		产出时效（7）	项目产出时效是否达到绩效目标		
		产出成本（8）	项目产出成本是否按绩效目标控制		

续表

一级指标 （分值）	二级指标 （分值）	三级指标 （分值）	指标内涵	得分	备注（扣 分说明）
项目绩效 （85）	项目效益 （20）	经济效益（6）	项目实施是否产生直接或间接经济效益		
		社会效益（3）	项目实施是否产生社会综合效益		
		环境效益（含公共安全）（3）	项目实施是否对环境产生积极或消极影响		
		可持续影响（3）	项目实施对人、自然、资源是否带来可持续影响		
		社会稳定（2）	项目在公共传媒或网络上是否出现负面影响、损坏公众或国家利益等情况		
		服务对象满意度（3）	项目预期服务对象对项目实施的满意程度		
合计	100	100			

表 6-20 旅游 PPP 项目运营绩效评价指标体系（参考）

一级指标 （分值）	二级指标 （分值）	三级指标 （分值）	指标内涵	得分	备注（扣 分说明）
组织管理 （17）	组织机构 （5）	机构建设（2）	运营管理机构是否健全、分工是否明确		
		管理制度（2）	旅游质量、旅游安全、旅游统计等各项经营管理制度是否健全有效，贯彻措施是否得力，是否定期监督检查，有无完整的书面记录和总结		
		廉政建设（1）	是否经常性开展廉政建设，有无违反廉政规定情形和不廉洁现象		
	人力资源管理 （7）	人员配备（3）	管理人员配备是否合理，管理人员、作业人员是否及时到岗，人员资质或职业技能能否满足项目运营需要，特种岗位人员有无持证上岗		
		员工培训（2）	是否定期对员工进行有目的、有计划的培养和训练等管理活动；培训机构、制度明确，人员、经费落实，业务培训全面，效果良好，上岗人员培训合格率达100%		
		绩效考核制度（2）	是否对职工工作绩效的质量和数量进行评价，并建立绩效与职工收入挂钩的激励机制		

续表

一级指标 （分值）	二级指标 （分值）	三级指标 （分值）	指标内涵	得分	备注（扣 分说明）
组织管理 （17）	成本控制 （3）	成本管理制度（1）	资金管理、费用支出等制度是否健全，是否严格执行；会计核算是否规范		
		资金使用状况（2）	是否存在支出依据不合规、虚列项目支出的情况；是否存在截留、挤占、挪用运营资金情况；是否存在超标准开支情况		
	投诉处理 （2）	—	投诉制度是否健全，人员、设备是否落实，投诉处理是否及时、妥善，档案记录是否完整		
旅游服务 （20）	旅游交通 （8）	交通设施（2）	景区可进入性是否良好，交通设施是否完善，进出是否便捷		
		停车场设施（2）	有无与景观环境相协调的专用停车场，管理是否完善，布局是否合理，容量能否满足游客接待量要求；停车场地平整是否坚实，标志是否规范、醒目		
		旅游路线（2）	区内游览（参观）路线布局是否合理、顺畅，观赏面大		
		交通工具（2）	区内是否使用节能、安全的交通工具；交通工具配备能否满足接待要求		
	游览情况 （9）	游客中心（2）	游客中心位置是否合理，规模是否适度，设施是否齐全，功能是否完善；咨询服务人员配备是否齐全，业务是否熟练，服务是否热情		
		引导标识（2）	各种引导标识造型有无特色，与景观环境是否相协调；标识牌和景物介绍牌设置是否合理		
		公众信息资料(1)	公众信息资料特色是否突出，品种是否齐全，内容是否丰富，制作是否良好，有无适时更新		
		导游（2）	导游员是否持证上岗，人数及语种能否满足游客需要；普通话达标率是否达到100%；导游（讲解）词是否科学、准确、生动		
		公共信息图（1）	公共信息图形符号的设置是否合理，设计是否精美，是否有特色、有艺术感		

续表

一级指标（分值）	二级指标（分值）	三级指标（分值）	指标内涵	得分	备注（扣分说明）
旅游服务（20）	游览情况（9）	游客公共休息设施（1）	游客公共休息设施布局是否合理，数量是否充足，设计是否精美，是否有特色		
	特殊人群服务（3）	—	是否为特定人群（老年人、儿童、残疾人等）配备旅游工具、用品，是否提供特殊服务		
旅游增值服务（9）	邮电服务（5）	纪念品（1）	是否提供特色纪念品及邮政纪念服务		
		通信设施布置情况（2）	通信设施布局是否合理；出入口及游人集中场所是否设有公用电话，是否具备国际、国内直拨功能；公用电话亭与环境是否相协调，标志是否美观醒目		
		通信质量（2）	是否满足通信方便，线路畅通，服务亲切，收费合理；景区内信号是否畅通		
	旅游购物（4）	购物场所（1）	购物场所布局是否合理，建筑造型、色彩、材质有无特色，与环境是否协调		
		购物管理（2）	是否对购物场所进行集中管理，环境整洁，秩序良好，有无围追兜售、强买强卖现象；对商品从业人员有无统一管理措施和手段		
		旅游商品（1）	旅游商品种类是否丰富，是否具有本地区特色		
旅游安全（15）	安全法规执行情况（5）	—	是否执行安保、交通、劳动、质量监督、旅游等有关部门制定和颁布的安全法规		
	安全防护设施（5）	—	消防、防盗、救护等设备是否齐全、完好、有效，交通、机电、游览、娱乐等设备是否完好，运行正常，有无安全隐患		
	安全机制（5）	—	是否建立紧急救援机制，设立医务室，并配备医务人员、配备安保人员		
环境卫生（11）	景区卫生（7）	环境整洁（2）	环境是否整洁，有无污水、废弃物，有无乱建、乱堆、乱放现象，建筑物及各种设施设备有无剥落、污垢，空气是否清新、无异味		

一级指标 （分值）	二级指标 （分值）	三级指标 （分值）	指标内涵	得分	备注（扣 分说明）
环境卫生 （11）	景区卫生 （7）	环境法规执行情 况（1）	各类场所是否全部满足《公共场所卫生管理条例》和公共场所卫生指标及限值要求，餐饮场所达到《餐饮业和集体用餐配送单位卫生规范》（卫监督发〔2005〕260号）规定的要求，游泳场所达到《游泳池水质标准》（CJ/T 244—2016）和《公共游泳场所卫生管理规范》（DB 31/890—2015）规定的要求，噪声质量达到《声环境质量标准》（GB 3096—2008)规定的要求，污水排放达到《污水排入城镇下水道水质标准》（GB/T 31962—2015）规定的要求		
		公共厕所（1）	公共厕所布局是否合理，数量能否满足需要，标识是否醒目美观，建筑造型与景观环境是否相协调；所有厕所是否具备水冲、盥洗、通风设备，并保持完好或使用免水冲生态厕所		
		垃圾箱（1）	垃圾箱布局是否合理，标识是否明显，数量能否满足需要，造型是否美观，与环境是否相协调；垃圾是否分类收集，清扫是否及时，是否日产日清		
		食品卫生（2）	食品卫生是否符合国家规定，餐饮服务是否配备消毒设施，有无使用对环境造成污染的一次性餐具		
	资源环保 （4）	旅游资源保护(1)	自然景观和文物古迹保护手段是否科学，措施是否先进,能否有效预防自然和人为破坏,保持自然景观和文物古迹的真实性和完整性；区内各项设施设备是否符合国家关于环境保护的要求，不造成环境污染和其他公害		
		游客量管理（1）	是否科学管理游客容量、合理设置景点人流、车流		
		建筑布局（1）	建筑布局是否合理，建筑物体量、高度、色彩、造型是否与景观相协调；周边建筑物与景观格调是否协调，或具有一定的缓冲区域或隔离带		

续表

一级指标 （分值）	二级指标 （分值）	三级指标 （分值）	指标内涵	得分	备注（扣 分说明）
环境卫生 （11）	资源环保 （4）	环境氛围（1）	是否环境氛围良好；绿化覆盖率高，植物与景观配置得当，景观与环境美化措施多样，效果良好		
旅游资源 评价 （18）	旅游资源 吸引力 （2）	—	是否游憩价值很高，具有很高历史价值、文化价值、科学价值，或其中一类价值具全国意义；资源实体体量很大，资源实体完整，保持原来形态与结构或资源类型多，或资源实体疏密度优良		
	市场吸引 力 （5）	—	是否全国知名，美誉度高，市场辐射力强，形成特色主题，有一定独创性		
	产品管理 （1）	—	是否具有独特的产品形象、良好的质量形象、鲜明的视觉形象和文明的员工形象，确立自身的品牌标志，并全面、恰当地使用		
	年游客量 （5）	—	年接待游客量与实施方案预测量是否相符		
	满意度 （5）	—	游客抽样调查满意率是否实现预期目标		
社会效益 （10）	带动当地 社会就业 （5）	—	项目的实施能否为当地群众提供大量劳动岗位，解决就业问题，具体根据本地员工占比情况进行考评		
	对当地经 济带动作 用（5）	—	通过查询产值、税收等财务档案，对项目实施所带来的经济效益，进行量化考评		
合计	100	100			

案例十一　澳大利亚克莱姆琼斯隧道实例工程 KPI 绩效评价指标体系

2008 年金融危机以后，澳大利亚联邦政府通过法案在澳大利亚政府委员会 COAG（Council of Australian Governments）组织架构下正式成立澳大利亚基础设施建设部（Infrastructure Australia，IA），来对各个州和领地的基础设施 PPP 项目进行整体管理。因此，澳大利亚的 PPP 项目管理分两个层级，即各州和领地组成的联合政府间的管理与协调，以及各个州自身对 PPP 项目的管理。以 PPP 项目最早且成熟的维多利亚州为例，其早在 2000 年时就制定并推出了针对本州 PPP 项目的政策和指南《维多利亚政策和指导方针》（*Partnerships Victoria Policy and Guidelines*）。随着 2008 年澳大利亚基础设施建设部 IA 的设立，上述文件被一个全国性的政策指南《国家 PPP 政策及指引》（*National PPP Policy and Guidelines*）所替代。鉴于六个州具有独立的立法权，所以州政府在 PPP 项目管理上通过 COAG 来取得整体上的一致和协同，但涉及地方 PPP 项目具体问题时，州政府又保持着一定的司法灵活性，从而保持了统一和独立之间的协调。

澳大利亚基础设施建设部于 2018 年 3 月发布基础设施评估框架（Assessment Framework），通过评估确定项目并列入基础设施优先列表，同时支持其发展。针对每个项目的评估共分为五个阶段，并为评估的每一步提供了模板与清单，同时附有详细的技术说明。下面以"昆士兰州克莱姆琼斯隧道"PPP 项目为例，简要介绍一下澳大利亚 PPP 项目绩效评价体系。

克莱姆琼斯隧道，以前被称为南北绕道隧道，是澳大利亚布里斯班的一条 4.08 英里（6.5 千米）长的隧道，连接布里斯班河南北两侧的五条高速公路和干线，投资额 32 亿澳元。该隧道在 2010 年开业，依靠车辆异频雷达收发机或车牌识别摄影，采用全电子收费。

克莱姆琼斯隧道项目由特许经营者 RiverCity Motorway（ RiverCity 高速公路集团）代表昆士兰州布里斯班市政理事会建造和管理，RiverCity Motorway 是一家与布里斯班市议会签订合同的上市公司，这份为期 35 年的合同包括设计—建造—融资—运营（DBFO）条款。接着，RiverCity Motorway 将隧道的设计和施工承包给了 Leighton 承包商和 Baulderstone Hornibrook Bilfinger Berger 合资企业（LBB JV）；另一家公司布里斯班高速公路服务公司（Brisbane Motorway Services）是莱顿服务公司（Leighton Services）和比尔芬贝格（Bilfinger Berger）的合资企业，在特许期期间运营和维护克莱姆琼斯隧道。

该项目在质量管理方面采用独立验证人机制，独立验证人是第三方专业服务供应商，负责对主要管理制度和计划的符合性进行验证。独立验证人是由特许经营者和布里斯班市议会共同选择的，他们共同分担独立验证人的费用。独立验证人在整个项目中发挥作用，一旦项目开始运作，并满足理事会、特许经营者、金融机构和履约债券提供者的要求时，就由当事各方终止独立验证人的服务。随后对项目的绩效评价管理则依赖政府定期审计的规定。见表 6-21。

表 6-21 克莱姆琼斯隧道实例工程的 KPI 绩效评价指标体系

序号	KPI 的描述	KPI 指标	服务水平	不达 KPI 扣分	评估周期
提交报告的要求					
1	服务水平的目标——每三个月向市政理事会提交一份有关 KPI 绩效的报告	100%	每季度结束后 20 个工作日之内	0	季度
			20~40 个工作日	2	
			≥40 个工作日	4	
客户服务和满意					
2	服务水平的目标——20 秒内客户呼叫的回应	90%	KPI 基准中，每 100 个呼叫未应答算 1 分	每 100 个呼叫未应答算 1 分	月度
3	服务水平的目标——客户在金融机构开立正确的信用或借记的账户	99.999%	>99.999%	0	月度
			99.99%~99.999%	5	
			99.95%~99.99%	10	
			99.9%~99.95%	20	
			<99.9%	50	
4	解决抱怨服务水平的目标——客服人员在接到客户投诉后两个工作日内联系客户	90%	KPI 基准之外的每事件 10 分	KPI 基准之外的每事件 10 分	月度
5	交易准确性服务水平的目标——交易收费的时间框架，以实时准确读取客户的账户	2 日之内 99%	>99%	0	月度
			97%~98%	10	
			<97%	15	
6	账目未超收	0	0.1%~0	10	月度
			0.2%~0.1%	20	
			0.3%~0.2%	30	
			>0.3%	40	
7	准确收取通行费或费用准确地分配给符合要求的车辆的账户	0.1%方差	0.2%~0.1%	10	月度
			0.3%~0.2%	40	
			0.4%~0.3%	60	
			>0.4%	80	
8	缴费账号的申请在五天内得到正确回应	99%	KPI 基准之外的每事件 1 分	KPI 基准之外的每事件 1 分	月度
沟通、社区关系及咨询管理的义务					
9	每周理事会"问题和活动报告"处理问题，响应时间，投诉和纠正行动	100%	<1 个工作日	0	月度
			2 个工作日	1	
			>2 个工作日	2	

序号	KPI 的描述	KPI 指标	服务水平	不达 KPI 扣分	评估周期
10	免费的社区询问热线	99%	90%~100%	0	月度
			80%~90%	5	
			<80%	10	
11	项目网站	99%	90%~100%	0	月度
			80%~90%	5	
			<80%	10	
运营和维护的要求					
12	每年计划维修关闭的日历	100%	额外关闭 2 小时	每额外增加 2 小时扣 1 分	月度
13	随时维护隧道中心与应急服务部门的沟通能力	99.99%	>99.99%	0	季度
			99.9%~99.99%	2	
			99.8%~99.9%	4	
			99.7%~99.8%	6	
14	隧道空气质量事故（CO，NO$_2$）	<2	<2 起	0	季度
			2~3 起	5	
			4~5 起	10	
			>5 起	15	
15	周围空气质量事故（CO，NO$_2$，PM，TSP）	0	没有违犯	0	季度
			1 起违犯	5	
			2 起违犯	10	
			3 起以上违犯	15	
16	从处理厂流出的水在可接受的水平	100%	0~1 起违犯	-10	年度
			2~5 起违犯	0	
			6~9 起违犯	10	
			10 起以上违犯	20	
事故反应					
17	运维人员检测事故的初始反应时间	1~2 分钟	<1 分钟	-10	月度
			1~2 分钟	0	
			2~3 分钟	10	
			3~4 分钟	20	
			>7 分钟	30	
18	服务团队对事故的反应时间	10~13 分钟	<8 分钟	-20	季度
			8~10 分钟	-10	
			10~13 分钟	0	
			13~16 分钟	10	
			16~19 分钟	20	
			>19 分钟	30	

续表

序号	KPI 的描述	KPI 指标	服务水平	不达 KPI 扣分	评估周期
		美观			
19	对指出影响收费公路或景观工程中的美观或公众认为的缺陷，而迅速做出的回应时间	0~2 天	<2 天	-20	年度
			0~2 天	-10	
			2~4 天	10	
			>4 天	20	

案例十二　加拿大长青线交通项目绩效评价指标体系

　　加拿大是典型的联邦制国家，联邦和联邦以下政府有相对独立立法权。加拿大是目前国际公认的 PPP 运用较好的国家之一，加拿大联邦政府制定了 PPP 规范条文《加拿大战略性基础设施基金法》，明确 PPP 模式适用于"战略性基础设施"，包括公路铁路、地方交通运输、旅游城镇发展、污水处理、水利设施等领域，联邦以下各级政府则积极制定基础设施规划，不断完善 PPP 项目采购流程，应用 PPP 提升私人部门和公共部门合作。截至目前，加拿大已实施了 281 个 PPP 项目，储备了 69 个 PPP 项目，合计金额 1357.71 亿元，分布在给排水、健康医疗、交通、教育、能源、司法、信息技术、继续教育、政府服务、住房等行业。其中以健康医疗和交通两类项目最多，合计占到总规模的 63.3%。加拿大政府对 PPP 模式选择的评估主要包括以下三个方面：①根据潜在 PPP 供给标准对项目评估，研究项目条件和可行性，即筛选评估；②从战略层面考察项目风险、成本、供给、目标、约束，即策略评估；③项目风险量化评估，即资金价值评估。

　　加拿大长青线项目合同以附件的形式对绩效评价机制进行明确，从协议进度计划、设计与施工、环境义务、质量管理、沟通与社区关系等方面进行评价；同时每个评价大类又可细分为措施类别、评价细则、评分周期等进行细化。以加拿大长青线项目合同为例，详细指标体系见表 6-22。

表 6-22　加拿大长青线交通项目绩效评价指标体系

绩效要求	措施类别	评价细则	分数	评分周期
		项目协议和附件		
递交给有关部门的项目报告	时间	详见合同（包括相关附件）		28 天

续表

绩效要求	措施类别	评价细则	分数	评分周期
递交给有关部门的项目报告	完成	根据本合同约定提交的评审检查或一致同意的检查		28 天
附件 4：设计和建设				
交通管理	落实	未经许可交通干预事件		—
交通管理	落实	合同主要承包商未根据合同附件 4 的约定设置标识		—
运输	落实	未经允许的轻微停车换乘事件		—
运输	落实	未经允许的中度程度的 WCE 停车换乘事件		—
运输	落实	未经允许的中断乘客使用事件		24 小时
附件 5：环境保护				
环境保护的承诺和保证	落实	附件 B 计划 5 中标记为"轻微"的项目		28 天
环境保护的承诺和保证	落实	附件 B 计划 5 中标记为"中等"的项目		28 天
绩效指标	环境的绩效指标	计划 5 中规定的指标		28 天
附件 6：质量管理				
缺陷项的汇报	落实	发生缺陷项事件或有关部门发现和上报的违规事件		28 天
未处理的缺陷	落实	缺陷未在计划 6 规定的合理时间内完成整改		28 天
绩效指标	质量绩效指标	计划 6 中规定的所有指标		28 天
附件 8：沟通和社区关系				
绩效指标	质量绩效指标	计划 8 中规定的所有指标		28 天

资料来源：加拿大长青线合同附件绩效考核机制　EVERGREEN LINE RAPID TRANSIT PROJECT　PROJECT AGREEMENT Schedule 9 Performance Mechanism

案例十三　世界银行肯尼亚项目绩效评价指标体系

　　世界银行（以下简称世行）作为以战胜贫困和提高发展中国家人民的生活水平为使命的发展援助机构，其向发展中国家提供的项目援助贷款，与普通商业银行所提供的贷款不同，世行提供贷款所支持的项目更注重社会效益，这与我国政府投资公共项目的目标具有一定的相似性。世行在长期的项目绩效评估实践和理论研究中，构建了相对科学的绩效评估体系，尤其在绩效评估指标体系的设计与运用环节，对我国 PPP 项目绩效评价指标体系研究具有一定的参考价值。

　　世行贷款项目通常从财务、非财务、服务提供、执行、组织能力等几个方面进行评价，同时根据不同的情况，赋予不同的权重。从与设定预算水平一致、收入、降低成本、利用分配基金、发展指数等方面进行财务评价；从提供服务和顾客满意等进行服务评价；从审查并遵守战略计划、获得认证进行非财务评价；从确定服务标准、规程、准则、执行沟通策略、确定人力资源策略、批准执行规范化协议、发放许可证、评估绩效、建立信息和文档管理单位、项目实施（时间、成本效率）等十一个方面进行执行评价；从培训、自动化、工作环境等三个方面进行组织能力评价，下面以世行肯尼亚项目为例，简要介绍一下世行项目的绩效评价指标体系（见表 6-23）。

表 6-23　世行肯尼亚项目绩效评价指标体系

序号	评价事项	单位	权重	基准年	绩效目标年	历史最佳值
				2005/06	2006/07	
A	**财务层面**					
	1.与设定预算水平的一致性	%	3	100%	100%	100%
	2.成本降低值	千先令	2	229	400	229
	3.收入	百万先令	9	24	35	24
	4.分配基金的利用程度	%	5	85%	100%	85%
	5.发展指数	%	1	0.6	0.8	0.6
	权重小计		20			
B	**服务交付层面**					
	1.服务交付等相关章程的实施	%	10	服务章程已制定	100%实施	服务章程已制定
	2.客户满意度					
	①完成基层调查	时间	5	12 个月	3 个月	不适用
	②对问题的落实到位	%	5	不适用	20%	不适用
	权重小计		20			
C	**非财务层面**					
	1.审查并遵守战略计划	%	10	100%	100%	100%
	2.获得 ISO 9000 认证	%	5	25%	35%	25%
	权重小计		15			
D	**执行层面**					
	1.制定并实施水利服务标准	%	3	70%	100%	70%
	2.制定并实施水利服务规程	%	2	90%	100%	90%
	3.制定并实施水利服务准则	%	3	40%	60%	40%
	4.执行沟通策略	%	2	60%	75%	60%
	5.制定人力资源策略	%	2	50%	90%	50%

续表

序号	评价事项	单位	权重	基准年	绩效目标年	历史最佳值
	6.批准并执行规范化服务协议	%	3	60%	80%	60%
	7.向水利服务委员会发放许可证	%	3	已发临时许可证	100%	已发临时许可证
	8.评估水利服务委员会的绩效	%	3	40%	100%	40%
	9.已建立信息和文档管理单位	%	2	10%	30%	10%
	10.社会性别主流化	%	1	50%	50%	50%
D	11.项目实施					
	①时间进度	%	2	100%	100%	100%
	②质量	%	1	100%	100%	100%
	③关联度	%	1	100%	100%	100%
	④成本效率	%	2	100%	100%	100%
	⑤完成率	%	2	100%	100%	100%
	⑥符合法定要求	%	2	100%	100%	100%
	⑦防范贪污和腐败	%	4	100%	100%	100%
	⑧防治艾滋病毒/艾滋病	%	2	100%	100%	100%
	权重小计		40			
	动态/定性组织能力层面					
	1.技能发展（培训）	%	0.5	50%	100%	50%
	2.自动化（信息通信技术）	%	0.5	15%	40%	15%
	3.工作环境					
	①基层调查	时间	0.5	不适用	3 个月	不适用
E	②突发事件处置	%	0.5	不适用	50%	不适用
	③服务交付的创新	次数	1	不适用	1	不适用
	④员工满意度	%	1	25%	60%	25%
	⑤维修保养	%	1	100%	100%	100%
	⑥安全措施	%	1	100%	100%	100%
	权重小计		5			
	总权重		100%			

资料来源：世行项目（肯尼亚政府和水利服务监管委员会绩效服务合同） PERFORMANCE CONTRACT BETWEEN THE GOVERNMENT OF KENYA AND THE BOARD OF DIRECTORS OF THE WATER SERVICES REGULATORY BOARD

案例十四 世界银行辽宁城市交通项目绩效评价指标体系

2009 年 11 月在世行的帮助下，我国财政部国际司以辽宁城市交通项目等多个世行贷款项目为绩效评价试点，组织开展国际金融组织 IFI 贷款项目绩效评价研究，并制定了《国际金融组织贷款项目绩效评价操作指南》（以下简称《指南》），旨在为我国各级政府部门、贷款项目单位和评价人员开展国际金融组织贷款项目绩效评价提供具体操作指导，同时也作为各级政府部门建立适合我国国情并符合国际标准和绩效评价管理系统的重要参考。《指南》根据相关性、效率、效果和可持续性四个评价准则设计出 13 个关键评价问题，并根据这 13 个关键评价问题的特征及所涉及的关键绩效内容设计出相应的评价指标，通过指标收集分析回答关键评价问题，从而得出关键评价问题的评价结果。下面以世行贷款辽宁城市交通项目为例介绍 13 个关键评价问题和评价指标的开发（见表 6-24）。

表 6-24　世界银行辽宁城市交通项目绩效评价指标体系

准则	关键评价问题	评价指标
相关性	1.1 在设计之时，项目是否符合中国的发展政策和/或优先重点以及国际金融组织对中国的援助战略？	项目目标与当时中国城市交通发展政策的相符程度
		项目目标与当时世行对中国在城市交通领域援助战略的相符程度
	1.2 在评价之时，项目是否符合中国的发展政策和/或优先重点及国际金融组织对中国的援助战略？	项目目标与当前中国城市交通发展政策的相符程度
		项目目标与当前世行对中国在城市交通领域援助战略的相符程度
	1.3 项目是否针对中国（或地方）的实际问题和需求？	项目与当时项目市城市交通发展问题的针对程度
		项目与当前项目市城市交通发展需求的针对程度
效率	2.1 项目是否按照计划的时间周期实施并完工？	项目开工的及时性
		项目预期和实际的实施周期相符程度
	2.2 项目是否按照计划的资金预算实施？	项目资金使用与预算的一致性
	2.3 项目是否实现了所有的预期产出？	项目公共交通产出的实现程度
		项目交通管理产出的实现程度
		项目道路基础设施产出的实现程度
		项目道路维修养护产出的实现程度
		项目技术援助产出的实现程度
	2.4 项目完工后是否达到预期的经济内部收益率？	项目经济内部收益率（EIRR）的实现程度

续表

准则	关键评价问题		评价指标
效果	3.1 项目是否实现了预期目标?	3.1.1 项目是否实现减少基础设施瓶颈路段的目标?	交通走廊出行时间
		3.1.2 项目是否实现改进道路维修养护投资状况的目标?	路面状况
			维修养护预算
			维修养护平均费用
		3.1.3 项目是否实现持续改善项目的投资环境的目标?	大气质量标准
			机动车尾气排放控制战略的制定
			机动车尾气排放控制战略的采用和实施
		3.1.4 项目是否实现提高道路系统的运营效率和运营安全的目标?	对通过交通屏蔽线的各种交通模式的交通流量、出行时间和占有率进行调查以衡量系统的运营能力
			与行人和自行车有关的事故总数、总死亡人数及百分比
		3.1.5 项目是否实现提高公交服务的效率和效果的目标?	年度补贴
			年均单位里程的运营费用
			每年客运量
			可运营的公交车数量
			营运线路数量
		3.1.6 项目是否实现加强城市交通系统管理能力的目标?	当地能力的加强和决策的改善
	3.2 项目的实际受益群体数量是否达到预计的目标受益群体数量?		项目的瞄准度
可持续性	4.1 项目的管理和/或运行机构的设置、人力资源、经费能否满足项目持续运行的需要?		项目市公交公司的人力资源和收入对公共交通持续运行的满足程度
			项目市市政道路维护养护处的人力资源和经费对道路持续养护的满足程度
			项目市交管部门的人力资源和经费对持续开展交通管理的满足程度
	4.2 项目的产出能否得到持续维护和利用?		道路基础设施的持续利用程度
			道路基础设施维护的持续性
			交通管理的持续性
	4.3 项目运行所依赖的政策、制度能否得到持续地实施?		项目所依赖的优先发展公共交通政策的持续性
	4.4 项目贷款(包括国际金融组织贷款和国内贷款)是否能够按时偿还?		贷款偿还的及时性

案例十五　亚洲开发银行广西隆林至百色公路项目绩效指标体系

亚洲开发银行（以下简称"亚行"）重视项目绩效监测与评价工作，建立以结果为导向的项目绩效管理系统（PPMS），其基本概念是：PPMS 旨在根据项目投入和预期产出成果（包括成本、质量和工期）及预期的发展目标、长短期影响，判定项目的成功程度。2006 年 3 月，亚行制定《项目绩效管理体系制定设计与监测构架指南》，该指南是亚行项目绩效管理体系的基础。

项目绩效监测与评价工作始终贯穿于项目整个周期 [项目周期包括鉴别（Identification）——准备（Preparation）——评估（Appraisal）——贷款谈判和董事会批准（Loan Negotiation & Board Approval）——实施（Implementation）——评价（Evaluation）]。在项目准备期制定 PPMS 监测框架，在项目实施期亚行要求借款人对项目的执行和绩效进行自我监测和评估。在项目实施过程中，借款人以项目设计与监测框架为基础，建立项目绩效监测和评价的支持系统，定期进行项目进度和绩效监测，并向亚行提交《项目进度报告》和《项目绩效监测和评估报告》。在项目完工后，提交《项目完工报告》。《项目完工报告》是项目完工后一到两年内，亚行执行部门对项目的设计和实施及项目绩效做全面的评价，其目的是总结经验教训，为正在实施的及将来的项目设计和实施提供建议和参考，同时也提供亚行援助的发展效果评价。项目完工后三到五年，项目影响已经比较明显时，亚行独立评价局有选择的对一些项目进行独立评价。这时，亚行会对项目的绩效和影响做更详细的评估，同时总结经验教训并为新项目的规划和设计及国别战略规划提出意见。

下面以亚行广西隆林至百色公路项目（Evaluation Report of PPMS for Longlin to Baise Expessway Project）为例，介绍项目绩效管理体系的核心项目设计与监测框架的机构与要素，详细指标见表 6-25。

表 6-25　亚行广西隆林至百色公路项目设计与监测框架的机构与要素

设计总结	绩效目标/指标	数据来源/报告机制	假设和风险
影响：对广西西部地区和越南北部地区的经济可持续发展的贡献	广西 GDP 每年增长 7%~8%，项目周边地区 2010—2020 年达到 8%~9%	广西统计局年报	假设：对项目地区和周边有着良好的经济增长支持
	农村人均收入从 2005 年的 1 726 元人民币增长到 2015 年的 3 800 元人民币	地方和乡镇的统计数据	政府同意贯彻西部大开发政策

续表

设计总结	绩效目标/指标	数据来源/报告机制	假设和风险
影响：对广西西部地区和越南北部地区的经济可持续发展的贡献	项目区域的贫困率从 2006 年的 30%减少至 2016 年的 15%	扶贫和发展办公室	政府同意贯彻西部大开发政策
	广西和越南的贸易在 2006—2016 年每年增长率为 10%	政府统计数据和账目	假设：①持续增长的中越双边贸易；②简化跨境业务程序，扫除贸易和流动性的障碍
结果：形成一个有效率的、安全的、环境友好型的区域交通系统，推动贸易的产生，因此减少广西西部和越南的贸易壁垒	高速公路在 2012 年达到 6330 标准车当量数，国道 324 在 2012 年达到 5200 标准车当量数。在 2006—2012 年在项目公路上的交通每年增长 9%，2012—2022 年每年增长 6%，在 2022—2032 年每年增长 5%	高速公路上的自动监测系统给出的实际交通数据	假设：①经济增长指标的实现；②交通运输企业和用户认识到使用高速公路带来的好处；③广西周边的高速公路已于 2012 年完成
	路途时间从项目建设前的 5 小时减少至项目建成后的 2 小时	高速公路路途时间普查	
	（1）项目建成后从百色至贵州边界的距离减少了 34 千米；（2）隆林—王店段高速公路容量增加 25000~45000 标准车当量数/天；王店—百色段高速公路容量在初期投入使用时达到 35000~50000 标准车当量数/天	项目完工报告	
	在 2012 年节约燃油 11 000 吨，2032 年时到达 89 000 吨；2012 年二氧化碳排放量减少 39 000 吨，2032 年减少二氧化碳排放量 450 000 吨。在 20 年的时间里在项目公路上减少二氧化碳排放量 470 万吨	由省和当地环保局和设计机构评估	假设：广西道路采用新的国家标准
	项目建成后车辆运营成本从项目建设前的 1.45 元/车/千米减少至 1.26 元/车/千米	由广西发改委和亚洲开发银行评估车辆运营成本	
	2012 年项目当地的 4 级公路容量增加至 2 000 标准车当量数/天，3 级公路达到 6 000 标准车当量数/天，2 级公路达到 15 000 标准车当量数/天	项目管理备忘录，进度报告和项目完工报告	
	在 2012 年所有行政村可全天候使用的道路从现在的 52%增长至 100%	地方和乡镇统计办公室	假设：乡村道路投资按计划落实

续表

设计总结	绩效目标/指标	数据来源/报告机制	假设和风险
结果：形成一个有效率的、安全的、环境友好型的区域交通系统，推动贸易的产生，因此减少广西西部和越南的贸易壁垒	乡村巴士持有牌照情况从 2006 年的 54%增长至 2012 年的 100%	百色交通管理局	
	项目地区居民去市场的频率增加（2016 年达到每年 22 次到最近的镇区市场和 4 次到最近的村中心）	居民普查	
	2010—2012 年凭祥、龙邦和岳圩交易产值每年增加 15%	广西商务部门和百色边境贸易管理局	假设：交通和贸易设施管理办法已在广西的凭祥、龙邦和岳圩和越南充分执行或补充拓展
	纳西 2010—2012 年牲畜贸易每年增长 10%	百色边境贸易管理局的纳西统计数据	风险：现存纳西市场设施未按计划扩建
	靖西小型边境贸易金额在 5 年内从 3.8 亿元增长 20%	广西商务部和百色边境贸易管理局统计的交易数据	假设：政府继续扩展边境贸易活动的范围，规模和地区
产出：高速公路基础设施及附属构筑物情况的改善	（1）根据计划完成 177 千米高速公路的建设并顺利投入使用。（2）通过改善道路质量，放置路肩、标牌和标志等提升道路的安全性；增强安全意识。（3）跨境交易的设施采购和运作情况	项目管理备忘录，进度报告和项目完工报告	
产出：项目区域内道路基础设施及附属构筑物情况的改善	（1）1060 千米当地道路的升级。（2）道路安全标志的摆放和缺乏的妥善处理；行人安全意识的增加	项目管理备忘录，进度报告和项目完工报告	
产出：项目区域内乡村交通服务系统的完善	（1）建成 48 条 4 级道路和 2 条 3 级乡村道路公交站。（2）试点示范项目实施	项目管理备忘录，进度报告和项目完工报告	
	（3）在百色乡镇落实客运路线营运资格证和运营改革。（4）2012 年小型客车运营旅程从 2006 年的 30 千米/天增了 20%	百色交通管理局记录的公交运营单位和终端记录	

设计总结	绩效目标/指标	数据来源/报告机制	假设和风险
产出：项目区域内乡村交通服务系统的完善	客运网络覆盖率和服务频率增加	百色交通管理局登记的公交线路长度	假设：客运商认识到提高运营率带来的好处
产出：乡村道路的维护	（1）广西发改委落实的乡村道路维护研究。 （2）百色市农村道路维护改革的实施。 （3）乡村道路有效维护	项目管理备忘录，进度报告和项目完工报告	风险：乡镇道路维护不足
	（4）状况良好的县道占总县道比从2006年62%增长到2012年的70%。 （5）向当地乡镇政府提供至少300人/月的关于道路维护培训的机会	项目管理备忘录，进度报告和项目完工报告	假设：广西发改委和当地政府同意实施新规定
产出：高速公路运营过程中公司治理和机构能力的提升	（1）2008年6月30日建立环球投资集团。 （2）将政策和规划职能从建设、运营和管理职能中分离出来，从而提高管理能力和效益。 （3）高速公路运营和管理模式引入竞争性私企的参与	项目管理备忘录，进度报告和项目完工报告	风险：极少私企对高速公路的运营感兴趣
	（4）提供70人/月的国际培训；在职的国际培训由顾问和已培训人员提供。 （5）采用调查技术评估工作实践和行为的变化，以衡量构建能力的成分的有效性		

资料来源：广西社会科学院民族经济研究所和亚洲开发银行2010年的监测报告 Evaluation Report of PPMS for Longlin to Baise Expessway Project

附录 Ⓐ

财政支出绩效评价管理暂行办法

财预〔2011〕285 号

第一章　总　则

第一条　为加强财政支出管理，强化支出责任，建立科学、合理的财政支出绩效评价管理体系，提高财政资金使用效益，根据《中华人民共和国预算法》等国家有关规定，制定本办法。

第二条　财政支出绩效评价（以下简称绩效评价）是指财政部门和预算部门（单位）根据设定的绩效目标，运用科学、合理的绩效评价指标、评价标准和评价方法，对财政支出的经济性、效率性和效益性进行客观、公正的评价。

第三条　各级财政部门和各预算部门（单位）是绩效评价的主体。

预算部门（单位）（以下简称预算部门）是指与财政部门有预算缴拨款关系的国家机关、政党组织、事业单位、社会团体和其他独立核算的法人组织。

第四条　财政性资金安排支出的绩效评价及相关管理活动适用本办法。

第五条　绩效评价应当遵循以下基本原则：

（一）科学规范原则。绩效评价应当严格执行规定的程序，按照科学可行的要求，采用定量与定性分析相结合的方法。

（二）公正公开原则。绩效评价应当符合真实、客观、公正的要求，依法公开并接受监督。

（三）分级分类原则。绩效评价由各级财政部门、各预算部门根据评价对象的特点分类组织实施。

（四）绩效相关原则。绩效评价应当针对具体支出及其产出绩效进行，评价结果应当清晰反映支出和产出绩效之间的紧密对应关系。

第六条 绩效评价的主要依据：

（一）国家相关法律、法规和规章制度；

（二）各级政府制定的国民经济与社会发展规划和方针政策；

（三）预算管理制度、资金及财务管理办法、财务会计资料；

（四）预算部门职能职责、中长期发展规划及年度工作计划；

（五）相关行业政策、行业标准及专业技术规范；

（六）申请预算时提出的绩效目标及其他相关材料，财政部门预算批复，财政部门和预算部门年度预算执行情况，年度决算报告；

（七）人大审查结果报告、审计报告及决定、财政监督检查报告；

（八）其他相关资料。

第二章 绩效评价的对象和内容

第七条 绩效评价的对象包括纳入政府预算管理的资金和纳入部门预算管理的资金。按照预算级次，可分为本级部门预算管理的资金和上级政府对下级政府的转移支付资金。

第八条 部门预算支出绩效评价包括基本支出绩效评价、项目支出绩效评价和部门整体支出绩效评价。

绩效评价应当以项目支出为重点，重点评价一定金额以上、与本部门职能密切相关、具有明显社会影响和经济影响的项目。有条件的地方可以对部门整体支出进行评价。

第九条 上级政府对下级政府的转移支付包括一般性转移支付和专项转移支付。一般性转移支付原则上应当重点对贯彻中央重大政策出台的转移支付项目进行绩效评价；专项转移支付原则上应当以对社会、经济发展和民生有重大影响的支出为重点进行绩效评价。

第十条 绩效评价的基本内容：

（一）绩效目标的设定情况；

（二）资金投入和使用情况；

（三）为实现绩效目标制定的制度、采取的措施等；

（四）绩效目标的实现程度及效果；

（五）绩效评价的其他内容。

第十一条 绩效评价一般以预算年度为周期，对跨年度的重大（重点）项目可根据项目或支出完成情况实施阶段性评价。

第三章 绩效目标

第十二条 绩效目标是绩效评价的对象计划在一定期限内达到的产出和效果，由预算部门在申报预算时填报。预算部门年初申报预算时，应当按照本办法规定的要求将绩效目标编入年度预算；执行中申请调整预算的，应当随调整预算一并上报绩效目标。

第十三条 绩效目标应当包括以下主要内容：

（一）预期产出，包括提供的公共产品和服务的数量；

（二）预期效果，包括经济效益、社会效益、环境效益和可持续影响等；

（三）服务对象或项目受益人满意程度；

（四）达到预期产出所需要的成本资源；

（五）衡量预期产出、预期效果和服务对象满意程度的绩效指标；

（六）其他。

第十四条 绩效目标应当符合以下要求：

（一）指向明确。绩效目标要符合国民经济和社会发展规划、部门职能及事业发展规划，并与相应的财政支出范围、方向、效果紧密相关。

（二）具体细化。绩效目标应当从数量、质量、成本和时效等方面进行细化，尽量进行定量表述，不能以量化形式表述的，可以采用定性的分级分档形式表述。

（三）合理可行。制定绩效目标时要经过调查研究和科学论证，目标要符合客观实际。

第十五条 财政部门应当对预算部门申报的绩效目标进行审核，符合相关要求的可进入下一步预算编审流程；不符合相关要求的，财政部门可以要求其调整、修改。

第十六条 绩效目标一经确定一般不予调整。确需调整的，应当根据绩效目标管理的要求和审核流程，按照规定程序重新报批。

第十七条 绩效目标确定后，随同年初预算或追加预算一并批复，作为预算部门执行和项目绩效评价的依据。

第四章 绩效评价指标、评价标准和方法

第十八条 绩效评价指标是指衡量绩效目标实现程度的考核工具。绩效评价指标的确定应当遵循以下原则：

（一）相关性原则。应当与绩效目标有直接的联系，能够恰当反映目标的实现程度。

（二）重要性原则。应当优先使用最具评价对象代表性、最能反映评价要求的核心指标。

（三）可比性原则。对同类评价对象要设定共性的绩效评价指标，以便于评价结果可以相互比较。

（四）系统性原则。应当将定量指标与定性指标相结合，系统反映财政支出所产生的社会效益、经济效益、环境效益和可持续影响等。

（五）经济性原则。应当通俗易懂、简便易行，数据的获得应当考虑现实条件和可操作性，符合成本效益原则。

第十九条 绩效评价指标分为共性指标和个性指标。

（一）共性指标是适用于所有评价对象的指标。主要包括预算编制和执行情况、财务管理状况、资产配置、使用、处置及其收益管理情况以及社会效益、经济效益等。

（二）个性指标是针对预算部门或项目特点设定的，适用于不同预算部门或项目的业绩评价指标。

共性指标由财政部门统一制定，个性指标由财政部门会同预算部门制定。

第二十条 绩效评价标准是指衡量财政支出绩效目标完成程度的尺度。绩效评价标准具体包括：

（一）计划标准。是指以预先制定的目标、计划、预算、定额等数据作为评价的标准。

（二）行业标准。是指参照国家公布的行业指标数据制定的评价标准。

（三）历史标准。是指参照同类指标的历史数据制定的评价标准。

（四）其他经财政部门确认的标准。

第二十一条 绩效评价方法主要采用成本效益分析法、比较法、因素分析法、最低成本法、公众评判法等。

（一）成本效益分析法。是指将一定时期内的支出与效益进行对比分析，以评价绩效目标实现程度。

（二）比较法。是指通过对绩效目标与实施效果、历史与当期情况、不同部门和地区同类支出的比较，综合分析绩效目标实现程度。

（三）因素分析法。是指通过综合分析影响绩效目标实现、实施效果的内外因素，评价绩效目标实现程度。

（四）最低成本法。是指对效益确定却不易计量的多个同类对象的实施成本进行比较，评价绩效目标实现程度。

（五）公众评判法。是指通过专家评估、公众问卷及抽样调查等对财政支出效果进行评判，评价绩效目标实现程度。

（六）其他评价方法。

第二十二条　绩效评价方法的选用应当坚持简便有效的原则。

根据评价对象的具体情况，可采用一种或多种方法进行绩效评价。

第五章　绩效评价的组织管理和工作程序

第二十三条　财政部门负责拟定绩效评价规章制度和相应的技术规范，组织、指导本级预算部门、下级财政部门的绩效评价工作；根据需要对本级预算部门、下级财政部门支出实施绩效评价或再评价；提出改进预算支出管理意见并督促落实。

第二十四条　预算部门负责制定本部门绩效评价规章制度；具体组织实施本部门绩效评价工作；向同级财政部门报送绩效报告和绩效评价报告；落实财政部门整改意见；根据绩效评价结果改进预算支出管理。

第二十五条　根据需要，绩效评价工作可委托专家、中介机构等第三方实施。财政部门应当对第三方组织参与绩效评价的工作进行规范，并指导其开展工作。

第二十六条　绩效评价工作一般按照以下程序进行：

（一）确定绩效评价对象；

（二）下达绩效评价通知；

（三）确定绩效评价工作人员；

（四）制订绩效评价工作方案；

（五）收集绩效评价相关资料；

（六）对资料进行审查核实；

（七）综合分析并形成评价结论；

（八）撰写与提交评价报告；

（九）建立绩效评价档案。

预算部门年度绩效评价对象由预算部门结合本单位工作实际提出并报同级财政部门审核确定；也可由财政部门根据经济社会发展需求和年度工作重点等相关原则确定。

第二十七条　财政部门实施再评价，参照上述工作程序执行。

第六章　绩效报告和绩效评价报告

第二十八条　财政资金具体使用单位应当按照本办法的规定提交绩效报告，绩效报告应当包括以下主要内容：

（一）基本概况，包括预算部门职能、事业发展规划、预决算情况、项目立项依据等；

（二）绩效目标及其设立依据和调整情况；

（三）管理措施及组织实施情况；

（四）总结分析绩效目标完成情况；

（五）说明未完成绩效目标及其原因；

（六）下一步改进工作的意见及建议。

第二十九条　财政部门和预算部门开展绩效评价并撰写绩效评价报告，绩效评价报告应当包括以下主要内容：

（一）基本概况；

（二）绩效评价的组织实施情况；

（三）绩效评价指标体系、评价标准和评价方法；

（四）绩效目标的实现程度；

（五）存在问题及原因分析；

（六）评价结论及建议；

（七）其他需要说明的问题。

第三十条　绩效报告和绩效评价报告应当依据充分、真实完整、数据准确、分析透彻、逻辑清晰、客观公正。

预算部门应当对绩效评价报告涉及基础资料的真实性、合法性、完整性负责。

财政部门应当对预算部门提交的绩效评价报告进行复核，提出审核意见。

第三十一条　绩效报告和绩效评价报告的具体格式由财政部门统一制定。

第七章　绩效评价结果及其应用

第三十二条　绩效评价结果应当采取评分与评级相结合的形式，具体分值和等级可根据不同评价内容设定。

第三十三条　财政部门和预算部门应当及时整理、归纳、分析、反馈绩效评价结果，并将其作为改进预算管理和安排以后年度预算的重要依据。

对绩效评价结果较好的，财政部门和预算部门可予以表扬或继续支持。

对绩效评价发现问题、达不到绩效目标或评价结果较差的，财政部门和预算部门可予以通报批评，并责令其限期整改。不进行整改或整改不到位的，应当根据情况调整项目或相应调减项目预算，直至取消该项财政支出。

第三十四条　绩效评价结果应当按照政府信息公开有关规定在一定范围内公开。

附录 A　财政支出绩效评价管理暂行办法 (217)

第三十五条　在财政支出绩效评价工作中发现的财政违法行为，依照《财政违法行为处罚处分条例》（国务院令第 427 号）等国家有关规定追究责任。

第八章　附　则

第三十六条　各地区、各预算部门可结合实际制定具体的管理办法和实施细则。

第三十七条　本办法自发布之日起施行。《中央部门预算支出绩效考评管理办法（试行）》（财预〔2005〕86 号）、《财政支出绩效评价管理暂行办法》（财预〔2009〕76 号）同时废止。《财政部关于进一步推进中央部门预算项目支出绩效评价试点工作的通知》（财预〔2009〕390 号）及其他有关规定与本办法不一致的，以本办法为准。

附：1. 财政支出绩效目标申报表（略）

2. 财政支出绩效评价指标框架（略）

3. 财政支出绩效报告（略）

4. 财政支出绩效评价报告（略）

5. 财政支出绩效评价工作流程图

附：财政支出绩效评价工作流程图

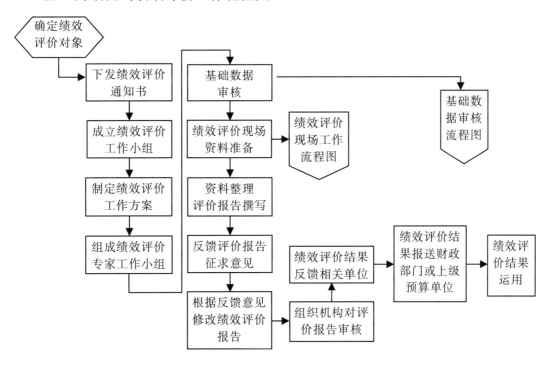

附录 B

财政支出（项目支出）绩效评价
操作指引（试行）

中评协〔2014〕70 号

第一章 总 则

第一条 为规范评估机构执行财政支出（项目支出）绩效评价业务，根据《中华人民共和国预算法》、《财政支出绩效评价管理暂行办法》（财预〔2011〕285 号）、《关于推进预算绩效管理的指导意见》（财预〔2011〕416 号）等相关法律法规，制定本操作指引。

第二条 本操作指引所称财政支出（项目支出）绩效评价（以下简称绩效评价）是指评估机构接受财政部门、预算部门（单位）委托，根据设定的绩效目标，运用科学、合理的绩效评价指标、评价标准和评价方法，对财政支出（项目支出）的经济性、效率性和效益性进行客观、公正的评价。

预算部门（单位）（以下简称预算部门）是指与财政部门有预算缴拨款关系的国家机关、政党组织、事业单位、社会团体和其他独立核算的法人组织。

第二章 基本要求

第三条 评估机构执行绩效评价业务，应当接受绩效评价主体委托。财政部门和预算部门是绩效评价的主体。

第四条 评估机构执行绩效评价业务，应当遵守国家相关法律法规和行业规范。

第五条 评估机构执行绩效评价业务，应当根据绩效评价业务具体情况，对自身专业胜任能力、独立性和业务风险进行综合分析和判断，决定是否承接绩效评价业务。

第六条 评估机构执行绩效评价业务，应当遵守保密原则，除法律法规和行业规范另有规定外，未经绩效评价主体书面许可，不得对外提供执业过程中获知的国家秘密、商业秘密、业务资料及绩效评价结论。

第七条　评估机构执行绩效评价业务，应当勤勉尽责，恪守独立、客观、公正的原则。

第八条　评估机构执行绩效评价业务，不得利用执业便利为自己或他人谋取不正当利益。

第九条　评估机构执行绩效评价业务，应当获取充分信息，保证信息来源的可靠性及利用信息的恰当性，确保绩效评价工作的客观性及绩效评价报告的真实性、准确性。

第十条　评估机构执行绩效评价业务，可以聘请相关专家协助工作，但应当采取必要措施确信专家工作的合理性。

第三章　绩效评价的对象和内容

第十一条　评估机构执行绩效评价业务，应当明确绩效评价的对象和内容。

第十二条　绩效评价的对象包括纳入政府预算管理的资金和纳入部门预算管理的资金。按照预算级次，可分为本级部门预算管理的资金和上级政府对下级政府的转移支付资金。

第十三条　绩效评价的基本内容通常包括：

（一）绩效目标的设定情况；

（二）资金投入和使用情况；

（三）为实现绩效目标制定的制度、采取的措施等；

（四）绩效目标的实现程度及效果；

（五）绩效评价的其他内容。

第十四条　绩效评价一般以预算年度为周期，对跨年度的重大（重点）项目可根据项目或支出完成情况实施阶段性评价。

第四章　绩效评价程序

第十五条　评估机构执行绩效评价业务，绩效评价程序通常分为三个阶段，即绩效评价前期准备阶段、实施阶段和绩效评价报告的编制和提交阶段。

（一）绩效评价前期准备阶段

1. 接受绩效评价主体的委托，签订业务约定书。

2. 成立绩效评价工作组。

3. 明确绩效评价基本事项，包括：

（1）项目的背景和基本情况；

（2）绩效评价的对象和内容；

（3）项目的绩效目标、管理情况及相关要求；

（4）绩效评价的目的；

（5）委托方及绩效评价报告使用者；

（6）其他重要事项。

4. 制定绩效评价方案。

（二）绩效评价实施阶段

1. 根据项目特点，按照绩效评价方案，通过案卷研究、数据填报、实地调研、座谈会及问卷调查等方法收集相关评价数据。

2. 对数据进行甄别、汇总和分析。

3. 结合所收集和分析的数据，按绩效评价相关规定及要求运用科学合理的评价方法对项目绩效进行综合评价，对各项指标进行具体计算、分析并给出各指标的评价结果及项目的绩效评价结论。

（三）绩效评价报告的编制和提交阶段

1. 根据各指标的评价结果及项目的整体评价结论，按绩效评价相关规定及要求编制绩效评价报告。

2. 与委托方就绩效评价报告进行充分沟通。

3. 履行评估机构内部审核程序。

4. 提交绩效评价报告。

5. 工作底稿归档。

第十六条 绩效评价业务遵循委托方付费的原则，委托方与评估机构另有约定的，从其约定。涉及对相关法律权属及技术应用等需要进行鉴定或咨询的，相关费用通常由委托方承担。

第十七条 评估机构在决定承接绩效评价业务后，应当与委托方签订业务约定书。业务约定书通常包括：

（一）评估机构和委托方的名称；

（二）绩效评价报告使用者；

（三）绩效评价对象和内容；

（四）绩效评价报告提交期限和方式；

（五）绩效评价服务费总额、支付时间和方式；

（六）评估机构和委托方的其他权利和义务；

（七）绩效评价报告的使用限制；

（八）保密条款；

（九）违约责任和争议解决；

（十）签约时间；

（十一）其他必要的约定。

第五章　绩效评价方案

第十八条　评估机构在制定绩效评价方案之前，应当收集所需的相关资料，通常包括：

（一）与项目相关的法律法规和规章制度；

（二）与项目相关的各级政府制定的国民经济与社会发展规划、方针政策；

（三）相关行业政策、行业标准及专业技术规范；

（四）各级政府或财政部门关于财政支出绩效评价的管理办法及规定；

（五）上级部门审查报告及财政监督检查报告；

（六）预算部门职能职责、发展规划、年度工作计划及工作目标；

（七）申请预算时提出的资金申报书、立项评价报告、项目绩效目标、财政部门预算批复、经财政部门批准的预算方案或调整方案、财政部门和预算部门年度预算执行情况及年度决算报告；

（八）预算管理制度、资金及财务管理办法、资金使用概况、专项审计报告等财务会计资料；

（九）项目管理制度、项目管理数据、项目（部门）年度或季度工作总结；

（十）项目竣工验收报告、竣工财务决算和有关财务资料（预算执行报告）；

（十一）绩效自评报告、上年度绩效评价报告或相关总结；

（十二）其他相关资料。

第十九条　绩效评价方案应当满足以下要求：

（一）可行性

绩效评价方案应当具体、清晰、具有可操作性，内容通常包括项目的背景、评价目的、评价对象和范围、绩效评价指标体系、评价方法、各项指标数据的收集方法、评价人员分工、评价计划、管理控制等。

（二）客观性

在对项目概况进行描述时，应当遵守客观公正原则，按照客观事实进行描述。

（三）科学性

绩效评价方案中，绩效评价指标及指标权重的设定合理反映项目特性，评价方法选择恰当，绩效评价指标数据的收集方法合理。

（四）简明性

绩效评价方案应当主次分明、语言精炼、逻辑清晰，语言表述提纲挈领、简明扼要、易于理解。

第二十条 绩效评价方案通常包括：

（一）项目基本情况

1. 项目立项的背景、目的及依据。

2. 项目预算及资金使用情况。

3. 项目计划实施内容。

项目实施的具体内容（或政策受益条件及受益范围）、项目范围、项目所在区域、资金投向、项目开始及计划完成时间等。如果项目在实施期内，内容发生变更，应当说明变更的内容、依据及变更审批程序。

4. 项目绩效目标。

绩效目标是指绩效评价对象计划在一定期限内达到的产出和效果。绩效目标要根据各级政府关于预算编制的总体要求和财政部门的具体部署、国民经济和社会发展规划、部门职责及事业发展规划，科学合理地测算资金需求进行编制。绩效目标通常包括：

（1）预期产出，包括提供的公共产品和服务的数量；

（2）预期效果，包括经济效益、社会效益、环境效益和可持续影响等；

（3）服务对象或项目受益人满意程度；

（4）达到预期产出所需要的成本资源；

（5）衡量预期产出、预期效果和服务对象满意程度的绩效指标；

（6）其他。

绩效目标是设定绩效评价指标体系的基础。评估机构在制定方案的过程中，应当明确项目在考核期间的绩效目标。如果项目在申请预算时缺少绩效目标、绩效目标不明确或绩效目标有偏差，评估机构应当与委托方进行沟通，根据评价依据及项目客观情况确定合理的绩效目标。

5. 项目的组织及管理。

主要反映项目管理的组织结构，包括项目的主管部门及实施部门的各自职责，项目的实施流程及监管机制。

6. 利益相关方。

明确项目利益相关方，分析各利益相关方如何参与项目立项、实施及运行，项目的利益相关方通常包括：

（1）项目的主管部门、预算部门及项目实施单位；

（2）与项目相关的其他政府部门；

（3）项目的直接受益者、间接受益者；

（4）公众等其他利益相关方。

7. 其他可能对项目绩效产生重要影响的情况。

（二）绩效评价思路

1. 绩效评价目的和依据。

评价目的是整个绩效评价工作开展所要达到的目标和结果，体现评价工作的最终价值，是整个评价工作的基本导向。

绩效评价依据通常包括与项目相关的法律、法规和规章制度，国民经济与社会发展规划和方针政策，预算部门职能职责、中长期发展规划及年度工作计划，预算管理制度、资金及财务管理办法、经财政部门批准的预算方案或调整方案、财务会计资料，相关行业政策、行业标准及专业技术规范，各级政府或财政部门关于财政支出绩效评价的管理办法及规定等。

2. 绩效评价对象及评价内容。

绩效评价的对象包括纳入政府预算管理的资金和纳入部门预算管理的资金。按照预算级次，可分为本级部门预算管理的资金和上级政府对下级政府的转移支付资金。

绩效评价的内容通常包括：绩效目标的设定情况，资金投入和使用情况，为实现绩效目标制定的制度、采取的措施等，绩效目标的实现程度与效果等。

3. 绩效评价指标体系。

评估机构应当按照相关性、重要性、可比性、系统性及经济性原则，就项目决策、项目管理、项目绩效（产出、效果）等方面全面设定指标体系。

4. 绩效评价方法。

评估机构应当明确执行绩效评价业务所选用的绩效评价方法及其理由。

（三）项目调查主要方法

评估机构在制定绩效评价方案时，应当有针对性地对项目所涉及的利益相关方开展各种形式的调查，调查方法包括案卷研究、数据填报、实地调研、座谈会及问卷调查等。绩效评价方案应当尽可能明确调查的对象、调查的方法、调查内容、日程安排、时间及地点等。如果调查对象涉及抽样，应当说明调查对象总体情况、样本总数、抽样方法及抽样比例。

（四）评价工作的组织与实施

1. 明确各个环节及各项工作的时间节点及工作计划。

2. 明确项目负责人及项目团队的职责与分工。

3. 明确参与评价工作各相关当事方的职责。

第六章 绩效评价指标、评价标准和方法

第二十一条 绩效评价指标是衡量绩效目标实现程度的考核工具。通过将绩效业绩指标化，获取具有针对性的业绩值，为开展绩效评价工作提供基础。绩效评价指标应当充分体现和真实反映项目的绩效、绩效目标的完成情况及评价的政策需要。

第二十二条 绩效评价指标体系通常包括具体指标、指标权重、指标解释、数据来源、评价标准及评分方法等。绩效评价指标体系设定应当满足以下原则：

（一）相关性原则

绩效评价指标体系设定应当与绩效目标有直接的联系，能够恰当反映目标的实现程度。

（二）重要性原则

绩效评价指标体系设定应当根据绩效评价的对象和内容优先使用最具代表性、最能反映评价要求的核心指标。

（三）可比性原则

绩效评价指标体系设定应当对同类评价对象设定共性的绩效评价指标，以便于评价结果相互比较。

（四）系统性原则

绩效评价指标体系设定应当将定量指标与定性指标相结合，系统反映项目所产生的社会效益、经济效益、环境效益和可持续影响等。

（五）经济性原则

绩效评价指标体系设定应当通俗易懂、简便易行，数据的获得应当考虑现实条件和可操作性，符合成本效益原则。

第二十三条 评估机构执行绩效评价业务，应当根据评价对象的具体类型合理选择绩效评价指标。

（一）共性指标和个性指标

共性指标是适用于所有评价对象的指标，主要包括决策管理、投入管理、财务管理、项目实施及社会效益、经济效益等。共性指标可以按照预算法规、规章制度及财政支出管理办法等相关政策的要求设定。

个性指标是适用于不同预算部门或项目的业绩评价指标，主要包括经济效益指标、社会效益指标、环境效益指标及可持续影响指标等。个性指标可以针对预算部门或项目特点设定。

（二）定量指标和定性指标

定量指标是可以准确地以数量定义、精确衡量并能设定绩效目标的考核指标。定量指标的评价标准值是衡量该项指标是否符合项目基本要求的评价基准。

定性指标是指无法直接通过数据分析评价对象与评价内容，需对评价对象及评价内容进行客观描述来反映评价结果的指标。

第二十四条　绩效评价指标的权重是指标在评价体系中的相对重要程度。权重表示在评价过程中，对评价对象不同侧面重要程度的定量分配，以区别对待各级评价指标在总体评价中的作用。确定指标权重的方法通常包括专家调查法、层次分析法、主成分分析法、熵值法等。

第二十五条　绩效评价标准是指衡量绩效目标完成程度的尺度。评估机构执行绩效评价业务，应当以评价对象的性质和具体的政策导向为基础，结合行业、规模、历史经验和专家评价意见等确定绩效评价标准。绩效评价标准通常包括：

（一）计划标准

计划标准是指以预先制定的目标、计划、预算、定额等数据作为评价的标准。

（二）行业标准

行业标准是指参照国家公布的行业指标数据制定的评价标准。

（三）历史标准

历史标准是指参照同类指标的历史数据制定的评价标准。

（四）以经验数据和常识确定的标准

以经验数据和常识确定的标准是指根据财政经济活动发展规律和管理实践，由相关领域经验丰富的专家学者经过分析研究后得出的有关指标标准或惯例。

（五）其他经财政部门确认的标准

评估机构执行绩效评价业务，应当尽可能地选择计划标准、行业标准、历史标准及其他经财政部门确认的标准，谨慎选用以经验数据和常识确定的标准。

第二十六条　绩效评价方法主要采用成本效益分析法、比较法、因素分析法、最低成本法、公众评判法等。

（一）成本效益分析法

成本效益分析法是指将一定时期内的支出与效益进行对比分析，评价绩效目标的实现程度。

（二）比较法

比较法是指通过对绩效目标与实施效果、历史与当期情况、不同部门和地区同类支出的比较，综合分析绩效目标的实现程度。

（三）因素分析法

因素分析法是指通过综合分析影响绩效目标实现、实施效果的内外因素，评价绩效目标的实现程度。

（四）最低成本法

最低成本法是指对效益确定却不易计量的多个同类对象的实施成本进行比较，评价绩效目标的实现程度。

（五）公众评判法

公众批判法是指通过专家评估、公众问卷及抽样调查等对财政支出效果进行评判，评价绩效目标的实现程度。

（六）其他适宜的评价方法

绩效评价方法的选用，应当坚持定量优先、简便有效的原则。根据评价对象的具体情况，可以采用一种或多种方法进行绩效评价。

第七章　数据收集与分析

第二十七条　评估机构执行绩效评价业务，在数据收集过程中，应当遵循准确、详尽及客观的原则，确保数据来源的可靠性与真实性。

第二十八条　评估机构执行绩效评价业务，收集数据的主要方法通常包括：

（一）案卷研究

案卷研究是从现有的项目文件、国家和地方的发展政策和战略规划、各种相关的研究和咨询报告等文档资料中寻找数据的过程。案卷研究要注意对同一绩效评价指标在不同文件中的数据进行对比核实，如果不同来源的数据存在差异，则要分析差异的原因，并且在座谈会、实地调研中进行核查，最后确定选择使用的数据。

（二）资料收集与数据填报

评估机构执行绩效评价业务，可以根据评价对象的具体情况向预算部门和资金使用单位收集相关资料。为便于对数据进行梳理与汇总，可以设计相关表格，并配合预算部门和资金使用单位进行填写。

（三）实地调研

1. 实地调研通常包括访谈和现场勘查。

2. 评估机构应当从项目利益相关方中确定访谈对象，包括项目的管理人员、实施人员、项目受益者及参与项目立项、决策、实施、管理的行业专家。根据调查的内容范围和主要问题，设计访谈提纲并开展访谈，访谈内容通常为开放式提问，问题应当简明扼要、具体直接。

3. 现场勘查是指通过询问、核对、勘查、检查等方法进行调查，获取绩效评价业务需要的基础资料。

4. 调研结束后应当对调研记录进行整理与分析，调研记录可以作为绩效评价报告的附件和工作底稿。

（四）座谈会

1. 选择参与或熟悉项目的立项、决策、实施、管理等人员为座谈会邀请对象，确保参与人员能够为绩效评价提供有效信息。

2. 注意座谈会参与者对问题答案是否达成共识。如果没有达成共识，需作进一步核实。

3. 座谈会结束后应当进行会议记录整理与分析，会议记录可以作为绩效评价报告的附件和工作底稿。

（五）问卷调查

1. 问卷设计通常遵循客观性、合理性、逻辑性、明确性等原则，尽量避免主观臆断或人为导向，问卷数据应当便于整理与分析。

2. 根据项目具体情况，针对项目涉及的各相关当事方，合理选择问卷发放的范围，采用科学合理的方法确定样本量和问卷最低回收率要求等。

3. 根据项目具体情况进行抽样，抽样方法通常包括分层抽样、非等概率抽样、多阶抽样、整群抽样及系统抽样。

4. 问卷调查结束后应当对问卷调查结果进行整理和分析，问卷调查格式及汇总信息可以作为绩效评价报告的附件和工作底稿。

第二十九条　评估机构执行绩效评价业务，应当采用合理的方法对数据进行整理和分析。

（一）数据整理

1. 数据分类。根据项目各项指标的要求，对数据进行分类。

2. 数据选取。从不同来源收集的资料中选取出同一绩效评价指标的数据。

3. 数据验证。对将不同来源的数据进行交叉验证，剔除错误数据或无效数据。

4. 数据确定。在数据验证基础上，最终确定用于绩效分析和评价的数据。

（二）数据分析

评估机构执行绩效评价业务时，在数据分析过程中通常采用以下方法：

1. 变化分析。该方法是通过比较绩效评价指标的实际变化情况与预期变化得到分析结果。该方法是绩效评价中最常用的分析方法，主要用于分析绩效评价指标在项目实施后是否达到预期值。

2. 归因分析。该方法是通过建立反事实场景来进行分析，确定所观察到的变化有多大比例是由项目实施而产生。

3. 贡献分析。该方法是分析项目实施过程中的各种因素对该项目的贡献程度。

第三十条　对定性指标的评价，应当通过案卷研究、数据填报、实地调研、座谈会、问卷调查等多种方法来获取数据，并对数据进行综合定性分析后得出结论。为确保评价结果的客观性和准确性，应当尽量避免运用单一的数据收集方法进行评价。

第八章　绩效评价报告

第三十一条　评估机构执行绩效评价业务，编制和出具绩效评价报告，应当与委托方充分沟通并合理确定绩效评价报告的主要内容、使用限制说明等事项。

第三十二条　评估机构执行绩效评价业务，编制的绩效评价报告应当满足以下要求：

（一）绩效评价报告内容完整

绩效评价报告所披露的事项应当全面、完整，主要内容通常包括项目的基本情况、评价目的、评价主要过程、综合评价结论、主要成绩和经验、存在的主要问题和不足及相关政策建议等。

（二）绩效评价报告客观公正

绩效评价报告所引用的数据应当来源可靠，所作出的判断和结论应当基于客观事实。评估机构在编制绩效评价报告时，应当坚持第三方独立立场，不被其他利益相关方的主观意见所左右。

（三）绩效评价报告表达清晰

绩效评价报告整体框架应当结构合理、条理清晰、逻辑严密，针对项目所提出的建议应当与项目所存在的问题和不足做到前后呼应。

（四）绩效评价报告结论合理

评估机构应当清晰、准确地陈述绩效评价报告内容，不得使用误导性的表述。评估机构应当在绩效评价报告中提供必要信息，使绩效评价报告使用者能够准确理解评价结论。

（五）绩效评价报告语言简明扼要

绩效评价报告应当文字简单、篇幅适中、版面简洁。绩效评价报告所用语言和所引用的客观依据应当尽可能地简明扼要且直观易懂。

第三十三条　绩效评价报告的主要内容通常包括：

（一）项目基本概况

1. 项目背景。

项目单位的基本情况介绍，项目的主要内容、历史情况、立项的目的和意义，预算部门确定立项的相关文件依据等。

2. 项目实施情况。

项目实际开展情况、项目规模、项目范围、项目所在区域、资金投向等。

3. 资金来源和使用情况。

项目资金拨付的主体、资金拨付流程、资金使用流程等财政资金来源与管理情况，各具体分项资金的预算及实际使用和支出情况等。对经常性项目，还包括历史年度资金的使用情况。

4. 绩效目标及实现程度。

绩效目标，项目执行过程中目标、计划的调整情况，绩效总目标和阶段性目标的完成情况，项目的实际支出情况及财务管理状况等。

（二）绩效评价的组织实施情况

1. 绩效评价目的。

2. 绩效评价实施过程。

3. 绩效评价人员构成。

4. 数据收集方法。

5. 绩效评价的局限性。

（三）绩效评价指标体系、评价标准和评价方法

1. 绩效评价指标体系的设定原则及具体内容。

2. 绩效评价的具体标准及评价的具体方法。

（四）绩效分析及绩效评价结论

1. 项目决策。

项目决策是否符合经济社会发展规划的要求，项目申报和批复程序是否符合相关管理办法，是否根据需要制定相关资金管理办法，资金分配结果是否合理等。

2. 项目管理。

资金到位率，资金是否及时到位，资金使用是否合规，资金管理、费用支出等制度是否健全，组织机构是否健全、分工是否明确，项目管理制度是否健全，并得到有效执行等。

3. 项目绩效。

项目产出数量、质量、时效是否达到绩效目标，项目产出成本是否按绩效目标控制，项目实施是否产生直接或间接的经济效益、社会效益、环境效益和可持续影响及项目服务对象满意度等。

在对绩效评价指标进行分析和评价时，要充分利用评价工作中所收集的数据，做到定量分析和定性分析相结合。绩效评价指标评分应当依据充分、数据使用合理恰当，确保绩效评价结果的公正性、客观性、合理性。

（五）主要经验及做法

绩效评价报告要通过分析各指标的评价结果及项目的整体评价结论，总结项目在立项、决策、实施、管理等方面的经验，为类似项目在以后年度开展积累经验。

（六）存在问题及原因分析

绩效评价报告要通过分析各指标的评价结果及项目的整体评价结论，总结项目在立项、决策、实施、管理等方面存在的不足及原因，为相关建议的提出奠定基础。

（七）相关建议

绩效评价报告需有针对性地对项目存在的不足提出改进措施和建议。建议或对策应当具有较强的可行性、前瞻性及科学性，有利于促进预算部门及项目实施单位提高绩效管理水平。

（八）绩效评价报告使用限制等其他需要说明的问题

（九）评估机构签章

绩效评价报告应当由评估机构加盖公章。

（十）相关附件

1. 主要评价依据。

2. 实地调研和座谈会相关资料。

3．调查问卷格式及汇总信息。

4．其他支持评价结论的相关资料。

5．评估机构资质、资格证明文件。

第三十四条　绩效评价报告的使用限制说明通常包括：

（一）绩效评价报告只能用于评价报告载明的评价目的；

（二）绩效评价报告只能由评价报告载明的评价报告使用者使用；

（三）未征得委托方、相关政府部门或出具绩效评价报告的评估机构同意，绩效评价报告的内容不得被摘抄、引用或披露于公开媒体，法律、法规规定及相关当事方另有约定的除外；

（四）绩效评价程序受限造成的评价报告的使用限制。

第三十五条　评估机构在出具绩效评价报告前应当对其进行内部审核。

第三十六条　评估机构在出具绩效评价报告前，可以在不影响对最终评价结论进行独立判断的前提下，与委托方或委托方许可的相关当事方就绩效评价报告有关内容进行必要沟通。

第三十七条　在委托方对绩效评价报告使用过程中，评估机构应当积极配合相关当事方对绩效评价报告进行解释，以促进绩效评价报告能够得到合理使用。

第三十八条　评估机构执行绩效评价业务，应当编制工作底稿，工作底稿内容通常包括：

（一）项目开展过程中所收集的全部有效资料；

（二）绩效评价方案、专家论证意见和建议、业务约定书、实地调研记录、座谈会记录、调查问卷等相关工作资料；

（三）绩效评价报告、专家评审意见和建议、结果公开与应用情况等相关资料。

第三十九条　评估机构应当在绩效评价报告日后，及时将工作底稿与绩效评价报告等一起归入评价业务档案，并由所在评估机构按照国家有关档案管理的法律法规的规定妥善管理。

第九章　附　　则

第四十条　本操作指引自 2014 年 8 月 1 日起施行。

附：　1．评估机构执行绩效评价业务工作流程图

　　　2．评估机构执行绩效评价业务指标框架

附 1：评估机构执行绩效评价业务工作流程图（供参考）

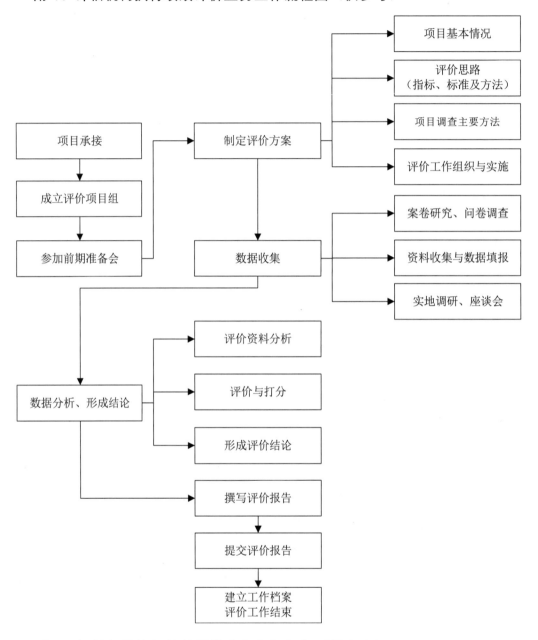

附 2：评估机构执行绩效评价业务指标框架（供参考）

一级指标	权重（根据项目具体情况设定）	二级指标（可根据项目具体情况局部调整）	三级指标（供参考，根据项目具体情况设定）	指标解释
项目决策	15±5	战略目标适应性	项目与战略目标（部门职能）的适应性	项目是否能够支持部门目标的实现，是否符合发展政策和优先发展重点

续表

一级指标	权重（根据项目具体情况设定）	二级指标（可根据项目具体情况局部调整）	三级指标（供参考，根据项目具体情况设定）	指标解释
项目决策	15±5	立项合理性	项目立项的规范性	项目的申请、设立过程是否符合相关要求，立项资料是否齐全，用以反映和考核项目立项的规范情况
			立项依据的充分性	项目立项是否有充分的依据
			绩效目标的合理性	项目所设定的绩效目标是否依据充分，是否符合客观实际，用以反映和考核项目绩效目标与项目实施的相符情况
			绩效指标明确性	依据项目申报或执行中绩效目标设定的绩效指标是否清晰、细化、可衡量等，用以反映和考核项目绩效目标与项目实施的相符情况
项目管理	20±5	投入管理	预算执行率	预算执行率=实际支出/实际到位预算
			预算资金到位率	到位率=实际到位/计划到位，到位时效主要考察资金是否及时到位，若未及时到位，是否影响项目进度
			配套资金到位率	
			资金到位及时率	及时到位资金与应到位资金的比率，用以反映和考核资金落实情况对项目实施的总体保障程度
		财务管理	资金使用合规性（资金使用情况）	资金使用是否符合有关制度规定
			财务（资产）管理制度健全性	是否按规定建立了财务、资产管理制度、内控制度及其执行情况
			成本控制情况	是否按项目进行成本核算及成本差异情况
			会计信息审计结果（或有）	从审计结论中考察会计信息的合规性、准确性、完整性、及时性
			财务监控的有效性	项目实施单位是否为保障资金的安全、规范运行而采取了必要的监控措施，用以反映和考核项目实施单位对资金运行的控制情况
		项目实施	管理制度的健全性（保证项目实施的制	项目实施单位的业务管理制度是否健全，用以反映和考核业务管理制度对

续表

一级指标	权重（根据项目具体情况设定）	二级指标（可根据项目具体情况局部调整）	三级指标（供参考，根据项目具体情况设定）	指标解释
项目管理	20±5	项目实施	度、措施的建立情况及制度措施的科学性合理性）	项目顺利实施的保障情况
			制度执行的有效性（相关制度和措施执行情况）	项目实施是否符合相关业务管理规定，用以反映和考核业务管理制度的有效执行情况
			项目质量的可控性	项目实施单位是否为达到项目质量要求而采取了必需的措施，用以反映和考核项目实施单位对项目质量的控制情况
项目绩效	65±5	项目产出	实际完成率（产出数量）	项目实施的实际产出数与计划产出数的比率，用以反映和考核项目产出数量目标的实现程度
			完成及时率（产出时效）	项目实际提前完成时间与计划完成时间的比率，用以反映和考核项目产出时效目标的实现程度
			质量达标率（产出质量）	项目完成的质量达标产出数与实际产出数的比率，用以反映和考核项目的成本节约程度
			成本节约率	完成项目计划工作目标的实际节约成本与计划成本的比率，用以反映和考核项目的成本节约程度
		项目结果	经济效益	项目实施对经济发展所带来的直接或间接影响情况
			环境效益（生态效应）	项目实施对生态环境所带来的直接或间接影响情况
			社会效益	项目实施对社会发展所带来的直接或间接影响情况
			社会公众或服务对象满意度	社会公众或服务对象对项目实施效果的满意程度
		能力建设及可持续影响	长效管理情况	维持项目发展所需要的制度建设及维护费用等落实情况
			人力资源对项目可持续影响	项目实施后人力资源水平改善状况对项目及单位可持续发展的影响

续表

一级指标	权重 （根据项目具体情况设定）	二级指标 （可根据项目具体情况局部调整）	三级指标 （供参考，根据项目具体情况设定）	指标解释
项目绩效	65±5	能力建设及可持续影响	硬件条件对项目发展作用	项目实施过程中设备条件的改善对项目及单位可持续发展的意义
			信息共享情况	项目实施后的成果及信息与其他部门共享
总分	100			

附录 C

PPP 项目资产评估及相关咨询业务操作指引

中国资产评估协会于 2016 年 10 月 13 日印发《PPP 项目资产评估及相关咨询业务操作指引》（以下简称《操作指引》）的通知。《操作指引》从 PPP 项目资产评估及相关咨询业务基本要求、实施方案编写具体操作要求、物有所值评价具体操作要求、财政承受能力论证具体操作要求、尽职调查具体操作要求、中期评估及绩效评价具体操作要求、实施过程中的评估具体操作要求、附则进行指导。

《操作指引》要求考虑相关性、重要性、可比性、系统性及经济性原则，就项目决策、项目管理、项目绩效（产出、效果）等方面全面设定绩效评价指标体系，并制定了 PPP 项目绩效评价指标框架供参考，包括项目决策、项目管理、项目绩效、可持续性四个一级指标，项目立项、项目目标、投入管理等 17 个二级指标，战略目标适应性、立项依据充分性、项目识别规范性等 47 个三级指标，详见附表 C-1。

附表 C-1　PPP 项目绩效评价指标框架（供参考）

一级指标	权重 （根据项目具体情况设定）	二级指标 （可根据项目具体情况局部调整）	三级指标 （供参考，根据项目具体情况设定）
项目决策	15 ± 5	项目立项	战略目标适应性
			立项依据充分性
			项目识别规范性
		项目目标	实施方案的合理性
			项目目标合理性
			项目绩效指标明确性

续表

一级指标	权重 （根据项目具体情况设定）	二级指标 （可根据项目具体情况局部调整）	三级指标 （供参考，根据项目具体情况设定）
项目管理	20 ± 5	投入管理	预算执行率
			资金结构合理性
			政府资金到位率
			社会资金到位率
			资金到位及时率
		财务管理	资金使用情况
			财务（资产）管理制度健全性
			财务监控有效性
		项目实施	政府监管机构设置合理性
			社会资本采购执行有效性
			项目公司采购执行的有效性
			合同体系建立规范性
			风险分配的有效性
			项目执行有效性
			项目移交执行情况
		成本效益	项目净现值
			内部收益率
			投资回收期
			投资收益率
			投入产出比
项目绩效	50 ± 5	项目产出	实际完成率（产出数量）
			完成及时率（产出时效）
			质量达标率（产出质量）
		项目效果	经济效益（根据项目具体细化）
			生态效益（根据项目具体细化）
			社会效益（根据项目具体细化）
			满意度（根据项目具体细化）
可持续性	15 ± 5	财务效益状况	净资产收益率
			总资产报酬率
		资产营运状况	总资产周转率（次）
			流动资产周转率（次）
		偿债能力状况	资产负债率
			已获利息倍数

续表

一级指标	权重 （根据项目具体情况设定）	二级指标 （可根据项目具体情况局部调整）	三级指标 （供参考，根据项目具体情况设定）
可持续性	15±5	发展能力状况	销售（营业）增长率
			资本积累率
		项目运行管理机构可持续性	项目运行管理机构可持续性
		资产管理的规范性	资产管理的规范性
			移交资产的完整性
		人力资源可持续性	人员结构合理程度；人均培训天数；人均培训费用
		政策、机制安排可持续性	项目政策可持续性
		政府和社会资本合作模式应用	项目合作模式可复制性

附录 D

地下综合管廊及海绵城市建设
试点绩效评价指标体系

    财政部、住房城乡建设部《关于印发城市管网专项资金绩效评价暂行办法的通知》（财建〔2016〕52 号）中规定，省级财政部门和有关行业主管部门及实施单位等应对照绩效目标开展绩效自评，形成相应的自评结果和绩效报告，报财政部、住房城乡建设部等有关部门，作为绩效评价的重要基础。财政部会同住房城乡建设部等有关部门根据专项资金所支持各项工作分别制定绩效评价指标体系和评价标准，其中包含地下综合管廊试点绩效评价指标体系和海绵城市建设试点绩效评价指标体系，详见附表 D-1 和附表 D-2。

附表 D-1　地下综合管廊试点绩效评价指标体系

序号	评价指标	评分标准	分值范围	指标解释
1	资金使用和管理	资金下达及时，执行率 90%以上，使用安全，管理规范，得 15 分；资金下达不及时，执行率在 70%~90%，管理和使用情况符合规范且未对试点工作造成严重影响，得 7 分；资金下达不及时，执行率低于 70%，管理和使用情况不规范，影响试点工作推进，不得分，并按有关规定处理	0~15 分	评价资金使用和管理情况
2	政府和社会资本合作	按以 PPP 模式吸引社会资本投资额度占试点工作总投资额比例评价。70%以上的，得 10 分；30%~70%的，得 5 分；30%以下的，不得分	0~10 分	评价实行 PPP 模式的情况
3	运营维护费用保障机制	按是否建立运营维护费用保障机制，确定政府补贴标准，确保管廊有效运营进行评价。建立了前述保障运营维护的机制，得 15 分；未建立，不得分	0~15 分	评价保障运营维护机制建立情况

续表

序号	评价指标	评分标准	分值范围	指标解释
4	入廊收费制度	建立入廊收费标准体系，得 15 分；未建立，不得分	0~15 分	评价是否建立入廊收费标准制度体系
5	产出数量	按工程形象进度评价。计划建设公里数全部或超额完成，得 15 分；完成率在 80%~100%，得 7 分；完成率在 80%以下，视为绩效考核结果"不合格"	0~15 分	评价试点工作实施计划完成情况
6	项目效益	按强制入廊制度建立情况和管线入廊率评价。各类入廊管线权重及入廊率计算方式由住房城乡建设部统一规定。建立强制入廊制度，入廊率在 100%以上，得 20 分；建立强制入廊制度，入廊率 70%~100%，得分=20×[（入廊率×100-70）/30]；未建立强制入廊制度，或入廊率 70%以下，不得分	0~20 分	评价强制入廊制度执行情况和计划入廊管线是否全部入廊
7	技术路线	按舱体结构设计、舱位布置是否符合技术标准和技术规范评价。符合，得 10 分；不符合，不得分	0~10 分	评价试点项目技术路线符合相关技术标准和规范情况

附表 D-2　海绵城市建设试点绩效评价指标体系

序号	评价指标	评分标准	分值范围	指标解释
1	资金使用和管理	资金下达及时，使用安全，管理规范，得 15 分；资金下达不及时，执行率在 70%~90%，管理和使用情况符合规范且未对试点工作造成严重影响，得 7 分；资金下达不及时，执行率低于 70%，管理和使用情况不规范，影响试点工作推进，不得分，并按有关规定处理	0~15 分	评价资金使用和管理情况
2	政府和社会资本合作	按以 PPP 模式吸引社会资本投资额度占试点工作总投资额比例评价。70%以上的，得 10 分；30%~70%的，得 5 分；30%以下的，不得分	0~10 分	评价实行 PPP 模式的情况
3	成本补偿保障机制	按是否根据项目类别建立收费价格标准制度体系，建立运营维护费用保障机制，确定政府补贴标准，确保有效运营进行评价。建立前述机制，得 10 分；未建立前述机制，不得分	0~10 分	评价成本补偿保障机制建立情况
4	产出数量	按工程形象进度评价。计划建成面积数全部或超额完成，得 20 分；完成率在 80%~100%，得 10 分；完成率在 80%以下，视为绩效考核结果"不合格"	0~20 分	评价试点工作实施计划完成情况

序号	评价指标	评分标准	分值范围	指标解释
5	产出质量	按年径流总量控制率/毫米数评价。对比经批复的试点目标：达到目标任务，得 10 分；低于目标任务但不超过 10 个百分点或 5 毫米，得 5 分；低于目标任务超过 10 个百分点或 5 毫米，不得分	0~10 分	评价年径流总量控制率达到计划目标的情况
6	项目效益	试点区域内水生态、水环境、水资源、水安全、显示度等各项指标全部达到计划目标，得 25 分；一半及一半以上指标达到，得 15 分；一半以上指标未达到，不得分	0~25 分	评价试点区域内水生态、水环境、水资源、水安全、显示度等各项指标达到计划目标情况
7	技术路线	系统性强、科学合理，符合相关技术标准和规范，得 10 分；不符合，不得分	0~10 分	评价试点项目技术路线符合相关技术标准和规范情况

参考文献

[1] 《财政部关于推广运用政府和社会资本合作模式有关问题的通知》(财金〔2014〕76号).

[2] 《财政部关于印发〈政府和社会资本合作模式操作指南(试行)〉的通知》(财金〔2014〕113号).

[3] 《财政部关于规范政府和社会资本合作合同管理工作的通知》(财金〔2014〕156号).

[4] 《国家发展改革委关于开展政府和社会资本合作的指导意见》(发改投资〔2014〕2724号).

[5] 《国务院办公厅转发财政部、发展改革委、人民银行关于在公共服务领域推广政府和社会资本合作模式指导意见的通知》(国办发〔2015〕42号).

[6] 《财政部关于在公共服务领域深入推进政府和社会资本合作工作的通知》(财金〔2016〕90号).

[7] 《财政部关于印发〈政府和社会资本合作项目财政管理暂行办法〉的通知》(财金〔2016〕92号).

[8] 《国家发展改革委关于切实做好传统基础设施领域政府和社会资本合作有关工作的通知》(发改投资〔2016〕1744号).

[9] 《国家发展改革委关于印发〈传统基础设施领域实施政府和社会资本合作项目工作导则〉的通知》(发改投资〔2016〕2231号).

[10] 《财政部、发展改革委、司法部、人民银行、银监会、证监会关于进一步规范地方政府举债融资行为的通知》(财预〔2017〕50号).

[11] 《财政部关于坚决制止地方以政府购买服务名义违法违规融资的通知》(财预

〔2017〕87 号）.

[12] 财政部《关于进一步加强政府和社会资本合作（PPP）示范项目规范管理的通知》
（财金〔2018〕54 号）.

[13] 贺长青. 工程项目执行绩效评估模式的研究[J]. 工程项目管理研究，1998，
(04):23-25.

[14] 丰景春. 工程项目费用/进度绩效灰色整体预测模型[J]. 东南大学学报，1999，
(02):127-129.

[15] 萨瓦斯. 民营化与公私部门合作伙伴关系[M]. 北京：中国人民大学出版社，2002.

[16] 颜艳梅. 公共工程项目绩效评价研究[D]. 湖南大学，2006 .

[17] 胡华如. 城市基础设施 PPP 项目可持续性后评价研究[D]. 清华大学，2006.

[18] 赵国富，王守清. BOT/PPP 项目社会效益评价指标的选择[J]. 技术经济与管理研
究，2007(02):31-32.

[19] 孟宪海. 关键绩效指标 KPI——国际最新的工程项目绩效评价体系[J]. 建筑经济，
2007(02):50-52.

[20] 颜艳梅，李林. 基于平衡记分卡法的公共工程项目绩效评价指标设计[J]. 社会科
学家，2007(01):168-170.

[21] 黄怿炜. PPP 项目评价方法与决策研究[D]. 同济大学，2007.

[22] 张艳. 伙伴关系模式下公共投资建设项目评价研究[D]. 兰州大学，2007.

[23] 杜亚灵，尹贻林，严玲. 公共项目管理绩效改善研究综述[J]. 软科学，2008(04):
72-76.

[24] 鲍良，杨玉林. 公共投资项目绩效评价研究与发展[J]. 资源与产业，2008，10(02):
54-56.

[25] 袁竞峰. 基于 VFM 的 PPP 项目绩效管理[D]. 东南大学，2008.

[26] 任秋月. 公共工程绩效审计评价指标研究[D]. 重庆大学，2008.

[27] 亓霞，柯永健，王守清. 基于案例的中国 PPP 项目的主要风险因素分析[J]. 中国
软科学，2009(05):107-113.

[28] 赵新博. PPP 项目绩效评价研究[D]. 清华大学，2009.

[29] 孙洁. PPP 项目的绩效评价研究[M]. 北京：经济科学出版社，2010.

[30] 李裕. 基于利益相关者理论的公共项目绩效评价指标体系研究[D]. 天津理工大
学，2010.

[31] 许劲，任玉珑. 项目关系质量、项目绩效及其影响关系实证研究[J]. 预测，

2010(01):71-75.

[32] 张万宽，杨永恒，等. 公私伙伴关系绩效的关键影响因素——基于若干转型国家的经验研究[J]. 公共管理学报，2010(07):113-127.

[33] 丁正红，苏永青. 项目绩效评价构建及改善研究[J]. 财经问题研究，2011(04):85-90.

[34] 孙邦栋，孙大松，等. 西方国家公共投资项目绩效评价理论研究综述[J]. 当代经济，2012(02):138-139.

[35] 袁竞峰，季闯，李启明. 国际基础设施建设 PPP 项目关键绩效指标研究[J]. 工业技术经济，2012(06):109-120.

[36] 袁竞峰，Skibniewski Miroslaw J，邓小鹏，等. 基础设施建设 PPP 项目关键绩效指标识别研究[J]. 重庆大学学报(社会科学版)，2012，18(03):56-63.

[37] 袁竞峰，王帆，李启明，邓小鹏. 基础设施 PPP 项目的 VFM 评估方法研究及应用[J]. 现代管理科学，2012(01):27-30.

[38] 胡振. 公共项目公私合作（PPP）控制权配置的决策模型[J]. 西安建筑科技大学学报(自然科学版)，2012，44(01):90-96+108.

[39] Mc Elroy.W. Strategic Change Through Project Management[M]. APM,1995.

[40] Andersen,E.S.,Jessen,S.A.Project Evaluation Scheme: A Tool for Evaluating Project Status and Projecting Project Results [J]. Project Management, 2000,6(01):61-69 .

[41] KPI Project Management Group,Constriction Industry Key Performance Indicators[R]. Constructing Excellence, London, UK.(2000).

[42] Department of the Environment, Transport and the Regions, KPI Report for the Minister for the Construction, England: House Bressenden Place, 2001:93-95.

[43] Takim R, Akintoye A.,A performance indicators for successful construction project performance[C].Green-wood D.18th Annual ARCOM Conference.University of Northumbria,2002:545-555.

[44] Peter Shek-Pui Wong, Sai-On Cheung. Trust in construction partnering:views from Parties of the Partnering dance [J]. International Journal of Project Management, 2004(22):437-446.

[45] KPI Project Management Group,Constriction Industry Key Performance Indicators[R]. Constructing Excellence,London,UK.(2005).

[46] Li,B.,A kintoye,A.,Edwards,P J.,and Hardcastle,C.Critical success factors for PPP /PFI

projects in the UK construction industry[J]. Construction Management and Economics,2005,23(05):459-471.

[47] Oudot JM. Risk-allocation:theoretical and empirical evidences, application to public private partnerships in the defense sector[C].Barcelona,Spain:The 9th annual conference of the institutions of market exchange,2005.

[48] Caroline Low，Daniel Hulls，Alan Rennison，Public Private Partnerships in Scotland Evaluation of Performance[J]. Cambridge Economic Policy Associates,2005,3 http://cultural commission.net/Resource/Doc/917/0011855.pdf.

[49] X.Q.Zhang.Critical success factors for public-private partnership in infrastructure development[J].Journal of Construction Engineering and Management, 2005,12(02): 125-128.

[50] John R.Kelly.John Hinks. A review of the leading performance measurement tools for assessing buildings [J].Journal of Facilities Management,2006,1(02)142-153.

[51] KPI Project Management Group,Constriction Industry Key Performance Indicators[R]. Constructing Excellence,London,UK.(2007).

[52] Tahir M N. Value for money drivers in public private partnership schemes [J]. International Journal of Public Sector Management, 2007, 20(02): 147-156.

[53] Sanghi, Apurva,Sundakov, Alex, Hankinson, Denzel. Designing and using public-private partnership units in infrastructure: Lessons from case studies around the world. Gridlines, No.27. Washington, DC: World Bank. http://documents.world bank.org/ curated/en/2007/09/8823539/designing-using-public-private-partnership-units-infrastr-ucture-lessons-case-studies-around-world.2007.

[54] Yuan J F, Zeng A Y J, Miroslaw J, et al. Selection of performance objectives and key performance indicators in public-private partnership projects to achieve value for money [J]. Construction Management and Economics, 2009, 3(27): 253-270.

[55] Esther C, Albert P C, Stephen K. Enhancing value for money in public private partnership projects: findings from a survey conducted in Hong Kong and Australia compared to findings from previous research in the UK [J]. Journal of Financial Management of Property and Construction,2009,14(01):7-20.